세계 웃음요가로 떠나는 여행

세계 웃음요가로 떠나는 여행

발행일	2017년 8월 30일

지은이	이 수 연		
펴낸이	손 형 국		
펴낸곳	(주)북랩		
편집인	선일영	편집	이종무, 권혁신, 이소현, 송재병, 최예은
디자인	이현수, 이정아, 김민하, 한수희	제작	박기성, 황동현, 구성우
마케팅	김회란, 박진관, 김한결		
출판등록	2004. 12. 1(제2012-000051호)		
주소	서울시 금천구 가산디지털 1로 168, 우림라이온스밸리 B동 B113, 114호		
홈페이지	www.book.co.kr		
전화번호	(02)2026-5777	팩스	(02)2026-5747

ISBN	979-11-5987-729-2 03690(종이책) 979-11-5987-730-8 05690(전자책)

이 도서의 국립중앙도서관 출판예정도서목록(CIP)은 서지정보유통지원시스템 홈페이지(http://seoji.
nl.go.kr)와 국가자료공동목록시스템(http://www.nl.go.kr/kolisnet)에서 이용하실 수 있습니다.
(CIP제어번호 : CIP2017021581)

(주)북랩 성공출판의 파트너

북랩 홈페이지와 패밀리 사이트에서 다양한 출판 솔루션을 만나 보세요!

홈페이지 book.co.kr • **블로그** blog.naver.com/essaybook • **원고모집** book@book.co.kr

세계 웃음요가를 떠나는 여행

이수연 지음

대한민국 최초의 웃음요가
마스터가 전하는 행복과 치유의 이야기

북랩 book Lab

추천의 글

웃음은 수세기 동안 몸과 마음의 최고의 명약으로 일컬어져 왔지만 신뢰할 만한 이론적인 체계가 없었고 단순히 오락의 결과로만 여겨져 왔습니다. 웃음요가는 일상에 웃음이 가져다주는 수많은 건강한 이익들을 완벽하게 규정한 전달체계로 웃음을 새로운 단계로 올려놓았습니다.

웃음은 개인의 삶뿐만 아니라 직장과 사회에서의 삶에 여러 가지 도움을 줍니다. 셀 수 없이 많은 과학적 증거 자료들이 나오고 있습니다. 웃음요가는 완벽한 운동일 뿐 아니라 우울증, 고혈압, 심장병, 당뇨병, 관절염, 편두통 그리고 암과 같은 심각한 질병을 고칠 수 있는 치유적인 도구로 경험되고 있습니다.

'웃음요가 마스터' 수연이 쓴 이 훌륭한 책은 당신이 웃음요가를 배울 수 있도록 도울 뿐 아니라 당신의 삶에서 웃음을 온전히 받아들이도록 도와주고, 당신을 더 행복하게 만들 것입니다. 그럼에도 기억해야 합니다. 웃음은 단순히 지식으로 아는 것이 아니라 삶에서 바로 실행해야 하는 것임을! 당신이 행복하더라도 당신의 주변 사람들은 행복하지 않습니다. 그들은 당신이 행복하도록 허락하지 않습니다. 따라서 당신이 행복을 찾기 위해서는 다른 사람을 행복으로 데려가는 것이 반드시 필요합니다.

웃음요가는 의심할 여지없이 전 세계 수천 명의 사람을 돕고 있습니다. 그러나 다른 운동을 제쳐 두고 진실로 돕고 있는 유일한 것은 웃음요가가 사람들의 삶의 자세와 삶에 대한 인식을 변화하도록 끊임없이 돕는다는 데 있습니다.

이 책은 어떻게 조건 없는 웃음이 진실로 자기 자신과 자신의 영성을 만나는지 이해하는 데 도움을 줍니다. 이 책의 기본적인 이론을 받아들임으로써 당신은 지식을 얻을 것이며 더 나아가 당신의 건강과 행복을 향상시키고 빠르게 성장해 나갈 것입니다. 이 책의 저자는 한국에서 웃음요가를 알리는 데 기여해왔습니다. 사람들의 삶속에 웃음과 행복을 전파하는 데 기여하고 있는 수연에게 고마운 마음을 전합니다.

Dr. Madan Kataria

프롤로그

웃음을 왜 사랑하는가.

웃음은 순수합니다. 언어는 개념적인 것이기 때문에 생각과 말이 일치되지 않을 수가 있습니다. 사람은 그 사람의 음성언어보다 얼굴 표정을 더 잘 신뢰합니다. 때로는 진심의 말이 아닌 상황에 맞는 가식적인 말들을 하게 됩니다. 무언가를 좋아하지만 싫어한다고 표현할 수 있고, 마음에 들지 않지만 상황에 따라 예의상 좋다고 이야기할 수 있습니다. 신의 사랑도 언어로 포착되지 않습니다. 언어와 달리 웃음은 순수하게 꾸밈없이 다른 사람에게 전달됩니다. 우리는 다른 사람의 가식 없는 순수한 웃음을 신뢰하게 됩니다. 어린아이의 순수한 미소가 아름답듯 남녀노소를 떠나 얼굴에 짓게 되는 꾸밈없는 미소는 사람을 평화롭게 합니다.

웃음은 대가를 바라지 않습니다. 웃음을 누군가에게 주었다고 해서 그 사람에게 그만한 가치를 지불해야 하지 않아도 됩니다. 아름다운 선물이고, 그 선물을 받고 미소로 응대해주면 되는 정신적 가치를 지녔습니다. 선물 하나를 사기 위해서는 그에 대응하는 대가를 지불해야 합니다. 그러나 미소는 다릅니다. 진정한 사랑은 대가를 바라지 않는다는 말처럼, 웃음도 대가를 지불하지 않고 다른 사람에게 행복을 전할 수 있고 사랑의 마음을 전할 수 있습니다. 또한 선물은 주면 내 것에서 사라져 버리지만 웃음은 부메랑이 되어 돌아옵니다. 누군가에게 사랑을 주면 그 사랑은 먼저 자신의 마음을 채우고 치유하듯, 웃음은 내 마음을 먼저 사랑과 밝음으로 채우고 다른 사람에게 자애의 마음을 보내는 꽃이 됩니다. 마르지 않는 샘물을 당신은 늘 지니고 있습니다.

웃음은 시공간을 초월해 동질성을 지녔습니다. 웃음은 시간과 공간에서 자유롭게 소통되는 특성이 있습니다. 그 사람이 한국에 태어났든 페루에 태어났든 흑인이든 백인이든 수천 년 전의 사람이든 백년 전의 사람이든, 시공간을 떠나서 웃음은 같은 의미를 지닙니다. 역사와 문화에 따라 이방인에게 웃음을 보이는지 여부는 약간 차이가 있지만 사랑하는 사람에게 미소 지어주는 것, 기쁨의 미소를 짓는 것, 감사함에 미소를 지니는 것 등 웃음의 의미에는 변함이 없습니다. 누구나 어디서나 웃음을 지어왔고 웃으며 삶을 살아왔습니다. 웃음의 의미는 같기에 세계 어디를 가나 함께 웃으면 친해지고 편안해지며 하나가 됩니다.

우리는 오랜 시절부터 웃음을 사랑해왔습니다. 순수하며 대가를 지불하지 않아도 되고 인간이기에 하나됨을 느끼게 해주는 웃음. 웃음은 늘 우리 곁에 있었고 앞으로도 우리 삶에서 중요한 일부분을 차지할 것입니다.

　제가 웃음을 사랑하는 또 다른 이유는 웃음이 가져다주는 밝음과 기쁨 때문입니다. 과실나무의 과실을 하나 따먹었더니 너무 달콤합니다. 이 과실의 가치를 알기에 경작지에서 대량으로 과실을 수확하여 이득을 보듯 웃음요가도 마찬가지입니다. 웃음의 가치를 알고 이를 더 체험하기 위한 운동이 웃음요가입니다. 왜 교사가 웃음을 끊임없이 배우고 가르치냐고 자주 묻습니다. 왜 하느냐고요? 너무 좋아서 하지 않을 수가 없습니다. 웃음이 가져다주는 그 밝음, 활기, 기쁨을 사랑하기 때문에 그 즐거움 때문에 계속 웃음을 찾게 됩니다. 웃음치료를 시작으로 하여 웃음요가를 접하게 된 저는 웃음요가를 정말 사랑합니다.

　웃음과 요가의 호흡, 다양한 명상이 결합된 웃음요가는 '나를 사랑하는 길을 찾아 떠난 여행'과 같습니다. 함께 웃으며 사랑하며 살아야 함을 이야기합니다. 웃음요가 시간은 웃고 명상하며 영성적인 춤을 추는 시간으로 이루어집니다. 웃음의 밝음에서 시작해서 명상에서 더 편안해지고 깊어집니다.

　웃음요가에서 보다 중요한 것은 웃음요가의 정신입니다. '우리는 서로 하나로 연결되어 있으며 나의 건강과 기쁨, 행복을 기원하는 것처럼 당신의 행복과 건강을 기원합니다. 사랑합니다.' 이러한 웃음요가의 정신이 밑받침되지 않으면 웃음요가는 아무 의미가 없다고 할 수 있겠습니다. 스스로 웃고 춤추고 명상하면서 자신을 정화하고 자신을 사랑하는 시간을 갖습니다. 더불어 우리가 하나로 연결되어 있음을 느끼며 그날의 주제에 맞게 용서의 시간, 감사의 시간, 평화를 기원하는 시간을 갖습니다.

웃음요가 수업은 제게 축복의 시간입니다. 우리는 웃음요가 가족이라 부릅니다. 웃고 명상하고 춤추는 동안 우리는 아무 이유 없이 웃고 때로는 울기도 하면서 수업을 마무리합니다. 사람들과 우리가 하나로 연결되어 있으며, 나의 웃음과 선함이 내 삶뿐 아니라 다른 사람의 평화에 기여함을 이야기합니다. 어느덧 웃음이 습관화되어 있어서 웃음요가 수업은 제가 기다리는 시간이기도 합니다.

웃음요가는 문득 슬픔이 찾아왔을 때에도 그럼에도 불구하고 조건 없이 웃음을 선택하라고 이야기합니다. 삶에서 조건 없이 행복하기로 선택한 당신에게 이 책이 도움이 되기를 희망합니다. 감사합니다.

2017년 8월
이수연

CONTENTS ···

 제1장_ 세계 웃음요가로 떠나는 여행

제2장 _ 웃음요가의 가치

CONTENTS ....

제3장_ 마음의 위대한 힘과 함께하는 웃음요가

제4장_ 치유와 함께하는 웃음요가

제5장_ 웃음요가의 정신

CONTENTS

제6장_ 웃음의 이야기꽃을 피우다

YOGA

제1장

세계
웃음요가로
떠나는 여행

◎ 세계 웃음요가로 떠나는 여행

웃음의
법칙

붓다께서 웃음의 법칙이 무엇이냐고 물었습니다.

웃음에도 법칙이 있을까요? '크게, 길게 웃어라.'일까요? 배려하면서 사랑의 마음으로 감사의 마음으로 웃는 것이 법칙일까요?

저는 순간 아무 말도 하지 못했습니다.

"모든 것에는 법칙이 있습니다. 밤이 있으면 낮이 있고, 봄이 가면 여름이 오고 여름이 지나면 가을이 오고 겨울이 오듯, 진리라는 것이 있지요."

"언제 먹는 밥이 가장 맛있나요?"

"사랑하는 엄마가 해주신 밥이요."

"아닙니다. 가장 배고팠을 때 먹는 밥이지요. 가장 힘든 후에 만난 웃음이 그 가치를 아는 법입니다. 이게 바로 웃음의 법칙입니다."

웃음을 잃어본 사람만이, 많이 아파본 사람만이 웃음의 가치를 잘 안다. 찰리 채플린은 태어난 지 얼마 되지 않아 아버지를 여의고 어머니는 정신병으로 그를 키울 수 없게 되어 어린 나이에 고아원에 맡겨졌다. 그러나 그 아픔만큼 웃음의 가치를 누구보다 알았던 그는 코미디 배우가 되어 전 세계 많은 사람들에게 웃음으로 꿈과 희망을 안겨 주었다.

웃음치료의 선구자라고 평가받는 노먼 커즌스 역시 강직성 척추염을 앓았다. 러시아 출장길에서 중금속에 오염되어 사지가 굳고 뒤틀리는 강직성 척추염에 걸린 그는 죽음의 고통에서 벗어나 살기 위해 웃음을 선택했다. 웃음을 최고의 방탄조끼라고 말한 그는 결국 웃음으로 병을 이겨내어 전 세계를 놀라게 했다.

웃음을 잃어본 사람들에게

아직 웃음을 잃지 않은 사람들에게

늘 곁에 있어서 '웃음? 그게 뭐야, 당연한 건데.'라고 웃음 곁에 있는 사람들에게

그럼에도 웃음요가라는 아름다운 선물이 있어서 한 줄기 빛처럼 누군가에게 기쁨을 줄 수 있고 치유의 길로 안내할 수 있다는 것을 말하고 싶다.

웃음요가란
무엇인가

들에 과실나무에서 복숭아를 하나 따서 먹었는
데 그 맛이 참 달콤하다. 그 달콤함과 과일이 주는 가치를 알기에 사람
들은 경작지에서 그 과실나무를 더 많이 심고 수확한다. 웃음요가도
이와 마찬가지이다. 일상생활에서 웃음의 가치를 모두 다 알고 있기에
이를 보다 확장시켜 그 가치를 수확하기 위한 것이 웃음요가다.

웃음요가는 1995년 인도의 의사 마단 카타리아(Dr. Madan Kataria)에
의해 시작되어서 지금은 전 세계 105개국에 전파되어 있는 운동이
다. 간단하게 말하면 웃음요가는 웃음과 요가의 호흡, 명상이 결합
된 그룹운동이다.

이 책에도 소개되어 있듯이 지금까지 만들어진 웃음법이 130여
개가 넘는다. 웃음법이 끊임없이 새롭게 창조됨으로써 새로운 웃음

법이 만들어지는데, 이것은 웃음법이 중요한 것이 아니라 생활 속에서 늘 웃음이 함께여야 함을 이야기한다. 인도 웃음요가대학에서 수업을 받을 때도 태권도 웃음, 쓰나미 웃음, 토네이도 웃음, 결혼식 웃음 등 끊임없이 아이디어를 모아 새로운 웃음법을 만들었다. 내 수업을 들으신 분 중에 취권 웃음, 까마귀 웃음, 김치 만들기 웃음 등을 만들어 그 창의력에 감탄했던 기억이 난다. 어린아이가 되어서 아무 이유 없이 웃는 시간을 갖는 것은 웃음을 생활화하고 습관화하는 데 큰 도움을 준다. 여기에는 웃음이 인체에 미치는 신체적·정서적 효과 등 과학적 근거가 바탕이 된다.

웃음요가는 요가의 호흡법이 가미되어 있다. 노벨의학상 수상자이자 암 전문가인 오토 와버그(Otto H. Warburg) 박사는 "깊이 있는 호흡은 세포에 산소를 증가시켜서 병에 걸리지 않고 에너지 넘치는 삶을 살아가는 데 중요한 요소로 작용한다. 세포에 산소가 충분할 때 암은 일어나지 않는다."라며 호흡의 중요성을 이야기했다. 웃음요가에서는 카팔바티, 교호 호흡, 허밍, 싱크로나이즈드 호흡법, 마음 모아 숨쉬기 등 5가지 호흡법을 안내한다. 웃음요가 중간에 호흡을 가미함으로써 쉼의 시간을 가질 뿐 아니라 올바른 호흡법을 제시함으로써 건강한 생활을 하도록 도와준다.

웃음요가는 명상이 중요한 위치를 차지한다. 침묵 명상, 호흡관계 명상, 모음소리 명상, 춤 명상, 요가 니드라 등이 결합되어 웃음으로 다이내믹하였던 에너지를 차분하게 가라앉힌다. 웃음은 다이내믹한 에너지로 울음과 에너지가 같다. 웃음치료사들이 때로는 너무나 슬픔을 느끼는 것도, 웃음치료 수업을 받은 후에 더 허전해지는 것도

이 때문이다. 웃음을 한 후에 자신을 돌아보고 집중해보는 시간을 가짐으로써 들떴던 에너지는 차분하게 사랑의 에너지로 마무리된다.

웃음요가에서 보다 중요한 것은 웃음요가의 정신이다. 사랑과 평화를 기원하는 웃음요가의 정신이 밑받침되지 않으면 웃음요가는 아무 의미가 없다고 할 수 있다. 스스로 웃고 춤추고 명상하면서 자신을 정화하고 자신을 사랑하는 시간을 갖는다. 웃음요가에서 당신은 꽃이고 빛이며 태양이다. 웃음요가는 개인의 건강, 행복 더 나아가 전 세계의 평화를 기원하는 아름다운 운동이다.

웃음요가의
특성

　　웃음요가는 누구나 유머와 조크, 코미디에 의존하지 않고 아무 이유 없이 웃을 수 있는 운동이다. 웃음요가의 운동은 신체와 뇌에 더 많은 산소를 공급함으로써 몸에 활기가 넘치고 건강하게 만들어준다. 그룹 내에서 서로 눈을 맞추며 장난기를 가지고 아이처럼 웃는데, 처음 의도적인 웃음은 진짜 웃음이 된다. 전염성이 강한 웃음의 특성으로 인해 그룹은 웃음으로 넘쳐나게 된다.

　　웃음요가의 개념은 우리의 뇌가 진짜 웃음과 의지를 가지고 의도적으로 웃는 웃음과의 차이를 구분하지 못한다는 과학적 사실에 기반하고 있다. 진짜 웃음과 의도적인 웃음 모두 같은 생리적이고 신체적인 이익을 가져다준다. 눈을 감고 레몬이 입안에 들어있다는 상상만으로도 입에 침이 고이듯, 의도적인 웃음은 진짜 웃음과 90% 이상의 효과가 같다는 연구 결과가 밝혀졌다.

물론 웃음요가에서의 의도적인 웃음은 그룹원들 간의 상호 작용에 의해 진짜 웃음으로 바뀌게 된다. 웃을 생각이 없었음에도 상대방이 웃는 모습에 저절로 웃음을 터트렸던 경험이 있을 것이다. 웃음은 전염성이 매우 강하기 때문이다.

며칠 동안 웃기만 하다 보면, 웃음요가 마스터인 나조차 지금 뭘하고 있지 하는 생각이 순간 스쳐 지나가기도 한다. 그런데 놀랍게도 웃음은 복부 근육운동으로 배가 아플 정도로 의도적으로 웃다 보면몸의 부정적인 에너지가 다 달아나고 행복감을 느끼게 된다. 그럴때마다 웃음이 인간의 신체와 정서에 가져다주는 놀라운 효과에 감탄하곤 한다. 단순히 웃었을 때 나오는 호르몬과 뇌파 변화 등의 영향 때문만이 아니라 삶에서 기쁨, 행복을 선택하고자 하는 무의식의 선택이 가져다주는 놀라운 효과일 것이다.

'아이와 같이 되는 자가 천국에 들어갈 수 있다.'는 말이 있다. 어린아이가 될 수는 없지만 그 웃음 많았던 그 시절 천진난만함을 되찾을 수는 있을 것이다. 어른으로서의 가면을 벗어던지고 순수한 나 자신, 꾸밈없는 나 자신과 만나고 빛나는 나의 영혼을 조율하게 되는시간이 웃음요가 시간이다.

웃음요가는 비정치적이며 비종교적·비상업적인 특성을 지니고, 비억압적이며 비완벽주의를 지향한다. 정치, 종교, 상업적인 것, 억압적인 것, 완벽적인 것에서 벗어나서 인간의 자유와 사랑, 봉사, 평화를노래하는 운동이다. 그렇기에 웃음요가 시간에는 정치적이고 종교적인 이야기를 하지 않는 에티켓이 있다. 정화하고 웃고 평화로워야 할 시간에 서로 의견 충돌이 일어나는 이야기는 서로가 하나됨을 느끼고 화합을 도모하기 힘들다. 순수하게 자신을 정화하고 모두가 하나가 되어 함께 웃는 시간이기에, 언어가 들어가고 다른 생각이 가득한 토론의 장이 마련되면 치유의 시간을 갖기 힘들기 때문이다.

세계의
웃음요가

1995년 3월 13일 인도에서 시작된 웃음요가클럽이 현재 전 세계 약 105개국으로 확산되었다. 현재 인도, 영국, 캐나다, 브라질, 호주, 독일, 프랑스, 이탈리아, 벨기에, 스웨덴, 노르웨이, 덴마크, 핀란드, 아일랜드, 헝가리, 스위스, 포르투갈, 싱가포르, 말레이시아, 베트남, 이스라엘, 두바이, 아랍, 일본, 홍콩, 미국, 이스라엘, 페루, 남아공 등 105개국, 16,000개 이상의 웃음요가클럽이 운영되고 있다. 온라인에서는 스카이프(Skepe)를 통해 누구나 웃음에 동참할 수 있고, 유튜브 영상을 통해 쉽게 웃음요가를 접할 수가 있다. 웃음요가는 회사, 학교, 대학, 병원, 암센터, 지역 센터, 피트니스 센터, 요가 학원 등 다양한 곳에 소개되고 있다.

매년 5월 첫째 주 일요일에 해당하는 날은 세계 웃음의 날(World Laughter Day)로 웃음의 가치를 전 세계에 알리고 있다. 인도를 비롯한 세계 각지에서 웃음요가 교육과 축제가 열린다. 2017년에는 독일, 일본, 대만 등에서 세계 웃음요가 컨퍼런스 및 축제가 열렸다. 세계에서 웃음을 사랑하는 사람들과 힐러들이 모여 축제와 문화교류가 이어지고, 웃음과 춤으로 하나가 되는 신기한 경험이 벌어진다.

웃음요가 교육과 축제에서 만났던 세계 웃음요가 친구들의 빛나는 눈동자와 재미있는 얼굴 표정, 울려 퍼지던 그 웃음소리, 사랑이 가득 담긴 미소는 영원히 잊지 못할 것이다.

• 홍콩

전 세계 웃음요가 마스터는 현재 40명 정도이며 각 마스터를 중심으로 웃음요가가 각국에 알려지고 있다. 나 역시 한국의 웃음요가 마스터로서 웃음요가가 많이 알려지고 웃음요가를 통해 건강과 행복을 되찾는 사람들이 늘었으면 하는 바람이다.

웃음요가 시간에 내가 기존의 웃음요가 프로그램뿐 아니라 웃음율동, 구르지예프 무브먼트, 5리듬 춤 명상, 치유의 글쓰기, 위빠사나 등 다양한 영성 프로그램을 접목하듯 세계의 웃음요가는 계속해서 진화 중이다. 웃음에서 시작한 웃음요가는 요가의 호흡, 명상, 음악, 춤, 축제, 놀이와 결합하여 다양하게 발전하고 있다.

• 덴마크

웃음요가의
정신

웃음을 오래 공부한 선생님들과 하는 공통적인 말은 웃음은 삶의 방편이라는 이야기이다. 웃음치료든 웃음요가든 웃음수업 시간에 실컷 웃고 난 후 함께 웃은 옆 사람과 다투거나 집에 가서 가족에게 화를 내는 것은 아무런 의미가 없다.

대부분의 사람은 웃음이 그 순간의 재미와 오락, 긴장 완화를 위한 것이라고만 생각한다. 그러나 웃음은 단순히 웃는 것으로 끝나서는 안 된다. 웃음은 자기 자신뿐 아니라 다른 사람들의 기쁨을 위해서도 웃는 것이다. 웃음의 바탕에는 자신에 대한 사랑과 타인에 대한 배려가 깔려있다.

모든 웃음이 좋은 것은 아니다. 상대방이 잘못했을 때 웃는 비웃음, 상대방을 비하하며 웃는 웃음, 냉소 등은 다른 사람에게 오히려 상처를 줄 수 있다. 누군가를 소외시키고 자기들끼리 소통하며 웃는 웃음도 상처를 준다. 배려 없는 웃음은 오히려 다른 사람에게 아픔을 주기 때문에 배려하며 함께 웃는 성숙한 자세가 필요할 것이다.

웃음요가의 정신은 사랑과 나눔이다. 웃음클럽 회원들은 자기 자신의 행복뿐만 아니라 다른 사람의 행복을 기원한다. 웃음요가는 개인의 건강, 행복뿐 아니라 전 세계의 평화를 기원하는 아름다운 운동이다. 순식간에 전 세계로 퍼져나갈 수 있었던 이유도 웃음으로 사랑과 행복을 전하고자 하는 세계 웃음요가 참여자들의 그 봉사정신 때문이리라.

웃음요가클럽 회원들은 단지 웃는 것에 그치지 않고 지혜로운 삶에 이르는 방법을 익히고 실천하게 된다. 삶에서 겪게 되는 분노, 두려움, 죄의식, 질투심 등 웃음을 가로막고 고통을 주는 부정적인 요인들을 가려내고 대신 사랑, 감사, 친절, 용서, 기쁨 같은 긍정적인 감정을 클럽 내에서 익히게 된다. 웃음요가클럽에서는 성공 웃음, 감사 웃음, 허그 웃음, 용서 웃음 등 삶에서 겪는 긍정적인 요소와 웃음을 결합시킨 다양한 웃음법을 배우기 때문에 긍정성 학습이 자연스럽게 이루어진다. 그리고 지혜와 집중의 효과를 가져다주는 명상을 통해 건강하고 평화로운 삶을 배워나간다.

웃음요가클럽 회원들은 서로를 격려하고 위로해 주며 삶의 기쁨과 지혜를 나눌 수 있다. 아이컨택(Eye Contact)을 하면서 서로 배려하고 소통하며 함께 하하하 웃는다. 인간은 사회적인 고립감을 느낄 때 우울증이 생기거나 아프다. 웃음요가클럽은 함께 웃음으로써 참여한 사람들의 소속감을 증대하며 인간적인 소통의 장을 마련한다.

웃는 모임에 가입하지 않더라도 함께하는 사람을 위해 아름다운 미소를 지어주는 것, 신하가 임금의 말에 귀 기울여 듣듯, 마주하고 있는 사람이 온 우주인양 미소지으며 경청해주는 것은 작은 선행이자 행복한 삶을 위한 삶의 지혜가 아닐까 한다. 이것이 바로 웃음요가의 정신이다.

눈 맞춤
(Eye Contact)

다른 사람의 눈을 들여다보면서 웃기 시작하면 다른 사람도 나를 보며 웃기 시작한다. 사람마다 고유한 웃음스타일이 있기 때문에 눈을 바라보면서 웃으면 나도 모르게 진짜 웃게 된다. 눈을 맞추면서 감사와 배려, 기쁨의 마음을 담아 활짝 웃는다. 시선을 피하지 않고 응시하면서 웃는 것은 웃음요가의 기본으로 중요하다.

심각한 정신 질환을 가지고 있는 사람의 경우 눈 맞춤을 제대로 하지 못하고 시선을 피하게 된다. 최근 인사담당자들이 응한 설문조사에서도 면접관의 눈을 마주치지 못하고 시선을 어디에다 처리해야 할지 모르는 지원자들은 불안감을 주기에 낮은 점수를 받고, 자연스럽게 눈을 맞추는 지원자가 합격한다고 말했다. 눈 맞춤을 할 수 있다는 것은 건강하다는 표현이며, 더불어 사람들 사이의 관심이자 배려의 표현이다.

실제 두 시간이 넘는 시간 동안 7여 명이 교육을 받은 적이 있었는데, 강사가 가까이 앉은 한 사람에게만 눈 맞춤을 하고 다른 사람에게는 시선을 전혀 주지 않아서 놀란 적이 있었다. 시선을 주지 않는다는 것은 상대방에게 무관심의 표현이 될 수도 있고 때로는 그 사람을 존중하지 않는 듯이 내비쳐질 수도 있다.

인도 웃음요가대학에서 과정이 끝난 후 교육 파트너였던 친구에게 감사의 선물을 주는 시간이 있었다. 영성 지도자이자 건강 코치인 오스트리아 론은 정말 깊이 있게 아이컨텍을 한다. 몇 분간 흔들림 없이 나의 눈을 깊이 있게 응시하며 진정으로 감사하다고 아이메시지를 보내고 있었다. 오랫동안 상대방의 눈을 깊이 바라보는 것에 익숙하지 않았던 나는 깊이 있고, 우정 어리게 아이컨텍을 하는 론의 모습에 감명을 받았다. 그리고 그것이 웃음요가의 기본임을 알게 되었다. 그리고 나도 어느덧 웃음요가 시간에는 아이컨텍을 모든 사람들에게 골고루 하며 그 사람에게 감사와 행복의 메시지를 전한다.

상대방의 눈을 깊이 응시해보는 것은 한국 문화상 익숙하지는 않지만 한 사람의 영혼과 내면을 만남에 있어서 중요하다. 단순히 눈 맞춤을 하는 것을 떠나 감사, 사랑, 평화 등의 메시지를 전하면서 웃음요가 참여자들은 더 친밀해진다. 어린 시절로 되돌아갈 수는 없지만 웃음이 많았던 그 어린 시절 그 천진난만함을 가지고 상대방의 눈을 바라보며 맘껏 어린아이처럼 웃어보자.

웃음요가의
가치와 이익

 1 웃음요가의 가치

왜 웃음요가인가. 웃음요가가 중요한 세 가지 이유를 제시하면 다음과 같다. 첫째, 웃음의 놀라운 과학적 효과를 체험하기 위해서는 최소한 10분에서 15분 정도를 꾸준히 웃어야 한다. 최소 15초 이상 웃어야 몸속에서 엔도르핀, 엔케팔린 등의 호르몬 물질이 분비되어 건강을 좋게 한다. 웃음요가는 우리가 원하는 만큼 오랜 시간 웃을 수 있는 유일한 운동이다. 반면에 아주 짧게 웃는 자연스러운 웃음은 우리의 몸에 웃음을 통한 신체적·생화학적인 변화를 가져오도록 하기에는 충분하지 않다.

둘째, 웃음이 가져다주는 건강한 이익을 충분히 끌어올리기 위해서는 크고 깊게 횡격막에서 웃음이 나와야 한다. 이것은 뱃속에서 터져 나오는 웃음이다(배꼽 잡는 웃음). 크게 웃는 웃음이 가치가 있음에도 사회적으로 크게 웃는 것은 허용되지 않는다. 그러나 웃음요가클럽에서는 사회적인 제약 없이 크고 깊게 다른 사람을 신경 쓰지 않고 맘껏 웃을 수 있는 안전한 환경을 제공해준다.

셋째, 자연스러운 웃음은 우리의 삶에서 많은 이유와 환경, 조건에 달려있다. 사람들은 행복해야만 웃는다고 생각한다. 웃을 일이 있어야만 웃는다고 생각한다. 이것은 우리를 웃게 만드는 환경이 변했다면 우리가 웃지 않게 됨을 의미한다. 그러나 웃음요가클럽에서는 삶의 변화에 의해서 웃음이 좌우되는 것이 아니라 웃음이 언제나 삶에서 떠나지 않도록 도와준다. 삶의 변화에 상관없이 웃음의 건강한 이익을 약속한다.

웃음요가에서 당신은 꽃이며 빛이며 태양이다.

 ## 2) 웃음요가의 일반적인 다섯 가지 이익

첫째, 삶을 행복하게 만든다. 웃음요가는 단 몇 분 만에 뇌세포로부터 엔도르핀 호르몬을 분비시켜서 당신의 기분을 변화시킬 수 있다. 당신의 기분을 좋게 하며 만약 당신이 좋은 기분 상태라면 당신은 모든 것이 잘됨을 의미한다. 웃음요가는 당신의 삶을 기운차게, 행복하게 만들 것이다.

둘째, 건강에 유익하다. 웃음요가는 스트레스를 감소시키고 면역 체계를 강화시킨다. 당신의 면역 체계가 강화되면 병에 쉽게 걸리지 않게 되며, 만약 당신이 건강 상태가 안 좋다면 웃음요가는 당신이 더 빨리 치유하는 데 도움을 줄 것이다.

셋째, 비즈니스에 유익하다. 우리의 뇌가 최고의 생산성을 발휘하기 위해서는 25%의 산소가 더 필요하다. 웃음운동은 산소를 우리의 신체와 뇌에 충분하게 공급해줘서 뇌가 효율적이고 생산적으로 일을 처리하도록 돕는다. 당신이 평소 쉽게 지칠 때보다 당신은 더 에너지 넘치게 일을 할 수 있다.

넷째, 사회적인 관계를 형성한다. 삶의 질은 친구들과 가족을 비롯한 우리의 인간관계에 달려있다. 웃음은 사람을 훌륭하게 연결시키며, 많은 좋은 사람을 당신의 삶 속에 가져다 주고, 훌륭한 관계를 나누고 형성하는 데 도움을 줄 수 있다.

다섯째, 도전, 역경 속에서도 웃을 수 있다. 누구나 좋은 시절, 행복할 때는 쉽게 웃을 수 있다. 그러나 웃음요가는 심지어 당신이 삶에서 힘들 때조차도 조건 없이 웃으라고 가르친다. 그것은 역경 속에서 사람을 강인하게 해주며, 환경에 상관없이 삶에 긍정적인 자세로 대처하도록 도와준다.

웃음요가와
웃음치료의 차이

웃음요가에서 당신은 꽃이고 빛이며 태양이다.

한국에서는 웃음이 레크리에이션과 결합하여 웃음치료가 널리 퍼져 있다. 우리나라에는 이미 2,000여 개가 넘는 웃음단체가 있다. 문화적인 특성상 다른 나라처럼 공원이나 공공장소에서 웃음요가클럽이 활성화되지는 않았지만, 순식간에 여러 매체와 교육, 단체를 통해 웃음에 대한 중요성이 퍼져 나갔고, 웃음치료사 자격증을 받은 사람, 웃음으로 봉사를 실천하는 사람들이 많이 있다.

혼자 웃는 것보다 함께 웃는 것이 33배의 효과가 있다. 인간은 함께 있을 때 더 크게 웃는다. 볼링에서 스트라이크를 기록했을 때 표정을 측정하는 실험이 있었다. 친구들이 등지고 있을 때는 웃음을 보이지 않지만 친구들과 얼굴을 맞대고 있을 때는 웃음을 보인다. 더 나아가 혼자서 볼링을 할 때는 아무리 좋은 성적을 기록해도 거의 웃지 않는다. 스페인 사회심리학자 페르난데스 돌스와 루이스 벨다는 올림픽에서 우승한 선수들의 표정을 관찰했다. 그들은 환호하는 관중들이 있을 때 그렇지 않을 때보다 훨씬 크게 웃었다. 혼자 웃는 웃음도 있지만 이처럼 함께 웃는 웃음은 웃음요가와 웃음치료의 공통점이다. 그렇다면 웃음치료와 다른 웃음요가의 특징은 무엇일까.

첫째, 웃음요가는 그룹운동이기에 사람들과 인간관계가 형성된다. 한국에서 하는 웃음치료와 웃음요가의 가장 큰 차이는 웃음요가가 그룹운동이라는 점이다. 기존 웃음치료는 한 강사가 중심이 되어서 그의 지시에 따라 동작을 따라 하며 웃거나 율동하는 것에 비해서, 웃음요가는 모두가 주인공이 된다.

웃음요가 리더가 한 가지 웃음법을 하자고 제안하면 그룹원들끼리 그 웃음을 하면서 적극적으로 돌아다녀야 한다. 예를 들어 인사웃음인 경우 그룹원들끼리 서로 악수를 하면서 돌아다니며 각자 인사해야 하기에, 하나의 웃음법으로 여러 사람을 만나고 눈 맞춤을 하면서 웃음을 주고받게 된다. 신기하게도 만나는 사람에 따라 웃음의 깊이와 웃음의 소리가 달라진다. 비행기 웃음인 경우 서로 비행기가 되어 날아다니면서 그룹원들과 함께 하하하 웃는다. 한 운동이 끝나면 '좋아요 좋아요, 예~!', 'Very good very good, yeh~!' 또는 '호호 하하하, 호호 하하하, 호호 하하하, 예~!'를 외치며 다음 운동으로 자연스럽게 넘어간다.

웃음요가 리더는 안내자의 역할을 할 뿐이다. 나는 이것이 참 좋다. 기존의 웃음치료에서는 강사가 빛이자 꽃이었다면 웃음요가에서는 모두가 주인공이 되어 함께 빛난다. 웃음요가에서는 당신은 꽃이고 빛이며 태양이다. 자기가 주인공이 되는 것은 치유의 기본이다. 수동적으로 소외되지 않고 자신의 소중함을 일깨울 수 있기 때문이다.

웃음요가는 그룹으로 함께 웃음으로써 단절된 인간관계를 지양하고, 훌륭한 인간관계를 맺도록 도울 뿐 아니라 사회성을 자연스럽게 함양시켜준다. 인간은 사회적인 고립감을 느낄 때 우울증이 생기거나 아프다. 웃음요가는 함께 웃음으로서 참여한 사람들의 소속감을 증대하며 인간적인 소통의 장을 마련해준다.

둘째, 웃음요가는 아무 조건 없이 20분 이상 웃는 것이 가능하다. 웃음요가를 이론으로만 접했을 경우 '어떻게 아무 이유 없이 20분간을 웃을 수 있을까, 3분 웃기도 힘든데 정말 20분 웃는 것이 가능할까?' 하는 의구심이 들 수 있다. 그런데 웃음요가에서는 이것이 가능하다. 10가지 웃음운동으로 서로 그룹원들끼리 돌아다니면서 눈 맞춤을 하면서 웃다 보면 어느새 20분, 한 시간이 훌쩍 간다. 웃음 명상으로 쉼 없이 5분, 10분간을 웃기만 하기도 한다.

3분간 웃으면 노를 힘껏 젓는 것과 같이 칼로리 소모가 나기 때문에 중간 중간 호흡을 하며 쉼의 시간을 가진다. 숨을 들이쉰 후 천천히 내쉴 때 '하하하' 소리를 내기도 하고, 스트레칭과 함께 천천히 호흡하면서 몸의 긴장을 풀어준다. 입으로 호흡하면 많은 문제가 발생하지만, 코로 호흡을 길게 들이마시면 산소가 몸에 많이 들어가서 면역 체계를 강화하고 몸을 건강하게 한다.

셋째, 웃음요가는 다양한 명상이 결합되어 있다. 웃음요가에는 웃음 명상, 침묵 명상, 요가 니드라, 춤 명상, 모음소리 명상, 호흡관계 명상, 음식 명상 등 다양한 명상이 결합되어 있다. 아무 이유 없이 20분간 웃는 웃음요가 운동이 끝나면 자기 자신과 만나는 시간 명상이 있다. 명상은 지금 이 순간을 알아차리고 온전히 살아가도록 도와준다. 명상하는 것은 과거에 대한 후회와 절망, 현재에 대한 고통과 화 그리고 오지 않는 미래에 대한 불안과 걱정으로 마음이 가는 것을 멈추게 한다. 웃음으로 채워지지 않는 점을 명상으로 보완하였다. 색깔과 모양이 다른 두 그릇의 만남이다.

웃음치료에서는 느껴보지 못했던 충만함과 사랑을 이 시간을 통해 얻는다. 예를 들어 웃음은 다이내믹한 에너지이기에 울음과 에너지가 같다. 한바탕 웃고 난 후에 더 큰 허전함을 느낄 수도 있는데, 이것은 웃음과 울음이 모두 다이내믹한 에너지로 같기 때문이다. 명상으로 차분하게 가라앉히고 자신에게 사랑을 불어넣어 주면 웃음은 그 효과가 배가 된다.

웃음요가는 단순히 웃음이 아니라 명상을 통해 자신을 돌아보고 자신을 정화하며 세상의 평화를 생각하게 한다. 내가 웃으면 온 세상이 웃듯 나의 밝음과 평화, 선행이 세상에 기여함을 이야기한다. 명상을 통해 지혜와 집중을 얻고자 하며 자애의 마음을 넓히려고 한다. 스트레스를 해소하고 마음을 편안하게 하는 것에서 나아가 자신의 한계를 넓히려는 시도가 이루어진다. 호흡관계 명상을 통해서 사랑하는 사람들에게 사랑과 감사의 메시지를 보내기도 하고 아픔을 준 누군가에게 용서의 메시지를 보내기도 한다. 용서의 대상이 자기 자신이 되기도 한다.

　요가 니드라에서는 시각화 훈련, 상반되는 감각과 느낌의 자각 등을 통해 인생에서 겪게 되는 다양한 감정을 통제할 힘을 얻는다. 요가 니드라의 상칼파를 통해서 내가 원하는 소망을 마음속으로 강하게 세 번 외치고 시각화한다. 시간이 지날수록 자신의 꿈은 구체화되고 시각화가 선명하게 이루어진다. 나는 언제 어디서나 빛나는 존재이며, 아름답다고, 사랑한다고 자신에게 말을 해준다. 몸 사랑 운동을 통해 나 자신에게 사랑의 메시지를 보낸다. 나 자신과 만나며 내 영혼과의 교감의 시간이 주어지는 이 순간을 사랑한다. 이 시간은 누구나 꽃이고 사랑이며 빛이다.

웃음과 꽃말

기쁨, 천 년의 사랑 카라 꽃

청춘의 기쁨, 환희의 샤프란

유쾌한 노란 백합

하얀 웃음의 황금마삭줄

동자의 웃음 가는장구채

어떻게
웃을 것인가

그냥 웃어라. 긍정의 말과 함께 웃어라. 동작을 하면서 웃어라. 음악과 함께 웃어라.

첫째, 그냥 웃어라. 이유 없이 아이처럼 웃어라. 신이 인간에게 준 최고의 선물은 웃음이다. 지금까지 알려진 상식은 아기들은 엄마 뱃속에서 나온 뒤에, 그러니까 출산 후 대략 6주 정도에 엄마로부터 웃음을 배운다고 알려져 있다. 그러나 영국의 한 연구팀은 3차원과 4차원 스캐닝 기술을 통해 태아가 웃는 표정뿐 아니라 하품과 눈 깜박거림 등 다양한 표정을 짓는 것을 발견했다. 왜 웃는지는 밝혀지지 않았지만, 신이 인간에게 준 최고의 선물이 웃음임을 다시금 되새기게 한다.

웃음요가는 이유 없이 그냥 웃을 것을 강조한다. 인간은 행복하기 위해 태어났으며 사랑받기 위해 태어났다. 당신은 어린 시절 400회 이상 하루에 웃음으로써 누군가에게 웃음과 기쁨을 선사한 사람이다. 그런데 어른이 되면서 그 천진난만함을 잃고 웃음을 잃은 사람들이 많다. 어린 나이로 돌아갈 수는 없지만 그 천진난만함을 기억하며 아이처럼 웃을 수는 있다. 이유 없이 웃음에 집중하는 것은 웃음 명상의 기본이 된다. 작은 동작이나 표정 하나에도 미소 짓는 어린 아기처럼 하하하 웃을 수는 있다. 기쁨이 넘쳐날 것이다.

둘째, 긍정의 말과 함께 웃자! 웃음요가에서는 운동마다 '좋아요, 좋아요, 예~!'를 외친다. 이 긍정의 구호는 어떤 효과가 있을까. 웃음치료에서도 흔히 웃기만을 하는 것이 아니라 '나는 내가 좋다. 나는 있는 그대로의 내가 참 좋다. 나는 나를 사랑해. 나는 최고야.' 등 긍정의 언어를 쓰는 것은 말이 가지고 있는 놀라운 언어 치유력 때문이다.

『물은 답을 알고 있다』의 저자이자 과학자인 에모토 마사루는 물에 글자를 보여주고 사진을 찍었다. 그 결과 긍정적인 말을 해준 물에는 아름다운 결정체가 맺었으나 부정적인 말을 해준 물에는 아름다운 결정체를 맺지 못했다. 그는 사랑과 감사의 말을 들은 물이 아름다운 결정을 만들 듯 우리도 긍정적인 말과 생각을 하면 우리 몸속 물도 맑고 아름답게 정화될 수 있을 뿐 아니라 결국 행복해진다고 말한다.

에모토 마사루는 긍정적인 말이 지닌 치유의 힘을 밥 실험을 통해서도 증명하였다. '사랑해, 고마워, 넌 멋져.' 등 긍정의 말을 해준 밥에는 성경에서 말하는 먹을 수 있는 누룩곰팡이가 피었고, '망할 것,

꺼져, 못났어.' 등 부정적인 말을 해준 밥은 악취를 내뿜으며 썩어 버렸다. 재미있는 것은 부정적인 말을 한 밥보다 더 빨리 악취를 내며 검게 썩어버린 밥은 무관심하게 내버려둔 밥이었다. 사랑의 반대가 무관심임을 과학적으로 증명한 사례이다.

얼마 전 한국 TV 프로그램 〈기적의 밥〉에서도 비슷한 실험을 하였는데, 긍정의 말을 들으며 자란 양파는 곧고 길게 뻗었지만, 욕을 듣고 자란 양파는 키가 작았고 옆으로 엉성하게 자랐다. 식물에서도 말과 사랑의 에너지가 전해짐이 알려지면서 아름다운 음악을 들려주거나 하는 소리 요법이 전 세계적으로 많이 쓰이고 있다.

인간의 70% 이상이 물로 구성되어 있다. 내가 행복하기 위해서는 내 몸 안의 물이 맑아야 하며 물이 행복해야 한다. 물은 긍정의 말과 아름다운 음악, 기도에 의해 아름다운 결정체를 맺었다. 우리 인간이 어떻게 살아야 하는지 보여주는 실험이다. 긍정적인 말을 하자. 행복을 주는 긍정적인 말을 하며 웃으면 당신은 더 편안해지고 행복해질 것이다.

셋째, 동작을 하면서 웃어라. 몸과 마음의 관계는 잘 알려져 있다. 심신의학(Mind-body medicine), 행동의학(Behavioral medicine) 혹은 통합의학(Integrative medicine)에서는 마음과 신체가 서로 밀접하게 연결되어 있으며, 우리의 사고방식과 정서가 건강과 질병에 매우 중요한 역할을 한다고 본다. 사람들이 자신의 신체와 질병에 대해 어떻게 생각하는가, 우리의 삶을 어떻게 살아가며 어떤 생각을 하고 어떤 행동을 하는가가 건강과 질병에 매우 중요한 역할을 한다고 강조한다.[a] 마음에 무슨 일이 일어나면 같은 일이 몸에도 일어난다. 스트레스를 받거나 마음의 상처를 받은 날에는 몸도 아프며, 반대로 감기가 들어 몸이 아픈 날에는 마음도 약해지기 마련이다. 우울할수록 몸을 움직이면 기분이 나아진다는 말은 사실이다. 몸을 계속 움직이면 건강해지고 뇌의 건강에도 기여한다.

세계적인 뇌 과학의 권위자인 존 메디나 박사는 저서 『브레인 룰스』를 통해 몸을 움직여야 뇌 기능이 발달한다고 주장한다. 그에 따르면 운동은 기억의 형성과 관련 깊은 해마의 구성요소인 '치아이랑(Dentate gyrus)'에서 혈액의 양을 증가시킨다. 운동으로 인한 혈액의 증가는 뇌의 뉴런을 활성화시키는 역할을 해서 자연스럽게 뇌 기능이 발달하게 된다. 또한 운동이 두뇌의 가장 강력한 성장 요인 중 하나인 BDNF[1]를 자극한다는 사실을 밝히고 있다. 산책 같은 가벼운 운동도 뇌에 큰 도움이 된다. 뇌 신경학과 전문의 쓰키야마 다카시 역시 『두뇌의 힘 100퍼센트 끌어올리기』에서 몸을 움직이면 뇌의 혈류를 원활하게 할 수 있어 뇌 건강에 좋다고 말한다.

록펠러대학의 브루스 멕웬 박사와 『운동화 신은 뇌』의 저자 존 레이티는 공통적으로 운동이 스트레스를 예방하는 데 효과적이라고 말한다. 스트레스로 생긴 코르티솔 호르몬 분비를 막음으로써 건강한 삶을 유지하는 데 도움이 되기 때문이다. 운동은 특히 안정감을 주는 신경전달물질인 감마아미노낙산과 세로토닌의 농도를 증가시켜 항불안과 항우울 효과를 증진시킨다. 몸을 움직이면 마음이 밝아

---

1) BDNF는 '뇌유래 향신경성 인자, Brain Derived Neurotrophic Factor'의 준말로 두뇌 속 특정 뉴런의 성장을 촉진하는 역할을 한다.

지는 이유가 바로 여기에 있다.

웃음요가는 그룹운동으로 몸을 움직이는 동시에 웃음으로써 마음을 밝고 건강하게 만든다. 웃음과 운동의 과학적 효능이 알려지면서 웃음에어로빅, 웃음율동, 걷기 웃음 등 운동과 웃음이 다양하게 결합되어 나타나고 있다. 걷기를 하거나 조깅할 때 웃어보자. 간단한 체조를 할 때 몸을 스트레칭하는 동작과 함께 웃어보자.

> "음악가들은 인간 중 신과 가장 가까운 사람들이다. 우린 신의 목소리를 듣는다. 신의 입술을 읽고 신의 자식들을 태어나게 한다. 그게 음악가다."
>
> - 베토벤 -

넷째, 음악과 함께 웃어. 베네수엘라의 한 빈민 지역의 학교 학생들은 마약, 폭력, 포르노, 총기 사고 등에 노출되어 학교 부적응을 심각하게 보였다. 새로 부임한 교장 선생님은 이 아이들에게 교육적인 훈계나 체벌을 가한 것이 아니라 악기를 배우게 했다. 얼마 지나지 않아 학교 부적응을 보였던 학생들이 다른 사람을 배려하게 되고, 자신의 꿈을 가지고 되었으며, 협동심과 소속감, 질서 의식, 책임감 등을 배워나갔다고 한다. 이제는 베네수엘라의 대표적인 교육브랜드가 된 엘 시스테마는 얼마 전 영화로까지 제작되어 많은 사람들에게 음악의 중요성을 알려주었다.

고대 때부터 아름다운 소리와 음악은 치유의 효과를 지닌 것으로 알려져 있다. 음악과 함께 웃음을 주면 그냥 웃는 것보다 훨씬 활기와 웃음이 넘쳐난다. 교실 수업에서 웃기만 할 때보다 웃음율동을할 때가 3배는 더 행복하고 즐겁다고 아이들은 이야기한다.

한국에서는 다른 나라보다 더 음악과 함께 하는 웃음이 발달하였다. 우리나라에서는 다양한 형태로 웃음치유가 진행되고 있는데, 특히 음악에 웃음이 결합되어 다양한 웃음율동과 레크리에이션의 형태로 교육이 이루어지고 있다. 웃음율동은 정말 신이 나며 경쾌하다. 한국의 웃음율동을 인도에 소개할 때면 모두들 신기해하고 좋아했고 음악과 동작을 알려달라는 친구들이 많았다. 한국의 웃음율동에 자극을 받아서일까. 후에 웃음요가대학에서는 음악과 무용 전문강사를 따로 고용해서 프로그램에 음악과 율동을 가미하는 것을 지켜보면서 이미 음악과 율동을 웃음에 가미해 앞서갔던 한국이 자랑스러운 생각이 들었다. 웃음요가가 생겨난 지 얼마 안 되었기에 이탈리아를 비롯한 인도 등 세계 각국의 웃음요가에서는 끊임없이 웃음에 음악과 동작을 연결시켜 새로운 것을 창조하며 발전시켜 나가고있다.

꼭 크게 웃어야 할까.

자연스럽게 호흡에 맡겨 웃는 것도 참 좋다. 한국의 많은 웃음치료 책들은 크게 웃는 것을 강요한다. 웃음요가에서는 크게 웃으라는 규칙이 없다. '온몸을 다해 움직이며 웃어라.'라고 무조건적으로 이야기하지 않는다. 물론 크게 온몸으로 웃는 것은 복부 웃음이 되어 웃음의 효과가 배가 될 것이다.

그러나 웃음요가에서는 소리를 내지 않고 웃는 침묵 웃음과 허밍 웃음, 웃다가 웃음을 닦는 웃음, 보스가 회사 안에 있어 작게 웃는 웃음, 호흡과 함께하는 웃음 등 다양한 웃음법에서 알 수 있듯 일상 생활 속에서 언제나 웃음을 선택하고, 생활화할 것을 더 강조한다. 15초 이상 길게 웃는 것은 뇌에서 엔도르핀 물질이 분비되기 때문에 효과적이지만 꼭 언제나 크게 온 힘을 다해서 웃어야만 효과적인 것은 아니다. 호흡에 맞춰서 자연스럽게 웃는 것도 좋은 방법이다. 웃음은 인간의 자연스러운 소리이자 치유의 소리이며 보는 사람을 행복하게 하고 기쁘게 한다. 호흡에 맡긴 채 자연스럽게 하하하 웃으면 길게 웃을 수 있을 뿐 아니라 어디서나 웃을 수 있다. 그 상황에 맞게 지혜롭게 웃어봄으로써 크게만 웃어야 한다는 거부감에서 벗어날 수 있다. 어린아이의 자연스러운 미소처럼 더 아름다운 것은 없으니까 말이다.

웃음요가
수업 모형

◆ **5분 웃음요가 수업 모형(웃음+호흡)**

단계	방법
1	**웃음인사** 옆에 있는 사람들과 악수하며 웃는다.
2	**웃을 시간 웃음** '지금 몇 시지?' 시계를 가리키며, '와 웃을 시간이다! It's time to laugh!'를 외치며 웃는다.
3	**마술 웃음** 손가락 마술을 보인다. 오른쪽 검지와 왼쪽 검지를 '에…, 에…, 에…' 소리를 내며 부딪치다가, 네 번째 부딪칠 때 손가락 한 개를 폈던 것을 손가락 두 개를 펼치며 하하하~ 웃는다.
4	**기운찬 웃음** 하늘을 향해 두 팔을 올리고 머리를 약간 뒤로 젖히고 웃는다. 마치 웃음이 복부에서 바로 나오고 있는 듯한 느낌으로 웃는다.
5	**요가의 토식 호흡** 눈을 감고 우주의 온 에너지, 깨끗한 산소가 내 몸을 맑고 건강하게 한다고 생각하고 깊이 있게 호흡하고, 내쉴 때는 근심, 걱정, 후회, 억압된 감정 등을 호흡을 통해 우주의 빈 공간에 모두 흘러보낸다.

◆ 15단계 웃음요가 수업 모형(20~30분)

단계	방법
1	"웃음요가 클럽에 온 여러분을 환영합니다. 하하하" 웃음요가클럽이 시작됨을 알리고, 1-2…1-2-3 리듬에 맞춰 손뼉을 치면서 '호호, 하하하'를 외치는 웃음요가의 박수법 및 구호를 안내한다.
2	몸의 긴장을 풀고, 코를 통해 숨을 들이마시고 길게 숨을 내쉬는 심호흡을 한다(3~5번).
3	**웃음인사** : 최소한 4~5명의 그룹 회원과 악수를 하며 웃는다. 이때 호의적인 눈 맞춤이 중요하다.
4	**기운찬 웃음** : 하늘을 향해 두 팔을 올리고 머리를 약간 뒤로 젖히고 웃는다. 웃음이 목이 아니라 복부에서 나오도록 웃는다.
5	**1미터 웃음** : 한 팔을 쭉 뻗고 반대쪽 손을 그 위에 대고 어깨를 편다 (화살을 쏠 때와 같은 자세로 팔을 뻗는다). '에…, 에…, 에…'를 외치면서 손을 세 번 잡아당긴 다음 두 팔을 쭉 뻗고 머리를 약간 뒤로 젖히면서 복부로 웃음을 터트린다(2~4번 반복).
6	**새 웃음** : 새의 날갯짓을 하면서 자유롭게 날아다니며 하하하 웃는다.
7	**밀크셰이크 웃음** : 참여자들에게 우유컵과 커피 컵을 각각 양손에 들고 있고, 가운데는 이를 혼합할 빈 컵이 하나 있다고 상상하라고 지시한다. 그리고 진행자의 지시에 따라서 '에…'를 외치면서 왼쪽 우유를 가운데 컵으로 옮겨 부은 다음, 역시 '에…'를 외치면서 오른쪽 커피를 가운데 컵에 다시 붓는다. 그리고 나서 가운데 밀크셰이크를 마시는 행동을 취하면서 하하하 웃는다.
8	**사자 웃음** : 혀를 앞으로 쭉 내밀면서 입을 크게 벌리고 손을 사자 발톱처럼 세우고 배로 웃는다.
9	**침묵 웃음** : 소리 없이 웃으면서 상대방의 눈을 들여다보고 재미있는 행동을 취한다.
10	**장미 향기를 맡는 웃음** : 꽃을 손으로 잡고 향기를 맡아본다. 입안 가득 꽃향기가 들어온다. 이때 호흡을 함께 안내한다. 내쉴 때는 근심, 걱정, 후회, 부정적인 것을 모두 호흡을 통해 내보낸다. 꽃향기를 맡으며 호흡을 한 후에는 꽃을 사랑하는 친구에게 주면서 하하하 웃는다.

11	**성공 웃음** : 자신이 성공했을 때의 기쁨을 상상하며 웃는다. 로또에 당첨되었거나 시험에 합격하였거나 자신이 간절히 염원하는 무엇인가가 이루어졌다. 서로의 성공을 하이파이브하며 축하해준다.
12	**감사 웃음** : 정말 감사해요, 당신이 최고예요! 라는 의미로 상대방에게 엄지손가락을 치켜세우며 마치 그룹 회원들에게 감사를 표현하고 있는 듯한 행동을 취하며 웃는다.
13	**점층적 웃음** : 얼굴에 미소를 띠는 것으로 시작하여 천천히 작은 소리로 웃다가 점점 큰 소리로 웃음의 강도를 높여가며 웃는다.
14	**스위밍 웃음** : 그룹원들이 원을 만들어 동그랗게 한 후 손을 잡는다. '에~' 소리를 내며 원안으로 모이면서 하하하 웃는다. 다시 뒤로 돌아와서 '호~' 소리를 내며 원안으로 들어가며 웃는다. 이번에는 '헤~' 소리를 내면서 손을 잡고 원안으로 모이면서 웃는다. 웃음의 다양한 소리 '하하하, 호호호, 헤헤헤, 후후후'를 적용한 웃음이다.
15	**슬로건 외치기 또는 사랑 기원하기** : 수업종료 기술은 슬로건을 외치는 것이다. "우리는 이 세상에서 가장 행복한 사람이다. 예스" "우리는 이 세상에서 가장 건강한 사람이다. 예스" ※ 마지막에는 모든 회원들이 원으로 모여 서로 어깨동무를 하고, 1분간 눈을 감고 개인의 건강과 행복, 사랑 더 나아가 세계 평화를 기원한다.

◆ 1시간 웃음요가 수업 모형

단계	방법
1	**지블리쉬 의사소통**
2	**웃음요가의 기본 운동** (악수 웃음, 모터보트 웃음, 침묵 웃음, 바나나 웃음, 심장 웃음, 성공 웃음, 장미 향기 웃음, 뜨거운 모래 웃음 등)
3	**싱크로나이즈드 호흡법** 정좌하고 손을 복부에 가져다 대고 들이쉴 때 깨끗한 산소를 폐 속에 가득 채운다. 숨을 내쉴 때는 가능한 복부 근육을 오랫동안 수축시켜 복식호흡을 함을 알아차린다. (*이 호흡법에서 자연스럽게 침묵 명상으로 안내한다.)
4	**침묵 명상**

◆ 2시간 웃음요가 수업 모형

단계	방법
1	지블리쉬 의사소통 (지블리쉬 대화, 지블리쉬 카오스, 지블리쉬 댄스, 지블리쉬 노래)
2	웃음요가 운동 (핸드쉐이크 웃음, 핸드폰 웃음, 자동차 웃음, 스위밍 웃음, 펭귄 웃음, 창의적 웃음, 밀크쉐이크 웃음, 근심·걱정 내려놓기 웃음 등)
3	웃음 명상
4	요가의 호흡 '마음 모아 숨쉬기'
휴식	
5	웃음요가 게임 (피자파스타 / 이게 뭐예요? / 수호천사 게임)
6	호흡관계 명상 (또는 춤 명상)

◆ 3시간 웃음요가 수업 모형

단계	방법
1	웃음율동
2	지블리쉬 의사소통
3	웃음요가 운동
4	요가의 호흡 '허밍'
휴식	
5	글쓰기 명상
6	요가 니드라

웃음요가
프로그램

 ① **웃음요가의 다양한 웃음법**

　여기에 수록된 여러 가지 웃음법은 마단 카타리아를 비롯한 세계 여러 나라 웃음요가 친구들이 만든 웃음법이다. 나의 어머니가 만든 웃음법도 포함되어 있다. 글을 읽는 동안 문득 당신도 당신만의 웃음법을 생각하게 되리라.

1) 기본 웃음요가 '웃어라, 온 세상이 나와 함께 웃는다.'

- **긍정적 발언(좋아요, 좋아요. 예~):** 웃음운동 사이사이에 그룹 회원들이 손뼉을 치며 '좋아요, 좋아요, 예~(Very good, very good. yeh~)'를 2번 합창한다. 보통 각 나라에서는 모국어로 1번, 영어로 1번 이루어진다. 긍정적인 말의 사용을 통해 삶에 긍정성과 행복감을 높여주며 웃음수업에서 다음 운동으로 넘어가는 진행자와 같은 역할을 하는 구호이다.

- **호호 하하하 운동:** 준비 운동으로 모든 회원들이 손뼉을 치면서 '호호 하하하'를 합창하기 시작한다. 복부 근육의 움직임이 느껴질 수 있을 정도로 목이 아닌 배에서 소리를 내야 한다. '호호'는 가운데에서 박수를 치며, '하하하'를 합창할 때에는 한번은 오른쪽, 한번은 왼쪽으로 향하여 박수를 친다. '호호 하하하'를 합창하면서도 미소를 잃지 않고 그룹원 사이를 움직이게 되는데, 이때 다른 사람과의 호의적인 눈 맞춤을 유지해야 한다. 몸의 움직임과 열정적인 손뼉 치기는 몸에 활력을 불어넣는 데 도움이 된다. 이때 박수는 손바닥과 손가락을 모두 마주친 상태에서 치는 박수로 온몸에 활력과 건강을 준다.

- **심호흡:** 웃음요가에서는 시작 부분과 중간 중간에 심호흡을 한다. 올바른 호흡이 건강에 매우 중요하기 때문이다. 몸의 긴장을 풀고 코를 통해서 깊게 숨을 들이마시는 동시에 하늘을 향해 두 팔을 올리는 동작으로 수업을 시작한다. 가능한 많은 공기를 폐 안에 채운 다음 4~5초간 숨을 멈춰야 한다. 그리고 나서 뻗은 팔을 원래 위치로 되돌려 놓으면서 숨을 천천히 내쉰다. 폐 속의 잔여 공기가 남지 않도록 들이마시는 시간보다 두 배까지 길게 내쉬는 요가의 심호흡(Pranayama)을 한다. 우주의 에너지 프라나(Prana), 깨끗한 산소가 내 몸을 맑고 건강하게 한다고 생각하고 깊이 있게 숨을 들이쉬고 내 쉴 때는 근심, 걱정, 억압된 감정, 후회 등을 호흡을 통해 모두 내보낸다. 코를 통해서

숨을 내쉬거나 가급적이면 마치 소리 없이 휘파람을 부는 것처럼 입술을 오므려서 입을 통해 숨을 내쉰다. 치유어를 추가하기도 한다. 예를 들어 숨을 들이쉬면서 '용서하고' 숨을 내쉬면서 '잊어버려'라고 말한다. 그 외에도 웃음요가클럽 회원들이 다양하게 '감사하고', '사랑하라' 등 만들어서 사용이 가능하다. 진행자가 이 구호들을 큰 소리로 말하면 회원들 모두 호흡 운동을 하면서 이 구호를 따라한다.

- **웃음인사:** 인사 웃음으로 웃음수업을 시작하는 것이 보통이다. 시작 부분에 웃음요가 수업에 참여한 사람들이 악수와 인사, 눈 맞춤을 통해 유대감을 조성하는 데 도움이 되기 때문이다. 한국에서는 고개를 숙이면서 웃으면서 인사를 한다. 악수하면서 눈을 들여다보고 상냥하게 웃는 것은 서구식 인사이나 이제는 한국에서도 이 인사법으로 웃음요가를 한다. 인도식 인사는 두 손을 붙잡고 NAMASTE!(의미: 내 안에 있는 신이 당신 안에 있는 신에게 경배드립니다.)라고 말하며 웃는다. 최소한 4~5명의 회원과 인사를 하며 하하하 웃는다.

- **밀크셰이크 웃음:** 참여자들에게 우유컵과 커피 컵을 각각 양손에 들고 있고, 가운데는 이를 혼합할 빈 컵이 하나 있다고 상상하라고 지시한다. 그리고 진행자의 지시에 따라서 '에…'를 외치면서 왼쪽 우유를 가운데 컵으로 옮겨 부은 다음, 역시 '에…'를 외치면서 오른쪽 커피를 가운데 컵에 다시 붓는다. 그러고 나서 가운데 밀크셰이크를 마시는 행동을 취하면서 하하하 웃는다. 마시기 싫을 때는 뒤로 밀크셰이크를 버리는 시늉을 하며 하하하 웃는다.

- **1미터 웃음:** 1미터를 측정하는 동작을 모방한 것으로 스트레칭이 함께 이루어지기 때문에 유쾌한 웃음법이다. 1미터를 측정하는 동작을 모방한 것이다. 한쪽 팔을 쭉 뻗고 반대쪽 손을 그 위에 대고 어깨를 편다. 화살을 쏠 때와 같은 자세로 팔을 뻗는다. '에이…, 에이…, 에이이이…'를 외치면서 손을 세 번 잡아당긴 다음 두 팔을 쭉

뻗고 머리를 약간 뒤로 젖히면서 복부로 웃음을 터트린다. 이 과정을 오른쪽, 왼쪽 최소 두 번 반복한다. 사람들은 '에이…, 에이…, 에이이이…'를 스타카토로 끊는 듯이 또렷하게 외치는 것을 좋아한다.

- **사자 웃음:** 요가의 사자 자세(Simha Mudra)에서 비롯된 웃음법으로, 사자 자세는 혀를 앞으로 쑥 내밀고 입을 크게 벌린다. 눈을 크게 뜬 상태로 손을 사자 발톱처럼 세우고 으르렁하는 사자 울음소리를 흉내 내며 복부에서 나오는 웃음으로 하하하 웃는다. 사자 웃음은 갑상선에 혈액을 공급하고 얼굴 근육과 혀, 목에 좋은 운동이다. 억압을 없애주며 자유로움을 느끼게 해준다.

- **감사 웃음:** 감사는 삶에 행복과 풍요로움을 부른다. 이 웃음은 삶에서 감사하는 마음이 얼마나 중요한지를 상기시켜주는 웃음이다. 당신이 주신 도움에 정말 감사해요, 당신이 최고예요! 라는 의미로 상대방에게 엄지손가락을 치켜세우며 웃는다. 또는 집게손가락 끝이 엄지손가락 끝과 만나게 작은 원을 만들고 손을 앞뒤로 빨리 움직이면서 회원들끼리 서로 바라보면서 마치 다른 동료 회원에게 감사함을 표현하듯이 친절하게 웃는다.

- **성공 웃음:** 자신이 성공했을 때의 기쁨을 상상하며 하하하 웃는다. 로또에 당첨되었거나 시험에 합격하였거나 자신이 간절히 염원하는 무엇인가가 이루어졌다. 무엇보다 자신의 노력으로 무언가 성취했다는 것은 큰 기쁨이다. 자연스럽게 자신의 성공을 기뻐하는 동시에 상대방의 성공을 축하하며 서로 하이파이브를 하며 웃게 된다.

- **논쟁 웃음:** 이 웃음은 삶에서 늘 일어나는 의견 차이를 재미있게 표현한 웃음법이다. 두 그룹이 서로를 마주 본 상태로 반대편 그룹의 회원들을 집게손가락으로 가리키면서 논쟁을 하듯이 하하하 웃기 시작한다. 이때 손가락으로 상대방을 찌르듯이 공격적으로 하지 않도

록 유의한다.

- **용서 웃음(사과 웃음):** 논쟁 웃음 직후에 바로 용서 웃음이 이어진다. 그 이유는 누군가와 싸웠다면 바로 사과해야 한다는 것이다. 미안하다는 말은 치유와 정화의 언어이다. 용서 웃음은 참여자들이 양 귓불을 잡고 웃거나(인도식) 한국식으로 두 팔을 가슴에 대고 상체를 조금 앞으로 숙이면서 미안하다는 행동을 취하면서 웃는다.

- **핸드폰 웃음:** 사람들은 대화할 때 가장 많이 웃는다. 이 웃음은 핸드폰으로 대화할 때처럼 즐겁게 웃는 웃음법이다. 참여자들은 핸드폰으로 전화 통화를 하는 상상을 하면서 웃으며 돌아다닌다. 통화할 때 일어날 수 있는 다양한 행동을 취하며 돌아다니고, 여러 사람을 만나면 마치 통화를 즐기는 것처럼 눈 맞춤하며 하하하 웃는다.

- **스위밍 웃음:** 그룹원들이 원을 만들어 동그랗게 한 후 손을 잡는다. '에~' 소리를 내며 원안으로 모이면서 하하하 웃는다. 다시 뒤로 돌아와서 '호~' 소리를 내며 원안으로 들어가며 웃는다. 이번에는 '혜~' 소리를 내면서 손을 잡고 원안으로 모이면서 웃는다. 웃음의 다양한 소리 '하하하, 호호호, 혜혜혜, 후후후'를 적용한 웃음이다.

- **수업종료 기술(구호 및 평화와 사랑을 기원하는 기도):** 수업 끝에 슬로건을 외친다. '우리는 세상에서 가장 행복한 사람들이다!', '우리는 웃음요가클럽 회원들이다!', '우리는 세상에서 가장 건강한 사람들이다!' 슬로건을 외친 다음, 원으로 모여 어깨동무를 하고 서로가 하나로 연결되어 있음을 느끼며 기도로 마무리 짓는다. 또는 모든 회원들이 하늘을 향해 두 팔을 쭉 뻗고 눈을 감고 세계 평화를 위해 기도하기도 한다. 구호 및 기도가 생략되어, 간단하게 '감사합니다.'를 함께 말한 후 웃고 끝낼 수 있다.

2) 축하와 축제의 웃음요가

- **박수갈채 웃음:** 상을 받거나 자격증을 받는 기쁨의 상황이다. 그룹은 두 줄을 만들고 나란히 선다. 그곳을 지나가면 축하해주면서 환호성을 보내준다.

- **기념행사 웃음:** 모두가 작은 원을 만들고 초를 들고 있다. 리더가 '비밀'이라고 말하면 모두가 서로를 격려하고 크게 웃는다. 다른 지원자가 비밀을 자신도 알고 싶다고 요청한다.

- **생일 축하 웃음:** 생일 축하를 맞은 사람을 위해서 노래를 불러준 다음 '생일 축하합니다' 노래 음에 맞춰서 '하하하하 하하 하하하하 하하~'로 노래를 부른다. 두 번째는 '호호호', 세 번째는 '헤헤헤'로 노래를 불러준다. 두 번째 세 번째로 갈수록 더 빠르게 불러서 흥을 돋워준다.

- **토마토 축제 웃음:** 토마토 축제를 생각해보자. 토마토를 던지는 시늉을 하며 하하하 웃는다.

- **파티 웃음:** 웃음파티에 갔다. 사람들과 어울리면서 인사를 하며 웃기도 하고 전화를 받으면서도 하하하 웃는다. 잔을 주고받거나 음식을 나눠 먹으면서도 하하하 웃는다. 노래 부르거나 춤을 추면서 파티를 즐긴다.

- **왕과 왕비 웃음:** 그룹을 두 그룹으로 나누어서 나란히 서게 한다. 한 사람이 왕이나 왕비가 되어 입장하면 모두가 환호해주면서 그 사람을 축복해준다. 왕과 왕비가 되어보는 특별한 웃음법이다.

- **미인대회 웃음(미스코리아 웃음):** 미인대회에서 포즈를 취하고 서 있다가 수상자로 자신의 이름이 발표되자, 손을 흔들면서 하하하 웃으며 워킹을 한다.

- **미스터 코리아 웃음:** 미스터 코리아가 되어 포즈를 취하면서 하하하 웃는다.

3) 몸과 마음이 정화되는 아름다운 웃음요가

- **웃음크림:** 웃음크림을 몸에 듬뿍 바르면서 하하하 웃는다. 다른 친구들에게도 웃음크림을 발라준다.

- **거울 웃음:** 웃음크림을 바른 후에는 거울을 보니 내가 너무 아름다워졌다. 거울을 보면서 하하하 웃는다.

- **장미 향기를 맡는 웃음:** 꽃을 손으로 잡고 향기를 맡아본다. 입안 가득 꽃향기가 들어온다. 꽃을 사랑하는 친구에게 주면서 하하하 웃는다.

- **꽃잎 샤워 웃음:** 꽃은 아름다움과 축복의 상징이다. 사람들에게 꽃잎을 떨어뜨리면서 그 사람을 축복해주는 마음과 함께 하하하 웃는다.

- **자기 사랑 웃음:** 자기 몸을 감싸면서 웃는다. 사랑은 자신으로부터 비롯된다. 자신을 진정으로 사랑하는 것이 무엇보다 중요하다.

- **웃음천사 웃음:** 자신이 웃음천사가 되었다고 생각하고 다른 사람을 향해 하하하 웃는다.

- **다양한 안경을 통해 삶을 보는 웃음:** 두 손으로 둥그런 안경을 만들고 두 눈에 가져다 댄다. 처음에는 긍정의 안경을 끼고 하하하 밝게 웃는다. 다음에는 두 손으로 뾰족한 세모 안경을 만들고, 슬픔과 부정의 안경을 끼고 오호호호 우는 소리를 내면서 돌아다닌다. 긍정의 안경을 다시 끼고 웃는다. 삶에서 긍정적인 시각과 자세가 중요함을 깨닫게 하는 웃음법이다.

- **자신의 문제를 보며 웃기:** 숨을 내쉴 때 자신의 문제, 걱정, 근심, 분노, 아픔 등을 호흡을 통해 모두 내놓는다. 몸을 쓸어내리면서 부정적인 것을 모두 털어낸다. 그다음에는 그 문제들을 가리키면서 하하하 웃는다. 그 문제를 쪼그리고 앉아서 웃어도 좋고, 발로 차거나 버리는 흉내를 내면서 하하하 웃어도 좋다. 호흡과 웃음, 두 가지를 동

시에 적용해서 자신을 정화할 수 있는 중요한 웃음법이다.

- **정신 치실 웃음:** 치아를 깨끗이 하기 위해 치실을 사용하는 것처럼 내 정신을 깨끗하게 하기 위해서 치실을 사용한다. 치실로 머리를 닦는 시늉을 하면서 하하하 웃는다. 다른 사람 것도 닦아주면서 하하하 함께 웃는다.

- **허그 웃음:** 특별한 날에 혹은 헤어지는 날에 하게 되는 웃음법이다. 허그의 기적을 알고 있을 것이다. 웃음친구끼리 허그를 하면서 하하하 웃는다. 축복의 말 '사랑합니다.'라고 이야기해도 좋다.

- **별 웃음:** 두 손으로 반짝반짝 별이 빛나는 행동을 취하면서 하하하 웃는다. 나 자신이 별이 되어 어둠을 환히 비추듯 웃는다. 이 웃음법으로 웃다 보면 저절로 밤하늘의 별을 보며 미소 짓게 될 것이다.

- **나무웃음:** 야외에서 하는 웃음요가에서 나무가 있다면 나무웃음을 권해보고 싶다. 나무는 참 아름답고 사람의 마음을 치유해준다. 나무가 있거들랑 꼭 안아보자. 편백나무 숲에서는 스트레스를 완화하고 면역력을 강화시키는 피톤치드가 나온다. '내 마음을 치유하는 나무야 사랑해.' 나무를 꼭 껴안고 사랑한다 말하며 미소 지어 보자.

4) 봄의 빛깔 웃음요가 '희망을 가지고 웃어라.'

- **웃을 시간 웃음:** '지금 몇 시지?' 시계를 가리키며, '와 웃을 시간이다! It's time to laugh!'를 외치며 하하하 웃는다.

- **두 손 잡고 흔들면서 웃기:** 상대방의 한 손을 잡고 웃다가 두 손을 교차해서 잡고 하하하 웃는다. 너무 기뻐서 잡은 손을 흔들면서 웃는다. 서로 반가워서 뛰거나 원을 돌면서 기쁨을 나눠도 좋다.

- **하이파이브 웃음:** 두 손으로 웃음친구들과 하이파이브를 하면서 돌아다니며 웃는다. 하이파이브할 때 눈 맞춤을 하며 웃어주는 것이 무엇보다 중요하다.

- **알로하 웃음:** 하와이 인사가 '알로하'이다. 팔을 아래에서 위로 향하고 '알로~하' 외치면서 하하하 웃는다.

- **외계인 인사 웃음(안테나 웃음):** 영화 속 외계인 이티가 손을 내밀 듯 '아아아-헤헤헤-이이이-' 소통을 시도하며 하하하 웃는다. 손가락으로 안테나를 만들어서 머리 위에 두고 전파를 보내면서 하하하 웃기도 한다.

- **까꿍 웃음:** 두 손으로 얼굴을 가렸다가 까꿍 하면서 자신의 얼굴을 보여주며 부끄러운 듯 하하하 웃는다.

- **부끄러움 웃음:** 부끄러워서 손으로 입을 가리면서 웃는다. 몸을 꼬면서 웃기도 한다.

- **활발한 웃음:** 다른 사람 주위를 웃으면서 깡충깡충 뛰며 활달하게 웃는다. 어린 시절 좋아하는 사람들 곁에서 재잘거리며 웃었던 것을 기억할 것이다.

- **꼭두각시 인형 웃음:** 꼭두각시 인형이 되어 춤을 추며 하하하 웃는다.

- **1cm 웃음:** 1미터 웃음을 기억할 것이다. 이것을 변형한 웃음이다. 두 팔을 들어서 오른쪽으로 작게 1cm를 만들면서 하하 웃는다. 이번에는 왼쪽으로 1cm를 만들면서 하하 웃는다. 10cm, 30cm 등 변형이 가능하다.

- **허밍 웃음:** 입을 다물고 허밍 소리를 내면서 웃는다. 사람들 사이를 돌아다니면서 계속 허밍 소리를 내고 여러 사람과 악수하기도 한다.

- **비행기 웃음:** 비행기처럼 팔을 펴고 웃으면서 자유롭게 날아다니며 하하하 웃는다.

- **공항 웃음:** 공항에 도착해서 하하하 웃고 캐리어 가방을 끌면서 하하하 웃는다. 벨트를 매면서도 하하하 웃는 웃음이다.

5) 여름 빛깔 웃음요가 '열정적으로 웃어라.'

- **심장 웃음:** 두 팔을 하늘을 향해 벌리고 눈은 하늘을 향해 바라본다. 두 팔을 벌리고 하하하 웃으면 심장 박동이 더 빨라지면서 산소가 뇌까지 원활히 공급되어서 건강에 좋다.

- **점층적 웃음:** 이 웃음은 수업 끝부분이 좋다. 모든 회원들은 진행자에게 가까이 모이라고 지시한다. 점층적 웃음은 얼굴에 미소를 띠고 서로 둘러보는 것으로 시작한다. 천천히 진행자가 작은 소리로 킥킥거리는 웃음을 추가한다. 다른 사람들도 따라서 킥킥거리기 시작한다. 천천히 점층적으로 웃음의 강도를 높여가고 어느 순간 기운찬 웃음을 터트린다. 약 1분가량 지속한다. 아주 상쾌하고 전염성이 강하다.

- **창조 웃음:** 창조적으로 돌아가면서 웃음을 만들면서 웃는 웃음이다. 웃음을 릴레이 형식으로 웃게 되는데 굉장히 창의적이며 웃긴 상황이 연출된다.

- **뜨거운 수프 웃음:** 뜨거운 수프 또는 음식을 먹으면서 뜨겁다는 행동을 취하며 하하하 웃는다.

- **전기 보트 웃음:** 전기 보트에 '하~ 하하~ 하하하~' 시동을 걸면서 웃는다. 시동이 걸리자 보트를 운전하며 신나게 돌아다닌다.

- **오토바이 웃음:** 오토바이를 타면서 부릉부릉 하하하 웃는다.

- **곡예 웃음(저글링 웃음):** 공으로 저글링 하는 흉내를 내면서 하하하 웃는다. 웃음친구에게 공을 던지고 받으면서 웃을 수도 있다.

- **자석 웃음:** 자신이 자석이라고 생각하라. 다른 사람의 신체 부위-머리, 발, 팔 등을 당기면서 웃는다.

- **왁싱 웃음:** 팔 제모를 하기 위해서 왁싱 제품을 바르고, 잠시 후에 이것을 떼어내면서 웃는다. 다리에 왁싱 제품을 바르고 떼어내면서 하

하하 웃는다. 간혹 겨드랑이에 왁싱 제품을 바르고 떼어낼 때는 웃음이 터진다.

- **개미 털기 웃음:** 개미가 몸을 타고 올라와서 놀란 것처럼 행동을 취하고, 개미를 몸에서 털어내면서 하하하 웃는다.

- **스프링 인형 웃음:** 어린아이들이 방방이 놀이터에서 점핑하듯이 스스로 스프링 인형이 되어서 방방 뛰면서 웃는다.

- **뜨거운 모래를 걷는 웃음:** 뜨거운 해변의 모래 위를 걸을 때 너무 뜨거워서 놀랄 때가 있다. 뜨거운 모래를 밟는다고 생각하고 하하하 발을 빠르게 떼면서 웃는다.

- **샤워 웃음:** 샤워하는 상황 속에서도 하하하 웃는다. 몸과 마음이 깨끗해지는 웃음샤워를 한다.

- **전기 쇼크 웃음:** 서로 전기를 느낄 때가 있다. 손가락이 닿자 전기가 통한 것처럼 행동을 취하며 하하하 웃는다.

- **웃긴 웃음:** 재미있어서 웃는 웃음이다. 그룹운동을 할 때 재미있는 상황이 많이 발생한다. 그냥 웃는다.

- **풍선 터트리는 웃음:** 풍선을 분다고 상상하고 풍선을 호호 크게 분다. 풍선이 커져 팡 터지자 하하하 웃는다. 다른 사람의 풍선을 터트리면서 하하하 웃기도 한다.

- **악당 웃음:** 만화 스머프의 가가멜을 기억할 것이다. 악당의 인상을 하고 악당 캐릭터처럼 키키키 웃어라. 소리 높여서 키키키 하하하 웃어봐라.

- **바나나 웃음:** 중간 바나나, 아주 아주 큰 바나나, 몽키 바나나를 먹는 시늉을 하며 웃는데, 두 가지 방법이 있다. ① 바나나를 손에 들고 바나나 껍질을 '에~에~에~에~' 하고 벗기는 시늉을 하고는 하하하 웃

으면서 먹는다. ② 다른 하나는 바나나 노래이다. '바나나바나나~ 바나나바나나~ 바나나바나나 하하하하하 하하하하하 하하하하하' 노래에 맞춰 바나나 껍질을 벗기는 시늉을 하고 하하하 웃으면서 먹는다.

- **태양 웃음:** 자신이 태양(해님)이라고 생각하고 빛을 내면서 하하하 웃는다.

- **여행 웃음:** '신나는 여행을 떠난다, 야호! 하하하~' 여행을 왔다고 생각하고 여행 가방을 끌거나 멋진 곳에서 포즈를 취하면서 하하하 웃는다.

- **숲길 걷기 웃음:** 숲길을 걸으면서 웃는다. 들꽃과 하늘을 바라보며 하하하 웃고, 서로 인사하며 하하하 웃는다. 나무 그늘에 앉아 쉬면서 하하하 호호호 웃는다. '나무야 사랑해. 시원한 그늘을 줘서 고마워.' 자연에 대한 고마운 마음을 잊지 않고 웃는다.

6) 가을 빛깔 웃음요가 '일상에서 내면의 기쁨을 느껴라.'

- **그냥 웃는 웃음(이유 없는 웃음):** '왜 웃어요?'라는 질문에, '그냥 웃어요. 이유가 없어요.'라고 대답하며 하하하 웃는다.

- **마술 웃음:** 손가락 마술을 보인다. 오른쪽 검지와 왼쪽 검지를 '에…, 에…, 에…' 소리를 내며 부딪치다가, 네 번째 부딪칠 때 손가락 한 개를 폈던 것을 손가락 두 개를 펼치며 하하하 웃는다.

- **친밀감 웃음:** 이 웃음을 맨 마지막에 해야 한다. 참여자들은 가까이 모여서 서로의 손을 잡고 연민 어린 시선을 마주치면서 웃어야 한다. 기회가 나면 웃으면서 악수하거나 포옹을 할 수 있다. 보수적인 지역사회는 신사 숙녀별로 그룹을 나누어 할 수 있다.

- **웃음과자 웃음:** 웃음과자를 샀다. 웃음과자로 가득한 것을 입에 먹고 하하하 웃는다. 다른 사람의 입에도 넣어준다.

- **웃음센터:** '어디에서 웃음이 나오지? 웃음센터가 어딨지? 여긴가~어어어 여기있다! 하하하하' 손가락으로 머리를 만지면서 웃음센터를 찾다가 한 곳을 짚고 찾았다, 하고는 하하하 웃는다.

- **청소 웃음:** 집 안을 청소하면서 하하하 웃는다. 걸레질하거나 먼지 털기, 창문 열기, 그릇 씻기 등 다양한 행동을 취하면서 하하하 웃는다.

- **요리 웃음:** 요리하면서 하하하 웃는다. 오이 등 재료를 써는 흉내를 내며 하하하 웃는다.

- **로봇 웃음:** 자신이 로봇이 되어서 로봇 흉내를 낸다. '끼익끼익 하하하, 끼익끼익 하하하 하하하' 로봇 동작 또는 로봇 춤을 추면서 웃는다.

- **보스가 사무실 안에 있는 웃음:** 보스가 사무실 안에 있어서 크게 웃지 못하고 입으로 손을 가리면서 오호호 웃는 웃음이다.

- **보스가 회사를 그만둔 웃음:** 권위적이고 무례한 보스가 회사를 그만

두었다는 소식을 듣고 동료들과 환호하면서 웃는 웃음이다.

- **슬로모션 웃음:** 슬로비디오처럼 행동을 아주 천천히 하면서 하하하 웃는다. 우주비행선 안에 우주복을 입고 있는 것처럼 말이다.

- **지루한 웃음:** 너무 졸리고 지루해서 하품하는 상황이다. 이 상황에서도 하품하고 기지개를 켜면서도 하하하 웃어본다.

- **탁줌 웃음:** 인디언 전통에는 탁줌이 있다. '하나, 둘, 셋, 넷~'을 한 후에 소리 내어 '탁줌, 탁줌, 탁줌' 하며 하하하 웃는다. 인디언 전통인 탁줌 흉내를 내면서 웃는 웃음법이다.

- **좋은 만남 웃음:** 인생의 행복은 관계에 달려있다. 정말 소중한 사람을 만났다고 생각하고 손을 흔들면서 하하하 웃는다.

- **비밀을 귓속말하며 웃는 웃음:** 비밀을 소곤소곤 귓속말하는 상황에서 웃는다.

- **엄마 엄마 하하하 웃음:** 옆에 있는 엄마를 보면서 '엄마 엄마 하하하 하하하~' 웃어보자. 엄마가 깜짝 놀라면서도 즐거워서 하하하 웃게 될 것이다.

- **돈 웃음:** 바나나 웃음을 변형한 웃음이다. 돈이 한가득 손안으로 들어오는 시늉을 하며 웃는다. 정말 신기하게 돈 웃음으로 웃은 날에는 사업이 잘된다.

7) 겨울 빛깔 웃음요가 '시련 속에서 그럼에도 웃어라. 새로운 도약의 힘이 생기리라.'

- **침묵 웃음:** 소리를 내지 않고 침묵 속에서 서로 눈을 맞추면서 입만 벙긋하며 웃는다. 침묵이 끝난 후에 웃음이 폭발적으로 터져 나오는 웃음법이다.

- **웃음 멈추기 웃음:** 하하하 웃다가 한 손으로 입을 훔치면서 웃음을 없앤다. 손에 다시 웃음을 넣고 하하하 웃다가 다른 한 손으로 입을 훔치며 웃음을 멈춘다. 적극적으로 삶을 통제할 수 있는 힘이 있어야 함을 의미한다.

- **청구서 웃음(계산서 웃음):** 비자, 마스터 카드 등 영수증을 보면서 하하하 웃는다. 울 수 없지 않은가.

- **혼자 웃는 웃음:** 웃긴 누군가가 언제나 나에게 웃음을 줄 수는 없다. 스스로 웃을 수 있어야 진정 행복한 삶이며 다른 사람에게 웃음을 줄 수 있다. 혼자 웃는 웃음은 손가락으로 자신을 가리키면서 하하하 웃는다.

- **돈없는 웃음:** 오늘은 돈을 안 가지고 왔다는 의미로 빈 주머니를 꺼내 보이면서 하하하 웃는다.

- **울음 웃음:** 울음이 터지는 속상한 상황 속에서도 하하하 웃는다. 조금 울다가 하하하 웃게 되다. 에앙~ 하하하 우는 흉내를 냈다가 하하하 웃는다.

- **웃음약:** 최고의 약은? 웃음! 웃음은 최고의 명약이다. 웃음약을 입 안에 넣으면서 하하하 웃는다.

- **나이 웃음:** 3단계 어린아이 웃음, 청년 웃음, 노년 웃음으로 나눠서 순차적으로 웃는다. 어린아이 웃음은 어린아이처럼 몸을 흔들면서

히히히 헤헤헤 하하하 웃는다. 청년 웃음은 청년처럼 힘 있게 두 팔을 벌려서 하하하 웃는다. 노년 웃음은 100세 이상의 노인이라고 생각하고 호호호 웃거나 기침을 하면서 웃는다. 이것은 나이와 상관없이 언제든 웃으면서 살아야 함을 의미한다.

- **겨울 차 웃음:** 스웨덴, 덴마크 등 북유럽은 겨울에 영하 40도까지 내려가는 강추위다. 차에 시동이 잘 걸리지 않아서 시동을 거는 시늉을 하면서 '하하, 하하, 하하하, 하하하~' 소리를 낸다. 시동이 걸리자 아하하하 운전을 하며 돌아다니며 웃는다.

- **아픔 웃음:** 몸이 어디가 아플 때도 아하하하 웃는다. 치아가 아플 때는 어~하하하하, 허리가 아파도 아하하하하, 손이 아플 때도 어~하하하 웃는다.

- **주사기 웃음:** 병원에서 주사기를 맞는 시늉을 하면서 하하하 웃는다. 의사가 되어 웃음친구에게 주사기를 놓아주면서도 호호호 웃는다.

- **얼음조각 웃음:** 어린 시절 얼음조각을 목덜미에 넣으면서 하하하 장난친 것을 기억할 것이다. 몸에 얼음이 들어가서 차갑고 재미있는 것처럼 하하하 웃는다.

- **교사 웃음(그루 웃음):** 두 손을 머리 위에 올려놓고 학사모를 만들며 하하하 웃는 웃음이다. 인생의 가장 큰 스승은 자기 자신이다. 자기 자신의 실수, 경험에서 많은 것을 배운다. 그다음 스승은 다른 사람이다. 다른 사람의 좋은 행동, 나쁜 행동 등에서 많은 것을 배운다. 자기한테 배운다고 했을 때는 오른손을 머리 위로, 다른 사람이 나의 스승이 될 때는 왼손을 머리 위로 얹어놓고 하하하 웃는다.

- **산타클로스 웃음:** 자신이 산타클로스가 되어서 하하하 웃는다. 착한 어린이에게 선물을 주며 하하하 웃는다.

- **자신의 등 두드리며 웃기:** 오른손으로 자신의 등을 토닥토닥 두드리며 하하하~ 웃는다. 자신을 존중, 격려하는 의미가 담겨 있는 웃음이다.

- **함박눈 웃음:** 함박눈이 펑펑 쏟아지는 하늘을 보며 하하하 웃는다. 눈사람을 만들거나 하하하 호호호 눈싸움을 하면서 웃는다.

8) 운동과 함께하는 웃음요가

- **스트레칭 웃음:** 두 팔을 깍지를 끼고 위로 스트레칭을 한 후에 하하하 웃는다.

- **역도 웃음:** 역도선수가 되어 역기를 단계적으로 '에~ 에~ 에~' 들어 올리면서 하하하 웃는다. '금메달이다! 하하하~'

- **조깅 웃음:** 웃음친구들과 달리면서 웃는다. 원을 만들어서 원안으로 들어가면서 하하하 웃는다. 다시 뒤로 돌아와서 오호호호 웃는다. 다시 원으로 들어가면서 헤헤헤~후후후~하하하~ 다양하게 웃을 수 있다.

- **태권도 웃음:** 태권도를 하는 모습을 흉내 내면서 웃는다.

- **스모 웃음:** 스모 선수들 흉내를 내면서 웃는다. 두 웃음친구와 스모를 하며 웃고, 파트너를 바꿔서 또 스모 흉내를 내며 하하하 웃는다.

- **볼링 웃음:** 볼링공을 웃으면서 던지고 스트라이크를 한 것처럼 행동하라. 최고의 점수를 받았다. 하하하~

- **에어로빅 웃음:** '하나, 둘, 셋, 넷, 다섯, 여섯, 일곱, 여덟, 아홉, 열~' 구령에 맞게 에어로빅 동작을 하면서 웃는다.

- **웃음 걷기 인사:** 웃으면서 걷다가 상대방을 만나면 웃으면서 인사를 한다.

- **몸 두드리기 웃음:** 몸을 전체적으로 가볍게 두들겨 준다. 손바닥을 치다가 무릎을 두드리면서 박자감 있게 하기도 한다. 한국에 알려진 몸 털기 웃음이다.

- **서핑 웃음:** 여름날 해변에서 시원한 바람을 느끼며 자유롭게 서핑을 즐기면서 웃는다.

9) 동물을 사랑하는 마음을 담은 웃음요가

- **새 웃음:** 새의 날갯짓을 하면서 날아다니며 웃는다.

- **오리 웃음:** 팔로 날개를 만들어서 오리처럼 뒤뚱뒤뚱 걸으며 웃는다.

- **펭귄 웃음:** 뒤뚱거리는 펭귄이 되어 걸으면서 웃는다.

- **치킨 웃음:** 두 팔을 접고 겨드랑이 부위에서 접었다 펴면서 '호호 하하하'를 외치며 웃는다. '호호'를 외칠 때는 겨드랑이 부위를 접었다 펴는 것을 두 번 하고 '하하하'를 외칠 때는 박수를 세 번 친다. 기본 '호호 하하하' 구호에 사용되는 것이 치킨 웃음이다.

- **코끼리 웃음:** 손으로 코끼리 코를 만들고 돌아다니면서 하하하 웃는다. 코끼리가 코로 음식을 받아먹거나 악수를 하는 것처럼 웃음친구들과 만나 웃는다.

- **캥거루 웃음:** 캥거루가 되어서 팔짝팔짝 뛰면서 하하하 웃는다.

- **비둘기 똥 웃음:** 비둘기 똥이 내 어깨 위에 떨어졌다. 하하하 웃을 수밖에. 똥을 털어내면서 하하하 웃는다.

- **토끼 스텝 웃음:** 토끼 스텝(앞사람의 허리 또는 어깨에 두 손을 얹고 줄지어 추는 춤의 스텝)을 하듯 당신의 앞에 있는 사람의 어깨에 팔을 올려놓고 한 줄로 서라. 토끼뜀을 하면서 하하하 웃는다.

- **암탉을 쫓는 웃음:** 암탉이 마당을 가로질러 간다. 암탉을 쫓으면서 웃는 웃음이다. 자세를 숙이고 닭을 쫓는 흉내를 내거나 닭을 놓친 후 무릎을 손바닥으로 치면서 하하하 웃는다.

- **까마귀 웃음:** 까마귀 '까악~까악~' 소리 맞춰서 '하악~하악~하하하' 소리를 내면서 웃어보자. 큰 날개를 파닥거리는 것처럼 웃으면 정말 시원한 웃음법이다.

10) 함께해서 더 빛나는 웃음요가

- **하하하 히히히 호호호 하모니 웃음:** 그룹을 세 그룹으로 나눠서 웃음노래가 완성된다. 한 그룹은 하하하, 다른 그룹은 히히히, 나머지 그룹은 호호호로 나누는데, 각 그룹마다 간단한 동작을 제시해줘도 좋다. 리더가 지휘자가 되어 웃음연주가 시작되는데, 웃음이 음악이 되어 가득 울려 퍼지게 된다.

- **메아리 웃음:** 두 그룹으로 나눠라. 처음 그룹이 크게 하하하 웃는다. 다른 그룹이 메아리가 되어서 하하하 웃는다. 처음 그룹이 흑흑흑 울면 다른 그룹도 메아리가 되어 흑흑흑 따라 운다. 삶은 메아리다. 긍정적인 삶의 태도가 중요함을 다시 한 번 되새기게 된다.

- **엘리베이터 웃음:** 엘리베이터를 타면서 하하하 웃는다. 문이 닫히기 전에 들어가야 하고 인원이 가득 차서 벨이 울려 하하하 웃으며 누군가 빠져나오기도 한다.

- **리바이벌 웃음:** 팀 이야기를 만든다. 예를 들어서 병원에서 출산하는 상황, 결혼 생활, 올림픽 경기 등의 상황에 맞게 이야기를 만들어서 웃는다. 팀끼리 웃음법을 만드는 시간을 줘야 하며 발표 시간을 줘야 한다.

- **나를 부르는 웃음:** 선생님에게 불려 나가자, 잘못한 것이 없는데 왜 부르지 하는 마음으로 투덜대며 나간다. 막상 선생님께서 웃으며 학생을 격려하자 하하하 활짝 웃는다.

- **자동차 웃음:** 차에서 웃는 동안 다음과 같은 해프닝이 일어났다고 생각하라. 언어가 아닌 지블리쉬와 웃음으로 모든 상황이 표현된다. '다른 사람들을 향해 손을 흔들며 차가 출발하고, 웃으면서 드라이브를 한다. 차가 갑자기 멈추자 지블리쉬로 논쟁을 한다. 오일을 체크하는 긴 막대기로 오일을 확인했는데 오일이 없다. 그것에 대해 하하하

웃는다. 펌프로 타이어에 공기를 넣으면서 웃는다. 행복을 태우고 떠난다.'

- **파도타기 웃음:** 응원할 때 자리에서 일어나서 두 팔을 들면서 파도타기를 했던 기억이 있을 것이다. 인원이 많을 때 파도를 타면서 하하하 웃는다.

- **마구 웃기 시작하는 웃음:** 길을 걷다가 심각하게 얼굴을 잔뜩 찌푸리고 다른 사람을 바라봐라. 그런 다음 갑자기 동시에 마구 웃음을 터트려라. 당신의 잔뜩 찌푸린 얼굴이 순식간에 행복한 웃음으로 바뀐다. '찡그림을 웃음으로 바꾸기 웃음'이라고도 불린다.

- **노 젓기 웃음:** 배에 노를 젓기 위해 앉은 것처럼 한 줄로 바닥에 앉아라. 노를 '에~ 에~ 에~' 젓고 뒤로 누우며 하하하 오래 웃는다. 뒤의 사람의 웃음으로 복부가 진동되는 것이 느껴질 것이다. 보통 남성 줄과 여성 줄을 따로 하여 노를 젓게 한다.

- **배 웃음:** 요가 매트에서 상대방의 배 위에 눕는다. 그룹 친구들이 서로 이어지게 서로의 배 위에 머리를 대고 조심스럽게 눕는다. 웃을 때 복부가 움직이는 것을 느끼면서 하하하 웃는다.

- **과녁의 중심 웃음:** 요가 매트 위에 웃음친구들이 머리를 맞대어서 태양 모양의 원을 만든다. 친구들의 웃음소리를 들으며 함께 하하하 웃는다. 사진을 찍으면 참 아름다운 광경이 나온다.

- **변형된 곤충 웃음:** 바닥에 두 줄로 서로의 머리를 맞댄다. 멀리서 보면 발이 많은 곤충의 모양이 나온다. 서로의 웃음소리를 들을 수 있는데 손과 팔을 들고 자유롭게 하하하 웃다가 내려놓는 웃음법이다.

3 웃음요가의 호흡

웃음요가를 구성하는 가장 중요한 요소 중 하나가 웃음운동과 요가 호흡(Pranayama)의 혼합이다. 생명은 절대적으로 호흡에 의존한다. 호흡은 생명이다. 웃음요가에서는 호흡을 매우 중요시한다. 산스크리트어로 요가는 '함께 있게 함'을 의미하는데, 이는 사람과 신을 일체가 되도록 하는 요가의 목적을 나타낸다. 프라야나마(Pranayama)는 호흡조절법으로서 신체의 긴장을 완화하고 호흡의 리듬을 안정시키는 것이 그 목적이다. 요가에서 호흡을 중시하는 이유는 두 가지가 있다. 첫째, 혈액에 많은 산소를 공급하여 질병을 발생하지 않게 도와주며 둘째, 생명 에너지(프라나)를 통제함으로써 마음을 초월하는 것이다. 요가의 호흡 프라야나마는 호흡을 통제하는 과학이며 몸의 건강을 유지하게 하는 훈련이다.

요가 교과서에 따르면 사람은 프라나(Prana)[2]라고 하는 생명 에너지의 힘 덕분에 살아있다. 프라나는 우주의 근원적인 힘을 명칭으로 나타낸 것이다. 현대의 과학적 이론들은 호흡이란 산소를 흡수하고 순환기계를 통해서 사용하는 것으로만 한정 지어 설명하는 반면, 요가 수행자들은 그러한 설명에 덧붙여 호흡은 산소와 함께 프라나도

---

2) 프라나는 우주 전체에 충만해 있는 에너지이다. 또한 물리적, 정신적, 지성적, 성적, 영적, 우주적 에너지이다. 모든 진동하는 에너지는 프라나다. 열, 빛, 중력, 자력, 전기 같은 모든 물리적 에너지도 프라나다. 프라나는 모든 존재에 감추어진 또는 잠재하는 에너지이고 위험한 때에 극도로 방출된다. 이것은 모든 활동의 원동력이며 창조하고, 보호하고, 파괴하는 에너지이다. 정력, 힘, 활기, 생명, 영혼은 모두 프라나의 형태들이다. 프라나는 우주 안 모든 존재의 생명의 호흡이다.

흡수하고 신경계통을 통해서 그것이 나타난다고 본다. 이 생명 에너지가 호흡을 통해서 우리의 몸속으로 들어와서 나디(Nadi)라고 하는 에너지 통로로 흐른다.

호흡은 생명활동의 기초이며 살아있다는 것은 곧 호흡이다. 우리는 음식이나 물이 없어도 며칠 동안은 살 수 있다. 그러나 숨을 쉬지 않고는 단 몇 분도 살 수 없다. 산소공급이 뇌에 30초 정도 단절되면 기억력이 상실되고, 산소가 평상시보다 5% 정도만 부족해도 눈이 침침하고 현기증이 나며, 15% 정도 부족하면 기절하거나 사망에 이른다. 심장의 근육도 30분 정도 산소공급이 두절되면 기능이 상실될 수 있다. 우리의 뇌는 들이마시는 산소의 25~30%를 필요로 한다. 그만큼 호흡은 곧 생명이며 우리의 건강과 직결되어 있다.

웃음요가에서는 심호흡을 통해 산소를 더 많이 흡입함으로써 면역 체계를 강화시키고 뇌를 건강하게 하며, 혈액을 맑게 하고 질병을 예방한다. 또한 활기차고 건강한 삶을 살도록 돕는다.

노벨의학상 수상자이자 암 전문가인 오토 와버그(Otto H. Warburg) 박사는 제대로 호흡만 할 수 있다면 세포 속 산소를 더 많이 공급시켜서 질병과 암에 걸리지 않는다고 말했다. 생물학자이자 유전학자인 스티븐 레빈(Stephen Levine)은 "산소는 면역 체계의 올바른 기능에 중추적인 역할을 한다. 산소 결핍은 모든 질병의 유일하고도 가장 큰 원인이라고 할 수 있다."고 말했으며, 『산소 돌파구』의 저자 셀든 헨들러(Sheldon Hendler) 의사 역시 "심호흡을 통한 산소화는 면역 체계를 튼튼하게 해주고 만성 질환을 몸에서 쫓아낸다."고 밝혔다. 호흡을 통해서 산소를 들이마시고 불필요한 탄산가스를 배출한다. 암세포도 원래가 산소 부족으로 발생되는 것이다. 요가 호흡인 복식호흡이 잘 되면 산소를 많이 들이마실 수 있기에 암 유발물질인 독소가 탄산가스와 함께 제거되고 암의 증식이 억제된다. 또한 이와 같은 이유로 기타 만성 질환도 치유하게 된다.

1) 프라야나마(Pranayama, 호흡조절법)

산스크리트어 프라나야마(Prāṇāyāma)에서 프라나는 숨, 호흡, 생명, 생명력, 에너지, 힘을 의미한다. 복수형으로 쓰이며 생명의 호흡 또는 에너지의 흐름을 나타낸다. 아야마(āyāma)는 뻗기, 확장, 팽창, 길이, 폭, 조절, 연장, 제한 또는 통제를 의미한다. 따라서 프라나야마는 호흡의 연장 또는 통제를 의미한다. 프라야나마는 기술이고 호흡 기관을 의도적이며 규칙적으로 강도 높게 움직이고 팽창시키는 기법이다.

우리가 숨을 들이마실 때 공기와 우주 에너지 프라나가 함께 들어온다. 호흡을 통해 신성한 우주의 생명 에너지를 받고 몸속의 탁한 기운을 배출한다. 호흡에 의해 우리 몸의 혈액순환이 되고 생명력이 생긴다. 폐를 깨끗하게 하고 신선한 피의 흐름을 증진시키는 데 도움을 줄 뿐 아니라 신장, 위, 간, 비장, 장, 피부, 기타 기관들 안의 체액들이 적절하게 순환할 수 있게 한다. 호흡은 중추신경, 호흡중추나 뇌, 신경, 근육, 감각기관, 마음과 영혼에 영향을 미친다. 또한 공기 중의 산소는 폐를 통해 심장으로 가고 우주의 신성한 에너지는 복부 하단전으로 가서 음식물의 영양소와 합쳐져서 생명 에너지로 변한다. 음식물을 통해 얻는 에너지의 양은 한계가 있지만 호흡을 통해 얻는 우주 에너지는 무한하다.

요가 경전에 따르면 프라나야마의 규칙적인 수행은 질병을 예방하고 치료한다. 호흡 조절로 질병을 자가 치유하고 더 나아가 다른 사람들도 치유할 수 있을 뿐 아니라 두려움과 걱정, 더 원초적인 감정들을 제거할 수도 있다. 소화 기능, 정력, 생명력, 지각 기능, 기억력을 증가시키고 정신이 육체의 속박에서 벗어나게 하고 지성을 날카롭게 하며 자아를 밝힌다. 프라나야마의 수행은 안정된 마음, 강한 의지력, 건전한 판단력을 발달시킨다.

프라나야마는 정신과 육체를 연결시켜 주는 훈련이며, 그 행위는 육체적인 활동을 하게 하지만 그 효과는 마음을 고요하게 하고 안정시켜 준다. 리듬감 있는 호흡은 사람들을 자연과 조화롭게 진동할 수 있도록 하고 잠재능력들을 펼치는 데 도움을 준다. 숨은 생명의 기운을 뜻하며 공기를 흡입하는 단순한 의미보다는 그 해석의 범위가 훨씬 크다고 할 것이다.

2) 호흡법을 바꾸면 마음이 바뀐다

정확한 호흡이란 입을 다물고 코로 숨 쉬는 것이다. 들이쉬고 내쉬는 것을 정확하게 하여 폐의 기능을 충분히 살려 완전한 호흡을 하는 것이다. 숨을 내쉴 때 복부는 수축되고 횡격막은 위로 올라가서 복부에 있는 내장을 마사지해 준다. 아사나의 3단계(자세를 취함, 자세를 유지함, 자세를 풀어줌)와 같이 프라나야마에도 3단계가 있는데 들이쉬고 멈추고 내쉬는 호흡이다.

사람들은 대부분 들이쉬는 호흡은 잘 알고 있으나 사실은 호흡의 중요성은 내쉬는 데 있다. 그 이유는 나쁜 공기를 더 많이 배출시킬 수록 신선한 공기를 더 많이 받아들일 수 있기 때문이다. 요가에서 호흡법은 멈추고 내쉬는 것을 아주 중요하게 다루고 있는데, 폐 속의 잔여 공기가 남아있지 않도록 내쉬는 시간은 들이쉬는 시간보다 길게 한다.

호흡법을 바꾸면 마음이 바뀐다. 호흡법과 심적 상태는 서로 직접적인 관계가 있다. 우리가 보통 화가 났거나 흥분이 되었을 때는 호흡이 거칠어지고 빨라지며 불규칙해진다. 스트레스를 받으면 가슴 윗부분으로 숨을 쉰다. 대부분 화를 잘 내는 사람의 경우 복식호흡보다 흉식호흡을 한다.

마음이 편안할 때나 이완되어 있을 때는 호흡이 느리고 규칙적이고 깊어진다. 이것은 스스로가 쉽게 확인할 수 있다. 여유 있는 시간 집에서 나지막이 음악을 들을 때는 음악에 집중되어 무의식적으로 호흡이 가라앉을 것이다. 마음의 상태는 호흡의 흐름에 따라 반영되는데 마음의 상태를 조절하면 호흡도 따라서 조절이 된다. 그러므로 호흡을 고르고 느리게 할수록 산소를 더욱 많이 들이마셔서 정신집중과 명상을 더욱 쉽게 할 수 있다.

얕은 숨에서 깊은 숨으로 바꿀 줄 안다면 신체 각성 체계를 쉽게 바꿀 수 있다. 심호흡법을 배우면 심란한 생각이 들더라도 몸은 스트레스에 대한 반응이 줄어들 것이다. 보통 사람의 들숨은 전체 폐활량의 25% 정도만 들이쉬고, 나머지 75%는 잔여 공기로 폐 속에 탁한 공기와 함께 머물게 된다. 스트레스를 받았을 때 들이쉬는 숨은 더욱 적어진다. 반면 심호흡은 더 많은 산소를 몸속에 들어오도록 돕는다. 흉식호흡을 복식호흡으로 바꾸면 스트레스에 대한 반응을 바꿀 수 있다.

대부분의 웃음요가 운동은 배로 웃는 웃음을 알기 위해 만들어졌다. 이 배로 웃는 웃음은 횡격막을 움직이는 데 도움을 주기 때문에 흉식호흡을 복식호흡으로 바꿔 놓는 데 도움을 준다. 웃을 때 호흡은 심호흡보다 더 많은 양의 산소를 받아들여 복근 등의 근육운동 효과가 있다. 그리고 순식간에 혈압이나 맥박도 정상화시키고 뇌에 산소를 더 많이 공급시켜서 일의 생산성을 높이고 활력을 준다.

웃음요가에서는 본격적으로 5가지 호흡법을 안내한다. 그리고 웃음법 사이사이에 몸의 긴장을 의식적으로 풀고 심호흡을 한다. 무의식적인 긴장은 모든 병의 근원이다. 혀의 긴장을 의식적으로 풀어보라. 평소 자신이 얼마나 긴장을 하는지 알 수가 있다. 몸의 긴장을 풀고 심호흡을 함으로써 에어로빅과도 같이 다이내믹하게 포복절도하며 웃는 운동에서 쉼의 시간을 갖는다. 호흡과 함께 15~20분간 운동하고 나면 하루종일 그 상쾌함과 기쁨을 이어나갈 수가 있다. 하루만이 아니라 놀랍게도 그 효과는 며칠간 지속되며, 유전자는 이를 기억하여 습관으로 남게 한다.

"우주의 온 에너지, 깨끗한 산소가

내 몸을 맑고 건강하게 한다고 생각하고 깊이 호흡하라.

내쉴 때에는 근심, 걱정, 스트레스, 슬픔,

용서하지 못한 감정, 부정적인 그 모든 것을

호흡을 통해서 우주의 빈 공간에 흘려보내라.

세포 하나하나를 통해서 모두 흘려보내라."

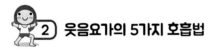

② 웃음요가의 5가지 호흡법

1) 싱크로나이즈드 호흡법(Synchronized Breathing, 횡격막 호흡)

싱크로나이즈드 호흡법은 횡격막 호흡으로도 불리며 복식호흡으로 알려져 있다. 자신이 복식호흡을 함을 알아차리기 위해 복부에 손을 가져다 놓는다. 숨을 들이쉴 때는 복부가 팽창함을 느껴보고, 숨을 내쉴 때는 복부가 수축함을 얹어놓은 손을 통해 직접 느낄 수 있기 때문에 흉식호흡을 했던 사람이 복식호흡을 익히기에 알맞은 호흡법이다.

현대인들의 대부분은 흉식호흡을 하고 있다. 흉식호흡은 숨을 쉴 때마다 가슴이 부풀었다가 가라앉는 호흡법이다. 흉식호흡은 1,200~1,800cc 정도의 공기를 들이마실 수 있으며, 1분 동안 18~20회 호흡을 하게 된다. 이런 호흡을 하게 되면 긴장하게 되고 불안·초조하게 될 수 있으며 여러 가지 증상인 두통, 공포증, 불면증, 무기력증 등이 나타난다.

잠들어 있는 어린아이의 배를 보라. 복식호흡을 하고 있다. 우리도 어렸을 때는 복식호흡을 해왔지만 성장하면서 두뇌가 발달하고 머리가 무거워짐에 따라 흉식호흡을 하게 되었다. 복식호흡은 원래의 호흡이며 자연 호흡이다. 이 호흡을 하면 1,500~2,300cc 정도의 공기를 들이마실 수 있다. 공기 속에는 질소가 72%, 산소가 27%, 아르곤이 1.0% 있으므로 공기를 많이 마신다는 것은 산소를 많이 마신다는 뜻이 된다. 우리가 들이마시는 산소의 25~30%는 뇌에서 필요로 하는 것이므로 복식호흡을 해야 건강해질 수 있다고 말할 수 있다. 복식호흡은 1분 동안 12~13회 정도이나 의식적으로 복식호흡을 할 때는 더 천천히 한다. 또한 뇌파의 상태가 α-상태로 들어가게 되면서 마음의 안정을 찾을 수 있다. 공기가 폐의 아랫부분까지 들어가 폐 질환을 예방하며, 배를 움직여서 호흡을 하기 때문에 모든 내장의 운동이 활발하게 일어나 소화, 흡수, 배설작용뿐만 아니라 소화액을 비롯한 호르몬 분비를 원활하게 한다. 복식호흡은 교감신경의 흥분을 억제하고 안정됐을 때 활발해지는 부교감신경 자극하여 면역력을 높여준다. 사회생활 속에서 긴장과 불안을 느끼게 되면 몸의 중심도 위로 올라가게 된다. 복식호흡을 하면 혈액순환이 잘 되고 몸의 중심이 흉식에서 아래로 내려옴으로써 마음이 안정되며 건강한 삶을 누릴 수 있다.

· ~ 방 법 ~ ·

① 등과 목을 일직선으로 하고 편안한 바닥에 안정되게 앉는다. 바르게 앉지 못한다면 의자에 앉아서 등을 바르게 하도록 하라.
② 손을 복부에 가져다 대라.
③ 당신의 호흡과 복부 근육에 마음을 집중하라.
④ 숨을 들이쉴 때는 코로 들이쉬고 내쉴 때는 다물어진 입술로 숨을 내쉰다.
⑤ 깨끗한 산소를 폐 속에 가득 채운다. 이때 얹어놓은 손으로 복부가 볼록하게 팽창함을 알아차린다. 숨을 내쉴 때는 가능한 복부 근육을 오랫동안 수축시켜라. 잔여 공기가 폐 속에 남아있지 않도록 들이쉰 숨보다 길게 가능한 한 오래 내쉬어라.

숨을 천천히 쉬는 것을 잊지 마라. 편안해지는 데 도움을 줄 것이다. 싱크로나이즈드 호흡을 하는 동안 1분에 단지 4번에서 6번 호흡을 하게 된다. 싱크로나이즈드 호흡법은 화가 나 있거나 불안했을 때 마음을 평온하게 해줄 수 있는 가장 좋은 방법 중 하나다. 몸과 마음이 연결되어 있기 때문에 단순한 호흡 방식의 조절은 정서적 반응을 변화시킬 수 있다. 몸의 생리학적 변화는 또한 사고방식을 변화시킨다.

2) 카팔바티(Kapalabhati, 정뇌호흡)

카팔바티는 강제로 숨을 쉼으로써 폐의 나쁜 공기를 배출시키고 산소를 가득 차게 하여 호흡기를 깨끗하게 해주는 훌륭한 프라나야마 수행법이다. 복부 수축을 순간적으로 강하게 하며 숨을 급격하게 토하는데, 여기서 들숨은 느리고 날숨은 힘차다. 매번 날숨 뒤에는 잠시 호흡의 쉼이 있다. 카팔바티는 산스크리트어로서 '두개골 정화법'이라는 의미로, 몸속 산소량을 증가시켜 집중력을 높이고 마음을 맑게 해주는 호흡법이다.

이 호흡법은 들이쉬기와 내쉬기로 이루어지며 마지막으로 숨을 한 번 멈추는 과정으로 되어있다. 숨을 내쉴 때는 복부 근육이 조여들고 횡격막이 올라가며 폐에서 공기가 빠져나간다. 숨을 들이쉴 때는 근육은 이완되며 폐에 공기가 가득 찬다. 들이쉬는 호흡은 길고 조용하며, 내쉬는 호흡은 짧고 강하다. 횡격막의 오르내림은 위장과 심장에 좋은 영향을 준다. 처음에는 20번씩 3회 실천하고 점차 횟수를 늘려 나중에는 60회까지 할 수 있다.

카팔바티 호흡법은 폐와 호흡기를 깨끗하게 한다. 몸에 산소공급을 증가시켜 세포에 가능한 한 많이 산소를 전달함으로써 혈액을 정화한다. 소화 능력을 향상시키며 복부 근육을 강화시킨다. 마음이 명상을 준비하는 자세가 되도록 도우며, 정신적인 활동을 위해 마음이 편안해지고 활기가 넘치도록 돕는다.

이 호흡법을 할 때 마음속으로 '호 호 하 하'를 되풀이해 보라. '호 호'를 생각했을 때 의식은 배꼽 아래로 향하고 횡격막과 복부 근육이 움직임을 느낄 것이다. '호 호 하 하'가 1회가 되었을 때 손가락으로 세어라. 15번을 되풀이했을 때 총 카팔바티 호흡은 60회가 된다.

· ~ 방 법 ~ ·

> ① 척추와 등을 바로 하고 바닥에 정좌하고 앉거나 의자에 편안하게 앉는다.
> ② 복부 수축을 순간적으로 강하게 하며 코로 촛불을 끄듯이 짧고 강하게 숨을 토한다(기본적으로 숨을 마실 때가 배가 나오고, 내쉴 때 배가 들어가도록 하는 복식호흡을 한다).
> ③ 들이쉬는 숨보다 내쉬는 숨에 마음을 둔다.
> ④ 60회가량 호흡한다. 익숙해지면 5분 정도 실시한다.

이 방법에 따라 호흡을 하게 되면 호흡의 중추가 흥분되어 호흡이나 맥박이 점점 빠르게 되고, 전신의 혈액순환이 왕성하게 일어나 얼굴이 붉어지며 전신에 열이 나 땀이 난다. 때로는 순환이 안 되는 곳, 소위 기가 잘 통하지 않는 부위가 저리거나 경련이 일어나기도 한다. 이 호흡은 다량의 산소공급과 함께 전신의 혈액순환을 활발하게 하기 때문에 많은 운동을 한 효과를 얻을 수 있다. 또한 폐의 활발한 운동으로 오염된 공기나 얕은 호흡에 의해 폐에 적체되었던 노폐물이 제거되고, 기관지의 섬모운동이 활발해져 가래 등이 나올 수 있다. 이 호흡을 할 때 초보자들이 기침을 하는 것은 이러한 작용 때문이다. 아울러 뱃속의 모든 장기의 운동이 활발해졌다는 증거이다. 이 호흡은 이처럼 전신에 영향을 주기 때문에 요가에서는 다른 호흡을 하기 전에 준비 호흡으로 하는 수행법이다. 이러한 여러 효과 이외에도 폐활량을 증가시키고 발성을 하는 성대를 깨끗하게 하고 강화시켜 주기 때문에 성악가들이 목소리를 아름답게 크게 하는 방법으로도 많이 하는 호흡이다. 그러나 이 호흡의 보다 근본적인 효과는 머리를 맑게 하는 데 있다.

우선 전신에 많은 산소를 함유한 혈액의 순환이 왕성해지기 때문에 뇌의 순환도 왕성해지고, 전신에 비해서 극히 작은 뇌에서 인체 산소 소비량의 3분의 1 정도를 소비한다는 것을 감안하면 이 호흡의 효과는 뇌의 건강에 매우 중요하다는 것을 알 수 있다. 혈액을 하복부로 보내기 때문에 단전을 강화할 뿐만이 아니라 머리 부위에 모여 있거나 막혀 있던 혈액의 흐름을 왕성하게 한다. 그래서 이 호흡은 상기되어서 얼굴이 붉거나 눈이 충혈된 경우는 물론 정신노동을 많이 하고 난 후나 두통에 매우 좋다. 이 호흡은 뇌의 정화만을 하는 것이 아니라 정신적인 번뇌의 정화에도 탁월한 효과가 있다. 맑은 산소 공급에 의한 맑은 정신 상태나 상쾌한 기분만을 주는 것이 아니라, 탐욕이나 분노 또는 끊임없이 일어나는 망상이 일시에 제거된다. 적어도 5분만 하면 이러한 잡념이 제거된다.

· ~ 주의 ~ ·

> 어지러움이나 구토 등의 이상 반응이 일어날 수 있는데, 이때는 그 날의 수행을 중지한다. 보통 5분 정도 하고서 다른 호흡이나 명상을 하는 것이 좋다. 카팔바티는 호흡 과정이 강하기 때문에 다음과 같은 경우 - 체력이 약하거나 폐 기능이 좋지 않은 사람, 귀나 눈의 병으로 고통받는 사람, 저혈압 또는 고혈압인 사람, 코피가 나거나 귀의 욱신거림이나 통증이 있는 사람 등 - 에는 수행해서는 안 된다.

3) 교호 호흡(Alternate Cross - Breathing, 아누로마 빌로마)

교호 호흡은 불균형하고 흐트러진 몸과 마음의 상태를 바로 잡아 주는 호흡법이다. 이 호흡법에서는 한쪽 콧구멍으로 숨을 들이쉰 다음 다른 쪽 콧구멍으로 숨을 내쉬게 된다. 양쪽 콧구멍을 손가락으로 교대로 막고 들이쉬고 멈추고 내쉬는 호흡이 반복되어 이루어지는데, 이때 들숨과 날숨의 비율을 1:2로 한다. 호흡 정지 지속기간의 길이보다는 호흡의 안정적이고 편안한 흐름이 더욱 중요하다. 교호 호흡은 프라나 양극의 흐름을 조화롭게 하여 균형을 이루도록 한다. 일반적으로 초보자는 3회 반복하고 서서히 20회 정도까지 늘려나 간다.

의학에서 이성을 담당하는 좌뇌는 오른팔의 영향을 받고, 감성을 담당하는 우뇌는 왼팔의 영향을 받는다고 알려져 있다. 이처럼 인간의 신체적 기능은 좌우가 다르며 서로 영향을 주고받는다.

교호 호흡법은 코에서 기관지, 폐에 이르는 호흡 길을 깨끗하게 만들어주는 호흡법으로 인체의 좌우 기의 흐름을 원활하게 조절하여 균형을 유지시킨다. 호흡 능력이 향상되어 많은 산소를 공급하고 노폐물을 배출시키며 부교감신경을 향진시켜 마음을 진정시키고 집중력을 좋게 한다. 코에서 폐에 이르는 길이 정화되면서 기도가 깨끗해지고 교감신경과 부교감신경, 양과 음, 감성과 이성의 불균형을 해소해 심신의 균형을 유지할 수 있게 해준다. 뇌의 기능을 향상시켜주고 면역력을 강화시켜준다. 신경 안정, 소화력 증진, 불면증 해소, 몸과 마음의 균형과 지혜의 발현을 돕는다.

좌우의 균형이 깨져 있거나 축농증, 비염 증상이 있을 경우 더 자주 반복한다. 오른쪽 들숨이 깊지 않을 경우는 몸의 건강, 양적 에너지, 좌뇌와 관련 있으며 왼쪽 들숨이 깊지 않을 경우는 정서적 건강, 음적 에너지, 우뇌와 관련 있다.

교호 호흡을 하는 동안 눈을 감고 호흡에 온 주위를 두도록 한다. 자신의 호흡을 온전히 알아차렸을 때 마음은 들뜨지 않고 평화와 고요가 주는 기쁨을 맛볼 수 있을 것이다.

① 척추와 등을 바로 하고 바닥에 정좌하고 앉거나 의자에 편안하게 앉는다.
② 오른쪽 엄지손가락으로 오른쪽 콧구멍을 막고 왼쪽 콧구멍으로 숨을 들이쉰다.
③ 양쪽 콧구멍을 막고 3~5초간 숨을 멈춘다.
④ 왼쪽 콧구멍을 약손가락과 새끼손가락으로 막은 채로 오른쪽 콧구멍으로 숨을 내쉰다.
⑤ 여전히 왼쪽 콧구멍을 막은 채로 오른쪽 콧구멍을 통하여 숨을 들이쉰다.
⑥ 양쪽 콧구멍을 3~5초간 모두 막은 채로 숨을 멈춘다.
⑦ 엄지로 오른쪽 콧구멍을 막은 채로 왼쪽 콧구멍으로 숨을 내쉰다.
⑧ 처음에는 5회~10회를 하고 점차적으로 횟수를 늘리도록 한다.

4) 허밍(Humming)

제대로 된 허밍을 하게 되면 소리에 많은 도움이 된다. 제대로 된 허밍이란 입술과 입술 사이를 살짝 떼어서 소리를 내야 한다. 그렇게 해서 소리를 내면 입술이 간지러워지는데, 입술을 너무 붙이면 힘만 들고 딱딱한 소리가 나고 아름답고 부드러운 공명의 소리가 나지를 않는다. 무리 없이 목을 풀기에 아주 좋은 방법이다. 허밍은 천사가 움직이는 아름다운 소리 같다.

호흡이 빠르면 생각도 복잡해지나 천천히 하는 호흡은 더 큰 평화와 안정감을 준다. 허밍은 자율신경계와 부교감신경계에 빠르게 관여한다. 허밍은 얼굴과 머리 근육을 이완시켜서 몸의 긴장을 풀어주고 생각을 집중하는 데 도움을 주며 스트레스 레벨을 낮춰준다. 허밍은 만성적인 정맥동염, 코막힘을 제거해준다. 허밍의 울림은 콧물을 제거하고 혈액순환을 좋게 한다. 혈압을 낮춰서 고혈압에 효과적이며 불면증을 제거해주고 기억력을 상승시켜준다. 길게 내쉬는 호흡의 수련은 특히 출산 직전 임산부들에게 아주 효과적이다. 허밍은 목소리를 깨끗하고 아름답게 해주어서 특히 목을 많이 쓰는 사람들에게 강력히 권장하는 호흡법이다.

· ~ 방 법 ~ ·

① 등과 척추를 바로 하고 편안하게 앉는다.
② 눈을 감고 긴장을 푼다.
③ 깊게 숨을 들이쉬고 허밍을 밖으로 내뱉는데, 사실상 윗입술과 아랫입술이 거의 닿으면서 "험(Hummm)" 소리가 나온다. 울림이 얼굴 근육 전체, 비강, 결국 머리까지 이어지는 것을 느낄 것이다. 허밍을 하는 동안 몸 안으로 들어온 호흡이 몸 밖으로 모두 빠져나올 때까지 복부 근육을 가능한 수축시킨다. 그런데 너무 무리하지는 않도록 한다.
④ 다음 허밍을 하기 전에 천천히 깊게 숨을 들이마신다. 들숨이 단지 폐까지만 아니라 몸 전체에 닿게 하고, 허밍을 통해 밖으로 빠져나오게 한다.
⑤ 허밍은 5분 동안 하고 적어도 10회 정도 할 수 있다.

5) 마음 모아 숨쉬기(Mindful breathing)

숨쉬기는 우리가 날마다 하는 것이다. 하지만 많은 사람이 마음 모아 숨을 쉬지 않고 자신이 호흡하고 있음을 인식조차 못하고 있다. 내가 살아 숨 쉬고 있음을 그것이 기적처럼 소중한 일임을 알아차려야 한다. 마음 모아 숨쉬기는 마음을 호흡에 집중해봄으로써 스스로 우리 몸과 마음을 치유한다. 호흡에 주의를 집중할 때에는 들숨과 날숨이 편안해지고 느슨해진다. 의도적으로 자신의 호흡을 1분에 평균 15회에서 4~6회까지 천천히 호흡한다. 혈압과 심박 수, 신진대사 과정이 그 호흡과 균형을 이루어 이완 상태로 바뀐다.

마음 모아 숨쉬기는 호흡이 자신의 신체 구석구석 모든 부분에 전달된다고 생각하고 시각화하며 의도적으로 호흡을 보낸다. 호흡 과정의 모든 요소를 알아차린다. 우주의 온 에너지, 깨끗한 산소를 머리끝, 발끝까지 보내고 근심, 걱정, 스트레스, 억압된 감정을 호흡과 함께 모두 내쉰다. 자신을 정화하는 훌륭한 방법이다. 마음 모아 숨쉬기는 일상생활에 쉽게 자신의 호흡에 마음을 둠으로써 스스로 몸과 마음을 치유하는 훌륭한 방법이다. 숲에 갔을 때 마음 모아 숨쉬기를 해보라. 일상생활에서 마음 모아 숨쉬기를 해보라. 웃음보다 더 빠르고 쉽게 자신을 행복과 정화의 상태로 이끌 것이다.

· ~ 방법 ~ ·

① 마음 모아 숨쉬기 호흡은 앉아서 하거나 누워서 할 수 있다.
② 몸은 바른 자세가 되어야 한다.
③ 두 번이나 세 번 자연 호흡을 한다.
④ 그런 다음 천천히, 깊게 호흡한다.
⑤ 숨을 들이쉴 때 자신의 몸이 풍선이 되어 천천히 부풀어 오르는 것처럼 상상하라. 공기가 당신의 몸의 발가락에서 머리로 움직이며 천천히 온몸을 가득 채운다고 느껴라.
⑥ 숨을 내쉴 때는 풍선이 꺼지는 상상을 하며 머리에서 발가락까지 공기가 몸 밖으로 빠져나가는 것을 느껴보라.
⑦ 호흡을 길게 하는 동안 몸에 긴장하지 마라.
⑧ 완전하게 공기가 몸 밖으로 빠져나갔을 때 잠깐 호흡을 정지하고 당신의 몸 전체를 인식하라. 그러고 나서 당신은 진정한 휴식을 경험하게 될 것이다.

6) 호흡의 상식 - 코로 호흡하라

호흡할 때에는 코로 숨을 들이쉬어야 한다. 간혹 호흡을 코가 아닌 입으로 하는 사람들을 볼 수 있다. 그러나 코로 숨을 들이쉼으로써 입으로 호흡하는 습관에서 벗어나야 한다. 입으로 하는 호흡은 면역기능을 파괴하고 많은 병을 일으키는 원인이 된다.

엄밀하게 실행된 과학 실험에 따르면, 입을 벌리고 잠자는 군인들과 선원들이 코로 호흡하는 사람들보다 전염성 질환에 걸릴 가능성이 더 크게 나타났다. 한 가지 예를 들자면 외국의 군함에서 천연두가 유행하였을 때, 끝내 숨진 사람들은 입 호흡을 한 군인과 선원들이었다. 코 호흡을 한 사람이 죽은 경우는 단 한 건도 없었다.[b]

호흡 기관은 콧속에 먼지를 흡착 제거하는 필터 기능을 가진 유일한 보호 장치인 코털과 점막을 가지고 있다. 입으로 호흡할 때에는 입에서부터 허파까지 공기를 여과하기 위한, 공기 중의 먼지나 다른 이물질들을 거를 수 있는 장치가 아무것도 없다. 입에서 허파까지 더러운 불순물들이 장애 없이 통과되기 때문에 전체 호흡기는 보호되지 못한다. 게다가 그런 부정확한 호흡은 찬 공기를 호흡기로 바로 들어가게 함으로써 호흡기를 손상시킨다. 호흡기 염증은 종종 입으로 차가운 공기를 들이쉼으로써 발생한다. 밤에 입 호흡을 하는 사람들은 언제나 입과 목이 바짝 마른 느낌으로 깬다. 그들은 자연의 법칙을 위배하고 병의 씨앗을 뿌린다.

입은 호흡기를 보호하는 기능을 하지 못하기 때문에 찬 공기, 먼지와 불결한 것들과 미생물들 특히 병원균들이 쉽게 들어올 수 있는 문이라는 점을 인식해야 한다. 반면 코로 호흡 시 유해한 병원균의 50~80%를 제거한다. 공기가 비강을 통과하는 동안 적절한 가습과 온도 조절이 이루어져 폐 등 호흡 기관이 건조되는 것과 바이러스의 번식을 예방하도록 돕는다.

4 명상

세계적인 영성가 에크하르트 톨레는 "지금을 살라. 정말 행복해지고 싶다면 지금에 집중하라."고 이야기한다. 지금 순간 순간을 알아차리고 집중하는 법에 명상이 있다. 명상이란 사전적으로는 눈을 감고 차분히 가라앉은 마음으로 깊이 생각하는 것, 종교적으로 지금 이 순간 깨어있는 것, 깨달음으로 가는 길을 의미한다.

과거에는 명상이 주로 불교, 힌두교, 이슬람교, 도교, 그리스도교 등 다양한 종교에서 인간과 존재에 대한 진지한 탐구를 바탕으로 현실의 괴로움에서 벗어나고 신과의 합일 또는 깨달음을 이르게 하는 방식으로 사용되었다. 현대에 와서는 명상이 전통적인 종교 수행법뿐 아니라 대중적으로 스트레스를 치유하고 자신의 잠재능력을 개발하며 쉼의 역할을 하는 것으로 치유적 기능, 잠재력 개발, 행복에 이르는 길 등 그 범주가 확대되었다.

웃음요가의 명상은 깨달음을 목표로 하는 수행이라기보다 서구에서 접근하고 있는 MBSR[3]식의 스트레스 치유하고 잠재력을 개발하며 삶의 행복을 증진하기 위한 명상에 가깝다. 웃음요가를 처음 시작한 마단 카타리아 역시 깨달음을 목표로 한 수행자가 아닌 외과

---

3) MBSR(Mindfulness-Based Stress Reduction)은 매사추세츠 의과대학의 의학부 교수인 존 카밧진이 1979년에 개발한 것으로 마음 챙김에 근거한 스트레스 완화 프로그램이다. 서양 의학의 스트레스 완화프로그램과 동양의 영적 전통인 위빠사나 명상이 만난 프로그램으로 호흡 알아차림과 정좌 명상, 바디 스캔, 마음 챙김 요가, 걷기 명상, 스트레스 알고 다스리기, 평화로운 의사소통법 등 다양한 프로그램이 결합되어 있다.

의사였기에 건강과 행복의 측면에서 명상을 웃음과 결합시켰기 때문이다. 마단 카타리아가 웃음요가의 명상을 프로그램화하는 데에는 명상 수행을 깊이 한 영적 스승들의 도움이 있었다.

명상은 외부로 향해있는 에너지를 잠시 거두고 내면으로 향해 떠나는 여행이다. 호흡명상에서는 고요하게 앉아 자신의 호흡을 있는 그대로 알아차린다. 호흡을 바라보는 동안 다른 생각들이 일어나기도 하는데, 다른 생각이 듦을 있는 그대로 알아차리고 다시 호흡에 마음을 둔다. 마음이 호흡을 알아차리면 마음은 몸 또한 알아차리게 되는데 그 과정에서 내면의 평화와 쉼이 찾아온다.

생불이라고 불리는 틱낫한 스님은 명상을 이렇게 설명하고 있다. '아무것도 생각하지 않습니다. 다만 무엇이 존재하고 있으며, 어떤 일이 벌어지는지에 대해 주의를 기울일 뿐입니다. 명상은 당신의 몸 안에서, 당신의 느낌 안에서, 당신의 마음 안에서, 그리고 이 세계 안에서 현재 일어나고 있는 일을 자각하는 것입니다.'

명상은 지금 이 순간을 알아차리고 온전히 살아가도록 도와준다. 명상하는 것은 과거에 대한 후회와 절망, 현재에 대한 고통과 화 그리고 오지 않는 미래에 대한 불안과 걱정으로 마음이 가는 것을 멈추도록 도와준다. 하늘의 빛깔, 꽃의 향기, 자신의 아름다움…… 무심히 스치고 지나칠 수 있는 지금 이 순간의 아름다움과 행복, 소중함을 알아차리고 내면의 소리에 귀 기울이도록 돕는다.

명상이 익어질수록 호흡은 더욱 깊어지고 느려지며 고요해진다. 그 과정에서 자기 내면에 깊이 자리 잡은 근원적인 힘을 체험할 수 있다. 명상을 통해서 얻게 되는 근원적인 힘, 영성 체험으로부터 우주는 근원적으로 하나이며, 자신과 우주는 깊이 이어져 있을 뿐 아니라 우리가 모두 하나로 연결되어 있다는 것을 알게 된다. 자신의 가치와 자기 삶의 소중함, 목적을 알게 되고 삶을 어떻게 살아야 하는가에 대한 방법을 알게 된다. 이 내면적인 변화는 다른 모든 생명을 존중하는 생명존중 사상으로 확대되어 외부적인 세계에 대한 이해를 넓히고 인간관계를 비롯한 사회, 국가, 세계 속에서 조화와 균형을 이루며 건강하게 살아가도록 돕는다.

무엇보다 명상은 삶을 행복하게 만든다. 실제로 위스콘신대학 리처드 데이비슨과 매사추세츠 의과대학병원의 존 카밧진 교수가 달라이 라마와 명상수련을 하는 티베트 승려들의 뇌를 촬영한 결과, 좌반구의 전전두엽 활동이 우반구의 전전두엽보다 우세해졌다고 밝혔다. 좌측 전전두엽은 행복이나 기쁨, 낙천성, 열정과 관련된 뇌의 부위이다. 명상 수행을 많이 한 경우 내적인 강인함과 지혜를 지녔으며 행복감을 더 쉽게 느끼는데 그 이유를 뇌의 변화를 통해 증명해내고 있다. 달라이 라마는 "복잡한 사찰과 교회가 필요치 않습니다. 나의 종교는 친절과 자비입니다."라고 말했다. 세상을 자애의 시선으로 바라볼 수 있는 것만큼 행복한 것이 있을까. 명상은 자애의 마음을 키우고 삶에서 행복을 더 쉽게 발견하도록 도와준다. 그뿐만 아니라 명상을 늘 실천한 스티브 잡스의 삶에서 알 수 있듯이 삶에서 직관, 통찰력, 영감을 얻게 한다.

명상은 웃음요가의 중요한 일부분이다. 20~30분 이상 마음껏 웃은 후에 고요히 자신을 들여다보는 명상이 시작된다. 호흡에 마음을 두고 집중적으로 바라보는 침묵 명상, 이유 없이 웃음에 마음을 두는 웃음 명상, 의식을 각성시키는 우주의 진언 만트라에 집중하는 모음소리 명상, 호흡을 통해 사람들에게 감사, 사랑, 평화 또는 용서의 메시지를 보내는 호흡관계 명상, 음악과 춤이 명상과 어우러진 춤 명상, 개인의 잠재력을 일깨우고 깊은 이완이 이루어지는 요가 니드라, 음식을 먹으면서 알아차리는 음식 명상 등 다양한 명상이 가미되어 있다.

부처님께서는 수행자의 특성에 맞게 그 사람에게 맞는 수행법을 지도하셨다. 사람마다 유전적 요인, 성장한 환경, 기질, 성격, 내적인 심리 상태 등이 다르기 때문에 하나의 명상 수행법이 다른 사람에게는 맞지 않을 수 있으며 선호하는 명상이 다를 수 있다. 웃음요가는 정적 명상 및 동적 명상 등 다양한 명상이 결합되어 있어 자신에게 맞는 명상을 체험해보는 기회를 제공할 뿐 아니라 다양한 명상을 통합적으로 경험하게 함으로써 누구라도 쉽게 심신의 치유와 안정을 느끼도록 돕는다. 세계의 웃음요가 티처와 마스터들은 자신의 능력에 맞게 웃음요가의 명상을 안내하며, 창의적으로 자신의 다양한 명상법을 웃음요가 프로그램에 가미시킨다.

왜 웃음과 명상의 결합인가. 이는 웃음이 가지고 있는 가치를 인정함에도 불구하고 삶에서 가져다줄 수 있는 웃음의 한계를 실질적으로 인식했다고 볼 수 있다. 웃음은 마음의 표현이기에, 진정 행복해서 웃기 위해서는 순간 웃음에 그칠 것이 아니라 근본적인 의식의 변화가 필요하다. 웃음치료는 웃음의 효과와 웃어야 하는 여러 가지 이유를 알려주지만 마음을 근본적으로 다루는 깊이까지는 가지 못한다. 하지만 명상은 그 부족함을 채워줄 수가 있다. 보다 편안해지고 평화로워지며 나의 존재와 세상을 보는 맑은 마음, 삶의 목적과 세상을 살아가는 방법을 통찰하는 눈이 생긴다. 내가 누구이며 어디에서 왔고 어디로 가는가, 어떻게 살아가야 하는가에 대한 통찰은 삶을 대하는 자세를 다르게 만든다.

명상은 자기 자신을 온전히 알아가는 것이며, 치유를 경험하고 마침내는 신의 마음과 눈으로 세상을 보는 것이다.[c] 신이 인간과 세상을 사랑하듯 사랑과 행복의 마음으로 세상을 살아가도록 명상은 돕는다. 사람마다 속도는 다를 수 있으나 행복의 길로 가는 여정을 명상이 도와줄 수가 있다.

웃음요가는 웃음의 밝은 그릇과 명상의 맑고 고요한 그릇이 만나 시너지 효과를 낸다. 근원적인 힘인 명상의 가치를 어느 나라보다 잘 알고 있는 인도에서 웃음의 장점을 살리고 명상의 힘을 결합하여 탄생한 것이 웃음요가다. 명상을 깊이 한 수행자들의 경우 혹 이것에 대해 인정을 하지 않을 수가 있을 것이다. 요가면 요가이고 웃음이면 웃음이지 어떻게 웃음과 명상이 가미될 수가 있냐고 물을 것이다. 건강에 좋은 양배추와 무의 장점을 살려 콜라비가 생겨난 자연의 이치와 닮았다고 생각한다. 전통적인 한옥의 아름다움을 살리고 현대 주거의 편리함을 가미하여 현대적인 한옥 건축물이 생겨났듯 좋은 것을 결합하고 새로 창조하려는 움직임은 끊임없이 일어나게 마련이다. 웃음치료를 먼저 접했던 나는 웃음치료만으로는 채워지지 않았던 편안함과 사랑, 지혜, 강인함을 웃음요가의 명상을 통해서 체험하고 있다.

5 웃음 명상

웃음 명상은 지금 이 순간 물 흐르듯 웃음에 집중하여 웃음이 넘쳐흐르게 하는 명상법이다. 웃음이 신체와 건강에 유익하다는 여러 과학적 사실을 잊고 그냥 이유 없이 웃음에 나를 내맡긴다. 이유 없이 웃는다. 웃음소리에 마음을 두면 집중이 안 되기에 웃음 그 자체에 집중한다. 웃는 동안 '나'라는 것이 생각나지 않아 좋다. 근심, 걱정, 들뜸, 흥분이 '나'라는 것에서 일어나는데 웃는 동안 '나'를 잃게 된다.

작은 미소와 작은 웃음소리로 시작하여 물 흐르듯 웃음에 나를 내맡긴다. 겉으로만 의도적으로 웃는 것이 아니라 내면에 기쁨이 넘쳐 흐르도록 웃는다. 웃음 명상은 작은 소리로 시작하여 웃음이 점차로 커진다. 웃음이 그칠 때는 각자 호흡을 하는데, 이내 누군가의 웃음소리에 자연스럽게 웃음이 터져 나오고 함께 웃는 웃음은 춤을 추듯 더 커진다. 다시 웃음이 그치고 누군가의 웃음소리와 눈 맞춤으로 웃음이 다시 파도를 타기 시작한다. 깊이, 길게 웃었을 때는 눈물이 나기도 한다. 웃음 명상을 할 때는 겉으로만 웃는 것이 아니라 내 몸과 내 마음이 진심으로 웃을 수 있도록 한다. 내 안에 흐르는 기쁨과 행복의 충만함을 느껴본다. 내면의 기쁨이 넘쳐흐르도록 웃어라.

불교의 사마타 수행에서 볼 때 집중이라는 것이 한 대상에 오랫동안 집중할 수 있어야 하는데, 웃음 명상은 1시간 이상 집중하기가 힘이 든다. 하지만 짧은 시간 내에 웃음에 이유 없이 집중해봄으로써 웃음을 깊이 있게 체험하여 기쁨과 행복, 충만함으로 이끈다.

웃음 명상은 20분 정도 길게 유지할 수 있다. 웃음 명상은 자리에 앉아서 하는 웃음 명상과 요가 매트에 누워서 하는 웃음 명상 두 가지가 있다. 눈을 감고 매트에 누웠을 때 가장 깊이 있는 웃음이 나온다. 다른 사람을 의식하지 않고 자신의 내면에서 깊이 웃음을 끌어낼 수가 있다. 인도에서 사람들은 내 웃음소리가 좋다며 녹음기를 가져다 댔다. 나는 웃음 명상을 할 때 파도가 물결이 치듯 시원한 웃음소리가 났다.

웃음요가에서 가장 기본적인 프로그램이 웃음 명상이다. 가장 깊이 있게 웃음을 끌어들일 수가 있기 때문이다. 함께 하는 사람들에 따라 웃음 명상을 하는 시간을 조절하면서 웃을 수 있다. 웃음 명상을 하다가 배가 아프고 눈물이 흐르기도 하는데, 다른 사람의 시선에 의지하지 않고 웃음만 가득 울려 퍼지는 웃음 명상을 하고 나면 몸 상태가 달라진다. 그때의 웃음은 때로는 통곡에 가깝다 할까. 누군가 울음과 웃음이 하나라고 했듯이 눈을 감고 하는 웃음 명상은 깊이 있게 웃음에 닿아 해방감, 영혼의 자유를 느낄 수 있고 치유와 기쁨의 길로 안내한다.

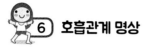 **호흡관계 명상**

우리는 모두 하나로 연결되어 있다. 호흡관계 명상은 누군가를 떠올리고 호흡을 통해 그 사람에게 사랑과 감사, 평화 또는 용서의 마음을 보내는 명상법이다. 매우 바쁜 일상생활 속에서 많은 사람들을 만나기란 힘이 든다. 잠깐의 호흡관계 명상을 통해서 소중한 사람들과 인간관계를 이어나갈 수가 있다. 그 대상자는 사랑하는 내 가족, 연인, 친구, 직장 동료를 비롯해 세상에서 고통받는 사람들에게까지 확장될 수 있다.

텔레파시를 느껴본 적이 있는가. 갑자기 누군가가 떠올랐는데 그 사람에게서 전화가 오거나 그 사람이 찾아오는 사소한 일 같은 것은 누구나 한번쯤 경험했으리라. 인간은 무의식의 세계에서 모두 연결되어 있다. 텔레파시의 메시지는 모든 전자파와 방사선을 차단하는 납과 철의 캡슐조차도 통과하여 아무 어려움 없이 수천 리를 날아갈 수 있다. 텔레파시는 전기와 같은 거친 파장이 아니므로 그 어느 것도 이들의 수신을 방해할 수 없다. 그것은 시공을 초월하여 의식의 보다 높은 층에 심리적 파장을 맞춘다.[d]

호흡관계 명상은 불교의 자애 명상과 매우 유사하다. 자애 명상은 사마타 수행의 40가지 수행 중 하나로 성냄 등에 따른 혼탁한 마음을 버리고 대신 마음의 깊은 집중과 고요, 평안, 희열, 행복 등을 얻어 마음을 청정히 하기 위한 수행법이다. 자애란 모든 존재가 행복하기를 바라는 마음, 모든 존재가 이롭기를 바라는 마음, 모든 존재가 몸의 고통과 마음의 고통에서 벗어나기를 바라는 마음으로, 모든 존재의 행복을 바라는 마음이 '자애'이다. 자애 명상은 자신에 대한 연민과 사랑을 계발하고 더 나아가 자애의 마음이 타인에게로 넓혀가고 마침내 살아있는 모든 존재에까지 확장된다. 자애 명상은 다음과 같은 구절에 마음을 두고 자애 마음이 일어나게 하는데, 그 대상은 자신의 존재에서 가족, 은인, 스승, 친구, 이웃, 모든 존재로 확장시켜 나간다.

내가 건강하기를 행복하기를
몸의 고통에서 벗어나기를
마음의 고통에서 벗어나기를
나의 몸과 마음이 항상 평안하기를
…
모든 존재가 건강하기를 행복하기를
몸의 고통에서 벗어나기를
마음의 고통에서 벗어나기를
몸과 마음 항상 평안하기를

자애 명상과 호흡관계 명상이 가장 큰 차이점은 호흡관계 명상은 프라나(Prana, 우주의 생명 에너지)를 활용하여 사랑의 메시지를 보낸다는 점이다. 왜 호흡인가. 요가에서 프라나는 삽시간에 공간을 가로질러 다른 사람에게 프라나를 보낼 수가 있다. 그것은 가운데 놓여 있는 방해물들을 통과하여 그것을 받으려고 파장을 맞추고 있는 사람에게 전달된다. 그런데 이 호흡관계 명상에서는 먼 곳에 있는 사람이 당신과 연결되어 있다고 느낄 수 있을 때까지 그들을 정신적으로 형상화해야 한다. 아래의 〈안내자 멘트〉에 그 사람을 형상화할 때 컬러의 모습인지, 흑백의 모습인지는 중요하지 않다. 선명하게 그 사람을 시각화하고 사랑과 감사, 평화의 마음을 보낸다. 그리고 나를 힘들게 했던 사람에 대해 과감히 용서하는 마음을 보낸다.

실제로 세계에서 이루어지고 있는 호흡을 통한 원격치료에서는 멀리 있는 사람을 호흡을 통해 치료한다. 전송자는 리듬감 있는 호흡의 매 내쉬는 숨과 함께 프라나가 마음에서 발산되어 즉각적으로 공간을 가로질러 환자에게 도달하고, 그를 치료한다는 이미지를 사실적으로 형상화한다. 수신자는 이완된 상태로 프라나를 받을 수 있는 상태로 있는다.[c]

호흡관계 명상은 일상생활에서 나를 사랑할 뿐 아니라 자애의 마음, 기원의 마음을 소중한 사람들에게 전해줄 수 있는 아름다운 명상법이다. 나의 행복과 평화뿐 아니라 모든 존재가 행복하고 평화롭기를 바라는 마음이 담겨있다. 또한 행복한 삶에서 가장 중요한 용서하기가 명상 안에서 이루어짐으로써 치유의 길로 안내한다.

불교의 교파에 따라 자애 명상에서 자애가 시작되는 대상이 '나'

혹은 '어머니', '모든 존재' 등으로 다르듯 호흡관계 명상 역시 자애의 마음을 보내는 대상이 '나'로부터 시작될 수도 있고 '어머니'로부터 시작될 수도 있다. 어머니는 곧 나를 태어나게 한 생명의 근원이며 우리는 모두 하나로 연결되어 있다는 측면에서 누구로부터 자애의 마음이 시작되느냐 하는 것은 크게 중요하지 않으리라.

🧘 호흡관계 명상 안내자 멘트

매우 바쁜 일상생활 속에서 많은 사람들을 만나기란 힘이 듭니다. 잠시 동안의 관계 명상을 통해서 소중한 사람들과 인간관계를 이어나갈 수가 있습니다. 텔레파시를 느껴본 적이 있을 것입니다. 갑자기 누군가가 떠올랐는데 그 사람에게서 전화가 오거나 그 사람이 찾아오는 일 말이죠. 인간은 무의식의 세계에서 모두 연결되어 있습니다. 우리는 하나로 연결되어 있습니다. 우리는 하나입니다. 이 명상은 나와 연결되어 있는 사람들에게 사랑, 감사, 용서의 메시지를 보내고 평화를 줍니다.

눈을 감고 척추를 바로 펴시기 바랍니다. 손을 편안하게 무릎 위에 올려놓으시기 바랍니다. 눈을 감고 천천히 코로 숨을 들이쉬고 입으로 내쉬어주는 심호흡을 합니다. 몸에 긴장감이 풀린 다음 입을 다문 채 코로 호흡합니다. 자연스러운 호흡으로, 들이쉬고 내쉬는 숨에 따라 몸에서 느껴지는 느낌과 감각에 마음을 모아 알아차립니다.

몸과 마음이 안정되면 따사로운 햇살이 내 온몸 구석구석을 가득 채워지는 느낌을 마음으로 그려봅니다. 따뜻한 빛이 내 몸과 마음 구석구석을 채워주는 느낌을 맘껏 느껴봅니다. 몸과 마음에 가득한 딱딱한 응어리들이 서서히 얼음 녹듯 녹아 없어지는 상상을 하면서 속삭입니다. 당신은 빛입니다. 당신은 빛입니다. 당신은 사랑입니다. 사랑이 충만합니다.

자, 이제 지시에 따라 한 사람 한 사람 이미지를 떠올리시기 바랍니다. 그 사람을 떠올리며 호흡을 합니다. 숨을 들이쉬고 내쉽니다. 명확하게 생각하고 이미지를 떠올려봅니다.

사랑하는 어머니를 떠올려봅니다. 어머니를 떠올리며 호흡합니다.
어머니가 울고 있는지, 웃고 있는지
그 모습이 컬러인지, 흑백인지 선명하게 시각화해봅니다.
어머니에게 사랑과 감사의 마음을 전해봅니다.
어머니가 건강하기를…, 행복하기를…, 평화롭기를….

아버지를 떠올려봅니다. 아버지를 떠올리며 호흡합니다.
아버지가 울고 있는지, 웃고 있는지
그 모습이 컬러인지, 흑백인지 선명하게 시각화해봅니다.
아버지에게 사랑과 감사의 마음을 전해봅니다.
아버지가 건강하기를…, 행복하기를…, 평화롭기를….

자신의 형제를 떠올려봅니다. 숨을 들이쉬고 내쉬고….
형제 중 한 명을 떠올리며 호흡합니다.
선명하게 떠올려봅니다.
형제에게 사랑과 감사의 메시지를 보내봅니다.
건강하기를…, 행복하기를…, 평화롭기를….

어린 시절 친구를 떠올려봅니다.
당신을 즐겁게 했고 웃게 만들었던 그 친구의 모습을 선명하게 떠올려봅니다.
그 친구에게 사랑과 감사의 메시지를 마음속으로 전하며 호흡합니다.

당신에게 사랑을 주었던, 웃게 만들었던 대학 시절 친구를 떠올려봅니다.
또는 좀 더 어른이 되었을 때의 친구를 떠올려봅니다.
그 사람을 위해 호흡합니다.
사랑과 감사의 마음을 전해봅니다.

어린 시절 당신을 도왔던 선생님의 얼굴을 떠올려봅니다.
호흡하며 선명하게 떠올려봅니다.
숨을 들이쉬고 내쉬며 사랑과 감사의 메시지를 보내봅니다.

지금 이 순간 가장 소중한 사람의 얼굴을 떠올립니다.
호흡하며 그 사람의 모습을 선명하게 떠올려봅니다.
숨을 들이쉬고 내쉽니다.
사랑과 감사의 메시지를 그 사람에게 전해봅니다.

자신의 배우자를 떠올려봅니다.
그 사람의 모습을 선명하게 떠올리며 호흡합니다.
숨을 들이쉬고 내쉬고….
사랑과 감사의 메시지를 전해봅니다.

당신이 힘들었던 순간에 손을 잡아준 사람을 떠올려봅니다.
그 사람의 모습을 떠올리며 호흡합니다.
숨을 들이쉬고 천천히 내쉬고….
그 사람에게 감사의 마음을 전해봅니다. 행복을 기원해봅니다.

당신을 가장 힘들게 하고 아프게 했던 사람을 떠올려봅니다.
당신을 가장 아프게 했던 그 사람을 떠올립니다.

숨을 들이쉬고 내쉬고….
당신은 소중하고 아름다운 사람입니다.
당신은 사랑받기 위해 태어났습니다.
빛나고 아름다운 당신의 삶을 위해서 지금 이 순간 그 사람을 용서
하겠다고 단호하게 다짐해 봅니다.
아무도 당신에게 고통을 주지 않습니다.
당신의 영혼은 상처받지 않습니다.

당신의 직장 동료를 떠올려봅니다.
명료하게 떠올리고 호흡을 합니다.
숨을 들이쉬고 내쉬고…. 그 사람에게 감사의 메시지를 전해봅니다.

자신의 모습을 떠올려봅니다.
웃고 있는지 울고 있는지, 그 모습이 컬러인지 흑백인지 선명하게
자신의 모습을 선명하게 떠올려봅니다.
자기 자신에게 사랑과 행복, 감사의 메시지를 전해봅니다.

세상의 가난한 사람을, 아픈 사람들을 떠올려봅니다.
그리고 그들을 위해 기도합니다.
우리는 연결되어 있습니다. 우리는 하나입니다.

아무도 당신에게 고통을 주지 않습니다.
우리의 영혼은 상처받지 않습니다.
당신은 너무나 소중하고 아름다운 사람입니다.
10, 9, 8, 7, 6, 5, 4, 3, 2, 1 눈을 뜹니다.

* 시간과 대상에 따라 조절이 가능합니다.

7 춤 명상

땀을 흘릴 때까지 춤춰라

그리고 좀 더 춤을 춰라

홀로

다른 사람들과 하라

자주

마음을 담아서

기도하는 마음을 담아서 춤을 춰라

-가브리엘 로스-

　인류가 태어난 이래로 춤은 늘 인간과 함께였다. 춤을 통해 자신의 마음과 세계를 표현했으며 때로는 무아지경의 춤을 경험해 왔다. 춤 명상은 춤을 통해 명상의 상태로 들어가는 것을 말한다. 인간은 육체적인 존재일 뿐 아니라 영적인 존재이다. 춤을 수행의 방법으로 이용한 춤 명상은 힌두교와 이슬람, 불교 등의 종교 전통에서 신과의 합일, 참나와의 통합, 마음의 평화 내지는 깨달음을 궁구하는 수행법으로 오랜 시간 활용되어 왔다.

　현대에는 춤 명상이 심리적 억압을 해소하고 영혼의 자유를 느끼며 내면의 성장과 알아차림의 확대, 진정한 자신의 모습을 회복하고 치유에 이르기 위한 방법으로 그 활용이 증대되고 있다. 또한 다양한 춤 명상이 개발·발전되고 있다. 대표적인 춤 명상으로는 수피 회전무, 구르지예프의 무브먼트, 오쇼 라즈니쉬의 동적 명상, 불교의 선무 명상, 가브리엘 로스의 5리듬 등이 있다.

몸과 마음을 알아차리는 것은 명상의 기본이다. 정좌하고 호흡을 미세하게 바라보는 것보다 춤 명상은 거친 움직임을 통해 알아차림을 보다 쉽게 할 수 있는 장점이 있다. 짧은 시간의 움직임을 통해서도 내면이 정화되고 그 내면 깊은 곳에서 고요와 기쁨이 차오르는 것을 느낄 수 있으며, 심리적·정신적 긴장이 해소되고 이완을 가능하게 한다. 춤 명상에서는 자신의 몸과 마음을 알아차리는 것에서 시작되지만 궁극적으로 춤을 추고 있다는 사실을 잊고 춤 자체가 되어버린다. 몸의 동작 속에 '나'가 사라지고 몰아의 상태가 되어버린다. 무의식적인 움직임을 통해 자신의 신성, 본래의 참자아를 만나는 일이 생긴다.

춤 명상은 움직이면서 하는 동적 명상이다. 마음의 소용돌이치는 감정과 흐르는 에너지를 가라앉히는 것이 아니라, 내면의 억압된 감정을 터져 나오도록 허용하며, 때로는 우주 에너지의 흐름에 나를 맡겨 몸을 저절로 움직이게 한다. 춤을 추다 보면 몸 안의 억압된 감정, 부정적인 감정이 정화되고 마음이 환해진다. 억압된 감정은 면역 체계를 약화시키고 질병과 고통을 안겨준다. 뇌가 지배하는 이성의 시대에 사람들의 가슴이 억눌려 있다. 춤은 치유에 중요한 감정 방출의 수단이 될 수 있다. 때로는 혼돈 속에서 춤을 춤으로써 카타르시스를 느끼게 된다.

춤 명상에서는 내 생각이 과거에 머물러 있는 것이 아니라, 지금 이 순간순간을 알아차리며 춤을 춘다. 많은 사람들이 과거나 미래에 살고 있다. 춤을 추는 동안 과거는 사라지고 현재만이 남는다. 현재를 살아갈 때 우리는 행복을 맞보게 된다.

춤 명상은 누군가에게 보여주기 위해 춤을 추는 것이 아니라 자기 자신만의 춤을 춘다. 가장 나다울 때, 비교가 사라지고 나다운 나를 진정 회복하게 되었을 때 치유와 행복의 꽃은 피어난다. 아름답게 멋있게 춤춰야 한다는 생각은 내려놓는다. 그것은 신성의 발견, 자유와 치유에 아무 의미가 없다.

인도에서 춤 명상을 접했을 때를 기억한다. "아픔과 기쁨을 세포 하나하나에 기억하고 있는 나의 몸, 원형적인 리듬에 맞춰서 저절로 춤추며 내가 지금 무엇을 원하는지 알아차려라. 눈을 감고 혼돈 속에서 자신을 찾아봐라. 춤추라."

처음 눈을 감고 내면의 소리에 귀 기울이며 춤을 춰보았을 때, 그것은 내 생애 처음으로 놀라운 경험이었다. 형식과 틀에 갇혀있던 나에게 눈을 감고 누구도 의식하지 않은 채로 리듬에 맞춰서 몸을 흔든다는 것, 내 몸과 마음을 알아차리며 음악과 하나가 되는 것은 경이로운 체험이었다. 나는 춤을 추는 동안 불안함, 긴장감을 다 내려놓고 해방감을 느꼈다. 왜 지금까지 이 기쁨과 환희를 몰랐을까. 내가 인생을 제대로 살기나 했단 말인가. 자유를 갈망하고 영혼의 목마름으로 여행을 하고 웃음을 선택했지만 춤 명상은 새로운 세상이었고, 춤을 추는 동안 새로운 나를 만난 기쁨에 내 몸은 들떠 있었고 내 영혼은 기쁨에 소리쳤다.

얼마 지나지 않아 뉴욕에서 춤 명상을 정립한 가브리엘 로스의 5 리듬 워크숍에 참가하게 되었고, 그곳에서 나는 춤을 추는 과정에서 목 놓아 울게 되었다. 이유 없이 흐르는 눈물을 느끼며 춤을 췄고 그 눈물이 그치고 난 후에 다시 춤을 췄다. 춤으로 치유가 될 수 있음을 나는 느꼈다. 모든 사람이 사랑을 갈망하듯, 춤으로 아픔을 치유하고 나를 더 사랑하며 신과 하나가 되는 길을 걷고 있는 사람들이 있음을 알게 되었다.

웃음요가의 춤 명상은 눈을 감고 이루어진다. 웃음요가의 춤 명상에서는 음악에 맞춰서 자신의 몸과 마음이 원하는 그대로 저절로 흐름에 맡기며 춤을 춘다. 원형적인 리듬에 맞춰서 눈을 감고 춤을 추다가 여러 가지 웃음법에 맞춰 깊이 있게 웃기도 한다.

웃음요가의 장점은 다양한 접목이 가능하다는 것이다. 기존의 웃음요가의 영성적인 춤뿐 아니라 가브리엘 로스의 5리듬, 구르지예프 무브먼트, 바디마인드 센터링, 춤 테라피 등 다양한 춤 명상을 가미하여 웃음요가 수업을 진행한다. 처음 웃음공부를 시작하면서 슬픈 음악을 제외하고 즐거운 음악만 듣던 습관에서 벗어나 영혼이 울리는 아름다운 음악을 찾고 또 찾아본다. 바람이 불면 손을 뻗어 바람이 전해주는 감촉을 느껴본다. 다양한 웃음요가 프로그램이 있지만 눈을 감고 내 몸과 마음을 알아차리고 나의 무의식, 신성을 만나게 되는 춤 명상은 황홀하다. 춤 명상은 자신의 몸을 사랑하게 되고 또 다른 자유와 치유의 길로 당신을 안내하리라.

"눈을 감고 춤을 춰보라.

때로는 음악 없이 마음과 몸이 가는 대로

내 안의 흐름에 따라 자유롭게 춤을 춰라.

영혼의 자유를 느낄 수 있으리라."

⑧ 요가 니드라

요가 니드라는 이완법이면서 명상법이다. 요가 니드라는 모든 명상법 중에서 가장 체계적인 방법 가운데 하나이며, 완전한 육체적·감정적·정신적인 이완을 유도한다. 요가 니드라(Yoga nidra)는 합일, 내적 결합 또는 이 상태에 이르기 위한 방법을 의미하는 요가와 잠을 뜻하는 니드라로 이루어져 있다. 요가의 잠, 깨어있는 잠 또는 잠 없는 잠(Sleepless sleep)을 의미한다. 요가 니드라를 하는 도중에는 잠들어 있는 것처럼 보이나 의식은 깨어있다. 이러한 맥락에서 요가 니드라를 정신적인 잠(Phychic sleep) 또는 깨어있는 깊은 이완이라고 한다. 잠에 떨어지면 수련에서 목표로 삼고 있는 자각을 상실한다. 요가 니드라를 수련하면 마음의 성질이 변할 수 있고, 병이 치료될 수 있으며, 창조적인 천재성이 회복될 수 있다. 여러 질병의 원인이 되는 뿌리 깊이 박혀있는 잠재의식의 긴장을 이완함으로써 질병의 회복을 도울 수 있다. 잠재의식과 무의식의 마음은 인간에게 있는 가장 강력한 도구이다.

요가 니드라에서는 잠을 잘 때처럼 몸과 마음이 깊은 이완을 취하되 의식은 또렷이 깨어 자신에게서 체험되는 것을 자각하도록 하고 있다. 이른바 우리의 진정한 본질이 '바라보는 자'라는 것을 깨닫게 하는 것이다. 궁극적인 목적은 사이킥 잠에서 잠재의식을 자각하고 정화하는 것뿐만 아니라 순수의식의 측면까지 관심을 가지게 됨으로써 자신의 진정한 본래 성품에까지 머물게 하는 데 있다. 몸의 이완과 신경의 고요함을 가져오고 무의식 깊이 뿌리박힌 마음의 긴장을 제거하며 명상의 상태에 이르게 한다. 30분의 요가 니드라는 2시간의 잠의 상태와 같을 정도로 깊은 휴식을 가지고 온다.

1) 효과

요가 니드라는 육체적·정신적·감정적으로 깊은 이완이 무의식까지 이루어짐으로써 몸과 마음의 병의 치유에 효과적이다. 인간의 잠재의식을 일깨워 자아 성장을 돕고 원하는 삶을 창조할 수 있는 힘을 길러준다. 더 나아가 깊이 있는 명상 상태로 들어가 깨달음의 길로 이를 수 있도록 돕는다. 요가 니드라의 효과를 제시하면 다음과 같다.

(1) 신체적 변화

- **호흡:** 빠르고 얕은 호흡이 아닌 느리고 깊은 호흡을 하게 된다.
- **심장박동률과 혈압:** 심장박동률과 혈압이 감소하게 된다.
- **뇌파:** 뇌 파장 빈도가 감소되며 베타파에서 이완, 평화, 안녕감과 관련 있는 알파파 상태로 변화된다. 때때로 깊은 이완 상태인 세타파가 나타나는데 요가 니드라가 깊은 이완과 명상 상태를 가져옴을 의미

한다.

- **자율신경:** 스트레스, 두려움, 긴장, 몸과 마음의 과잉활동과 관련된 교감신경의 활동이 감소된다.
- **혈중 유산염:** 스트레스와 비례하는 혈중 유산염 농도가 현저히 낮아진다.
- **수면의 조절:** 불면증을 해소하는데, 한 시간의 요가 니드라는 네 시간의 깊은 수면과 같은 에너지를 충전하게 된다.

(2) 스트레스 경감

요가 니드라는 몸과 마음의 깊은 이완을 가져온다. 무의식의 긴장은 질병의 원인으로 작용하는데 깊은 이완의 체험은 스트레스 관리에 효과적이다. 많은 나라의 의사들에 의해 스트레스 관련 질병에서 예방과 치료 요법으로 요가 니드라가 사용되고 있다.

(3) 질병의 치유

요가 니드라는 대부분의 질병을 치유하는 데 도움을 줄 수 있다. 고혈압, 심장병, 관절염, 천식, 위궤양, 편두통, 불면증, 수면 장애, 천식, 대장염뿐 아니라 심장혈관경련 및 암 치료 등에 도움을 줄 수 있다. 깊이 자리 잡힌 갈등과 긴장을 줄임으로써 약물 중독과 알코올, 담배 중독, 우울증 등의 문제를 해결하는 데 도움을 주며 질병의 통증을 경감시키는 효과가 있다.

(4) 에너지의 활성화

요가 니드라는 호흡을 통한 프라나(Prana) 인지를 통해 몸의 에너지 흐름을 조화롭게 하는데 에너지의 활성화는 질병을 제거하고 건강을 유지하게 하며 몸의 생명력을 증가시킨다.

(5) 심리적 치유효과

깊이 뿌리박힌 심리적인 복합성, 신경증, 억압 등을 해소하는 데 도움이 된다. 요가 니드라 실시 중 깊은 이완의 상태에서 잠재의식의 기억, 어린 시절의 상처 등을 직면하기 시작하며, 적절한 요가 니드라는 심리적인 막힘, 두려움, 갈등, 열등감, 공포심, 권태, 외로움 등을 해결한다.

(6) 잠재능력의 발휘

요가 니드라의 '시각화와 상칼파' 단계의 긍정적인 상상과 자기 확신은 무의식 속에서 큰 힘을 발휘하여 원하는 것을 이루어내도록 돕는다. 누구나 천재가 될 잠재력을 가지고 있다. 요가 니드라는 내면의 잠재력을 각성시키며 직관의 힘을 기르고 자아실현을 할 수 있도록 돕는다.

(7) 학습능력, 지능, 기억력 향상

요가 니드라는 뇌의 두 반구를 통합시킨다. 논리적이며 의식적인 왼쪽 뇌와 비논리적이며 잠재의식적인 오른쪽 뇌를 모두 사용하기 때문에 새로운 기술, 학습을 배울 수 있는 적합한 상태가 된다. 요가 니드라를 통해서 잠재의식의 마음을 통해 지식을 빠르게 흡수할 수 있다. 교육자들에게 요가 니드라는 기억작용과 학습역량을 증가시키기 위한 수단으로 채택되고 있다.

2) 요가 니드라의 순서

① 준비단계, ② 상칼파, ③ 의식의 순환, ④ 호흡과 프라나의 자각, ⑤ 감각과 느낌, ⑥ 시각화, ⑦ 상칼파, ⑧ 마무리 단계(짧은 형태의 요가 니드라는 5단계와 6단계를 생략하여 실시 가능)

(1) 준비단계

자신의 의식을 외부에서 내면으로 향할 수 있도록 하는 준비과정이다. 요가 니드라는 사바아사나(Savasana, 송장 자세)로 하는데, 이 자세는 몸의 사지 간의 접촉을 없앰으로써 촉감을 최소화하기 때문이다. 바닥에 누울 여건이 안 되는 경우 명상 자세로 앉아서 실시하는 것이 가능하다. 극도로 민감한 감촉기관인 손가락 끝은 손바닥을 위로 향하게 함으로써 바닥에 닿지 않게 한다. 옷은 가볍고 헐렁해야 한다. 방은 덥지도 춥지도 않아야 하며, 몸쪽으로 오는 미풍이나 통풍이 없어야 한다. 눈을 감아 시각의 자극을 없앤다. 그다음에 마음을 외부 소리에 집중시킨다. 얼마 뒤에 마음은 외부세계에 대한 흥미를 잃고 저절로 잠잠해진다.

(2) 상칼파(Sankalpa)

요가 니드라에서 마음을 훈련시킬 수 있는 가장 강력한 도구로 활용될 수 있는 부분이 상칼파다. 상칼파는 산스크리트어로 '결심'을 의미하는데 자신이 원하는 것, 이루고 싶은 것에 대해 굳은 결심을 하는 단계이다. 상칼파에서는 자신의 삶에서 창조하고 싶은 의미 있는 것을 마음속에서 강렬하게 세 번 외친다. 자신의 결심을 이룬 모습을 마음속으로 생생하게 시각화할 수도 있으며 이룬 모습을 마음속으로 볼 수 있다.

꿈을 이루기 위해 시각화를 하는 기법은 현대에 많이 알려진 자기계발 기법이지만 고대 명상법인 요가 니드라의 한 부분이었다는 것을 아는 사람은 많지 않다. 인생에서 무엇을 성취하고자 하는지 알고 있다면, 상칼파는 운명의 창조자가 될 수 있다. 영적 지도자, 위대한 음악가, 작가 등 되고 싶은 무엇인가를 무의식에 심어두고 꿈을 실현시킬 수가 있다. 요가 니드라를 시작할 때 하는 결심은 하나의 씨앗을 심는 것과 같으며 끝날 때 하는 결심은 그것에 물을 주는 것과 같다. 상칼파는 육체적·정신적·감정적·영적으로 모든 생활패턴에 영향을 주어 그것을 바꿀 수 있는 힘을 부여한다. 웃음요가 시간에서는 요가 니드라를 할 때뿐 아니라 명상의 마무리 단계에서 상칼파 부분만을 활용하기도 한다. 무의식에 자신이 원하는 삶을 각인시켜 삶을 긍정적이고 창조적으로 변화시키는 강력한 힘을 지녔기 때문이다.

상칼파를 선정할 때는 자신의 삶을 변화시키게 될 의미 있는 것을 선택하되, 초점은 자신에게 두도록 한다. 긍정의 문장이어야 하며 단순하고 명료해야 한다. 가능한 현재 시제를 사용하도록 한다. 현재 시제는 미래 시제 보다 원하는 것을 강력하고 쉽게 이루는 방법이기 때문이다.

나는 완벽하게 건강하다.
나는 조건 없이 언제나 행복하다.
나는 언제나 신의 사랑을 체험한다.
나는 내가 하는 모든 것에서 성공한다.
나는 천재로 인류를 위해 위대한 힘을 발휘한다.

(3) 의식의 순환

육체적인 움직임 없이 단계적으로 신체의 각 부위를 의식으로 자각해 나간다. 몸으로 떠나는 내적 여행으로, 몸의 자각은 자신과 신체와의 동일시를 벗어나게 하며 자신이 신체가 아니라 바라보는 자임을 체험하게 한다. 어떤 유형의 요가 니드라에서도 반드시 이 단계를 포함시키고 있을 만큼 중요하다. 특정 부위만을 자각하는 것이 아니라 몸 전체를 자각하도록 되어있으므로 의식이 순환하는 과정이며 바디 스캔(Body Scan)이라는 용어로도 사용된다.

안내자의 멘트에 따라 신체의 각 부위를 자각한다. 안내자가 '오른손 엄지'라고 말하면 오른손 엄지로 이동하여 마음을 두고 자각한다. 모든 과정은 잠재의식적인 마음에서 일어나는 것이며 육체적인 움직임은 없다.

의식 순환은 몸의 오른쪽부터 시작하여 왼쪽 그리고 몸의 뒷부분에서 앞부분으로 자각하게 한다. 그다음 머리 전체, 팔 전체, 몸통, 다리 전체와 같이 몸의 주요 부분을 자각하고 몸 전체를 자각하도록 한다(몸의 오른쪽 - 왼쪽 - 뒤 - 앞 - 몸의 주요 부분 - 전체). 시간과 이완의 깊이에 따라 1회~3회 또는 그 이상 조절이 가능하다.

(4) 호흡과 프라나의 자각

의식의 순환이 끝난 후에는 자신의 호흡에 대해 자각을 한다. 호흡을 통해 산소뿐만 아니라 프라나(Prana)라는 우주의 생명 에너지가 들어와 삶에 생명력과 활기, 힘을 부여함을 알아차린다. 호흡의 지각은 이완과 집중을 증진시킬 뿐만 아니라 보다 높은 에너지들을 각성시켜 그것들을 몸의 모든 세포로 보내기도 한다. 호흡의 자각은 육체적 심리적인 깊은 이완을 가져온다. 호흡은 의식과 무의식을 잇는 다리 역할을 하므로 호흡의 자각을 통해 보다 마음의 깊은 층으로 들어가 내면의 세계를 자각하게 된다. 자연스럽게 자신의 자연 호흡의 과정을 자각한다. 호흡을 자각할 때 숫자를 거꾸로 헤아려 나감으로써 보다 쉽게 이완에 들어갈 수 있다. 호흡을 자각하면서 신체 각 부위의 특정한 움직임 또는 감각을 함께 자각할 수 있다.

(5) 감각과 느낌

감각과 느낌의 자각은 무의식 깊이 뿌리박힌 느낌과 감정의 긴장을 이완하는 데 목적이 있다. 과거의 다양한 경험들은 기억으로 의식의 저편에 저장되어 있다. 무의식 층에 억압되었던 정서를 일깨우기 위해 실제 경험이 다시 창조될 수 있도록 체험하게 한다. 보통 이것은 반대되는 감각 또는 정서로 이루어진다. 무거움과 가벼움, 고통과 쾌락, 기쁨과 슬픔, 사랑과 증오, 뜨거움과 차가움 등의 서로 반대되는 정서와 감각을 상상으로 그치는 것이 아니라 실제로 체험하게 한다.

조화될 수 없었던 두 가지 자각 상태들을 동시에 통합시킴으로써 에너지 흐름을 조화롭게 하고 뇌의 좌우대립 반구들을 조화시킨다. 두뇌의 반대쪽 반구에 있는 신경회로를 동시에 작용시켜 대립되는 정서적 반응들에 대한 자각과 이완을 유지할 수 있다. 이원성을 극복하여 기본적인 충동을 균형 잡고, 무의식적인 작용들을 조절하도록 도와준다. 이 단계는 이전에 경험했던 느낌에 대한 기억이 재생될 때, 실제 경험을 통해 과거의 미해결된 과제를 해결함으로써 정서적 긴장을 이완하게 하며 카타르시스를 느끼게 해 행동변화를 가져오게 한다. 삶에서 겪게 되는 다양한 정서들을 통제할 수 있는 힘, 의지력을 개발시켜 준다.

(6) 시각화

시각화는 자신이 경험했거나 경험하지 않았던 일을 지금 자신에게 일어나고 있는 것처럼 체험하는 것으로, 정신적인 이완을 유도하는 단계이다. 단순히 마음속으로 어떤 이미지를 그리는 것이 아니라 실제로 자신에게 일어나고 있는 생생한 경험이다. 시각화는 무의식으로 억압하였던 심리적인 여러 잠재인상을 직면하고 이를 체험하게 하여 해소시키는 치료 효과를 지닌다. 무의식적인 깊은 심리적 긴장을 해소하여 내면의 조화를 가져오며, 무의식을 의식 차원으로 통합하고자 한다.

무엇보다 시각화는 내면의 무의식을 계발하는 데 탁월하다. 시각화는 실제로 체험되는 것인 만큼 아주 강력한 기법이며 강한 힘을 지니고 있다. 시각화의 대상은 신, 바다, 하늘, 꽃, 빛, 사원, 경치, 산, 이야기, 차크라, 십자가 등 다양하다. 정신통합 이론의 창시자 로베

르토 아씨지올리는 상징의 범주를 자연, 동물, 인간, 인공 사물, 종교적이고 신화적인 상징, 추상적인 상징, 개인적 또는 자연발생적인 상징으로 분류하였다.

(7) 마무리 단계

마무리 단계에서는 내면으로 들어간 의식을 외부세계로 다시 가져오게 하는 과정이다. 마음의 깊은 층을 자각하는 내면화 과정에서 서서히 외부세계를 자각하도록 한다. 호흡의 자각, 신체의 자각, 공간의 자각, 소리의 자각을 통해서 의식이 다시 외부세계를 자각할 수 있도록 한다. 그리고 천천히 몸을 움직여서 외부세계에 적응할 수 있도록 한다. 마무리 단계 없이 내면의 깊은 이완 상태에서 갑자기 외부세계로의 변화를 가져올 경우 두통, 멍한 느낌 등의 부작용이 나타날 수 있기 때문에 마무리 단계가 필요하다.

3) 요가 니드라의 실제

(1) 준비단계

요가 니드라를 할 준비를 하십시오. 송장 자세로 매트 위에 누워 가능한 한 편하게 하십시오. 손바닥을 위쪽으로 한 채 두 팔을 몸에서 약간 떨어뜨리고 두 발을 벌려 약간 양 옆으로 털썩 떨어뜨리십시오.

담요, 옷, 자세를 조정해서 움직임이 없이 그리고 육체적인 불편함이 없이 요가 니드라를 할 수 있도록 하십시오. 요가 니드라를 실시하는 도중에는 계속 눈을 감으며 눈을 뜨라는 안내가 있을 때까지 감습니다. 만약 조금이라도 불편함이 있다면 지금 바로 몸과 자리를 편하게 하도록 합니다.

눈을 감으십시오. 몸은 자지만 마음은 깨어있습니다. 잠들지 않도록 정신을 차리고 있어야 합니다. 요가 니드라에서는 당신이 꿈의 창조자입니다. 속으로 자신에게 '잠들지 않겠다. 깨어있겠다.'라고 말하십시오. 심호흡을 하십시오. 들이쉬면서 시원함과 평온함, 평화가 온몸으로 퍼지고 있는 것을 느끼십시오. 내쉬면서 근심과 걱정이 당신에게서 흘러나가 떨어져 버리는 것을 느끼십시오.

(2) 상칼파(결심)

이제 자신이 하고 싶은 것이나 바라고 싶은 것, 되고 싶은 것을 떠올려봅니다. 긍정적인 것을 선택합니다. 자신이 꼭 이루고 싶은 것을 하나 선택해서 문장으로 만드십시오. 생생하게 꿈꾸면서 마음속으로 같은 문장을 세 번 반복하십시오. 자신이 원한 대로 되리라는 온전한 믿음과 열망을 가지고 세 번 굳게 반복하십시오.

(3) 의식의 순환

지금부터 신체 각 부위를 자각하도록 하겠습니다. 신체 각 부위의 명칭을 들을 때마다 의식을 그 부위에 두도록 합니다. 마음이 한 부위에서 다음 부위로 자유롭게 뛰어가게 하십시오.

- **오른쪽:** 오른손 엄지, 검지, 중지, 약지, 새끼손가락, 손바닥, 손등, 손목, 아래팔, 팔꿈치, 위팔, 어깨, 겨드랑이, 허리, 엉덩이, 오른쪽 허벅지, 팔꿈치, 위팔, 어깨, 겨드랑이, 허리, 엉덩이, 오른쪽 허벅지, 무릎,

종아리 근육, 발목, 발뒤꿈치, 발바닥, 발등, 오른쪽 엄지발가락, 둘째 발가락, 셋째 발가락, 넷째 발가락, 새끼발가락⋯⋯.

- **왼쪽:** 왼손 엄지, 검지, 중지, 약지, 새끼손가락, 손바닥, 손등, 손목, 아래팔, 팔꿈치, 위팔, 어깨, 겨드랑이, 허리, 엉덩이, 왼쪽 허벅지, 무릎, 종아리 근육, 발목, 발뒤꿈치, 발바닥, 발등, 왼쪽 엄지발가락, 둘째 발가락, 셋째 발가락, 넷째 발가락, 새끼발가락⋯⋯.

- **뒤:** 오른쪽 어깨, 왼쪽 어깨, 오른쪽 견갑골, 왼쪽 견갑골, 오른쪽 고관절, 왼쪽 고관절, 척추⋯⋯, 뒤 전체⋯⋯.

- **앞:** 머리 꼭대기, 이마, 오른쪽 눈썹, 왼쪽 눈썹, 미간, 오른쪽 눈꺼풀, 왼쪽 눈꺼풀, 오른쪽 눈, 왼쪽 눈, 오른쪽 귀, 왼쪽 귀, 오른쪽 뺨, 왼쪽 뺨, 코, 코끝, 오른쪽 콧구멍, 왼쪽 콧구멍, 윗입술, 아랫입술, 턱, 아래턱, 목, 오른쪽 어깨뼈, 왼쪽 어깨뼈, 오른쪽 가슴, 왼쪽 가슴, 가슴 중앙, 배꼽, 복부, 하복부⋯⋯.

- **주요 부위들:** 오른 다리 전체, 왼 다리 전체, 양다리 전체, 오른팔 전체, 왼팔 전체, 양팔 모두, 뒤 전체, 앞 전체, 머리 전체, 모두⋯⋯ 다리, 팔, 뒤, 앞, 머리 모두⋯⋯ 몸 전체 모두⋯⋯ 몸 전체 모두⋯⋯. 의식을 머리 끝에서 발끝까지 몸을 자각합니다.

(4) 호흡과 프라나의 자각

이제 자신이 숨을 쉬고 있다는 것을 자각하십시오. 숨을 들이쉬고 내쉬고 숨을 들이쉬고 내쉬고⋯⋯. 프라나(Prana)라는 우주의 생명 에너지가 호흡을 통해 내 몸에 활기와 건강, 생명력을 줍니다. 근심, 걱정, 슬픔이 날숨을 통해 저절로 빠져나갑니다. 자신의 호흡을 바꾸려고 하지 말고 자연 호흡, 자연스럽게 일어나는 들숨과 날숨을 바라보십시오. 저절로 숨이 들어오고 나가는 것을 바라보십시오. 이제 숨이 들어오고 나갈 때 숫자를 거꾸로 헤아립니다. 숫자 10부터 거꾸로 1까지 헤아리도록 합니다.

(5) 감각과 느낌(생략 가능)

- **무거움:** 몸에서 무거움의 느낌을 각성시키십시오. 무거움의 느낌……, 몸의 모든 단일 부분에서 무거움을 자각하십시오. 당신은 바닥으로 가라앉고 있을 만큼 무겁게 느껴지고 있습니다. 무거움 자각, 무거움 자각…….

- **가벼움:** 가벼움의 느낌을 각성시키십시오. 가벼움의 느낌을 각성시키십시오. 몸의 모든 부분에서의 가벼움, 무게 없음의 느낌……, 몸이 너무 가벼워 바닥에서 떠 있는 것처럼 느껴집니다. 가벼움 자각…….

(6) 시각화(생략 가능)

이제 자신의 의식을 미간에 두도록 합니다. 실제로 지금 일어나고 있는 것처럼 체험하도록 하십시오. 마음속으로 이미지를 그리는 것이 아니라 실제로 자신에게 일어나고 있는 생생한 체험입니다. 이를 자신에게 허용하십시오.

이른 아침입니다. 당신은 바닷가 해변을 따라 걷고 있습니다. 맨발로 모래사장을 걸으면서 발바닥에 와 닿는 모래의 감촉을 느낍니다. 발가락 사이로 모래알이 묻어 발가락을 자극합니다. 발에서 느껴지는 어떤 감각을 바라봅니다. 다시 수평선 저 멀리서부터 밀려오는 파도를 바라봅니다. 파도는 점점 자신에게 가까워지고 있습니다. 이제 모래사장에 부딪혀 일어나는 파도의 하얀 거품이 다시 바다로 사라지는 것을 바라봅니다. 파도가 밀려올 때 발에 와 닿는 느낌이 부드럽고 아주 시원합니다. 발가락 하나하나가 살아있음을 느낍니다. 파도가 발에 와 닿을 때 가슴으로 스며드는 시원함을 느낍니다. 하얀 거품은 가슴의 어둡고 잠든 감각을 일깨웁니다.

파도 소리가 들립니다. 파도가 밀려올 때 모래에 부딪히는 소리를 듣습니다. 파도가 사라질 때 일어나는 소리를 듣습니다. 파도가 일어났다가 사라질 때의 소리가 같은지 또는 다른지를 주의 깊게 들어 봅니다. 파도가 밀려오는 소리……, 파도가 사라지는 소리……. 어디선가 바닷새의 소리가 들립니다. 아직 태양은 떠오르지 않고 있지만 차츰 여명이 밝아오고 있습니다. 가슴을 펴고 맑은 공기를 코로 들이마십니다. 입을 벌려 자신의 탁한 공기를 내뿜습니다. 가슴이 시원해져 오고 있습니다. 온몸의 세포는 다시 살아 숨쉬기 시작합니다. 주위는 고요하고 맑고 따뜻한 에너지로 둘러싸여 있습니다. 자신의 온몸으로 맑고 따뜻한 에너지가 스며들고 있습니다.

이제 고개를 돌려 수평선 너머로 태양이 붉게 타오르는 것을 바라봅니다. 주위 전체가 태양의 빛으로 물들어 가고 있습니다. 주위의 형체가 하나씩 사라지고 있습니다. 자신의 몸도 어느새 태양의 빛으로 둘러싸여 빛나고 있습니다. 몸의 형체가 하나씩 사라지고 있습니다. 다리가 사라지고 대신 빛이 있습니다. 배가 사라지고 대신 빛으로 가득 차오르고 있습니다. 가슴이 사라지고 대신 그 자리에 빛이 가득 차 있습니다. 팔이 사라지고 대신 빛이 가득 차 있습니다. 머리가 사라지고 그 자리에 빛이 가득 차 있습니다. 주위가 온통 빛으로 가득 차 있음을 바라봅니다…….

어디선가 '당신은 빛입니다.'라는 소리가 들려옵니다. 당신은 빛입니다……. 당신의 모든 것이 사라져 빛이 되었습니다. 당신은 바로 지고의 빛입니다. 당신은 환희입니다. 당신은 사랑입니다. 당신은 바로 그분과 하나이며 전부입니다. 당신은 빛…… 빛입니다.[f)]

(7) 상칼파

앞에서 자신이 다짐했던 결심, 상칼파를 기억하십시오. 이미 이루어졌다는 확신과 믿음으로 세 번 반복하십시오.

(8) 마무리

이제 호흡을 자각하십시오. 자연스러운 호흡을 자각하십시오. 두 팔과 다리, 그리고 바닥에 쭉 뻗어 누워 있는 몸을 자각하십시오. 자기 내면으로의 여행이 끝나가고 있습니다. 자신의 의식을 바깥에서 들려오는 소리에 두십시오. 이제 천천히 자신의 손가락을 움직이도록 합니다. 발가락을 천천히 움직이세요. 고개도 오른쪽으로 그리고 왼쪽으로 천천히 움직이도록 합니다. 팔을 깍지 끼어 머리 위로 젖히면서 기지개를 켭니다. 온몸 전체를 쭈욱 뻗으세요. 손바닥을 비벼 열기를 낸 다음 손바닥을 두 눈에 살짝 가져다 놓습니다. 다시 한 번 손바닥을 비빈 다음 눈에 갖다 대고 10, 9, 8, 7, 6, 5, 4, 3, 2, 1 준비가 되었으면 고요히 눈을 뜨도록 합니다.

9 지블리쉬 의사소통

요가에서 영혼의 소리라고 하는 지블리쉬는 아무 생각 없이 어린 아이가 옹알이하듯이 말을 내뱉는 것을 의미한다. 인간의 의사소통은 음성이나 문자 언어가 아닌 비언어적 표현에 의해 50% 이상 전달이 된다. 언어가 아닌 옹알이와 비언어적 표현으로 소통이 이루어지는 지블리쉬는 우뇌를 발달시켜서 창의성을 증진시키며, 의사소통 전달 능력을 함양시키는 재미있는 놀이이다.

극 '옹알스'를 아는가. 다른 여러 나라에서도 호평을 받은 옹알스 극은 아이들의 옹알이로 모든 극의 내용이 전달된다. 지블리쉬 의사소통과 많이 닮아있어서 흥미롭게 봤던 기억이 난다. '옹알스'가 번역 없이 세계인 누구나 이해할 수 있고 웃을 수 있는 극인 것처럼 지블리쉬 의사소통도 언어와 인종을 떠나 누구나 참여 가능한 소통 놀이이다.

제일 좋아하는 웃음요가 프로그램 중 하나가 지블리쉬 소통인데, 지블리쉬 의사소통을 할 때면 자유분방함과 해방감을 느낀다. 프로그램을 진행하다 보면 사람들의 개성에 따라 다양한 지블리쉬 소통이 이루어지고, 하는 동안 저절로 웃음이 유발된다. 지블리쉬 의사소통을 사람들이 하면 할수록 점점 더 실력이 향상되고, 처음에 주춤했던 사람들도 일정 시간이 지나면 자유분방해지며, 거침없이 지블리쉬를 한다. 지블리쉬는 소통능력을 향상시키며 창의력과 표현능력을 함양시키고 억압된 감정을 해소함으로써 영혼의 자유로움과 해방감을 느낄 수 있도록 돕는다.

1) 지블리쉬 대화

지블리쉬 대화는 영혼의 소리 지블리쉬를 통해서 옆에 있는 사람과 자연스럽게 대화를 주거니 받거니 하는 것이다. 5살 난 어린 조카와 누구보다 지블리쉬 소통이 잘되었던 기억이 난다. 순수한 어린아이처럼 지블리쉬로 소통하면서 하하하 웃어보자.

2) 지블리쉬 카오스

참여자들이 모두 빠르게 지블리쉬 의사소통을 하면서 혼란스러운 상황에 빠진다. 명상의 기본이 집중이듯 이때에는 아무 생각 없이 지금 이 순간 영혼의 소리, 지블리쉬 표현을 하면 된다. 근심, 걱정, 불안 등의 감정을 잊고 지블리쉬 소통에 집중하라. 집중 후에 하하하 저절로 웃음이 나온다.

3) 지블리쉬 노래

마음에서 저절로 우러나오는 리듬과 소리를 이용해 지블리쉬 노래를 만들어 불러본다. 음정, 박자를 맞추고 노래 가사를 암기하고 의미 있는 언어를 불러야 한다는 부담감에서 벗어나서 자유롭게 지블리쉬 노래를 불러보면 처음에는 당황스럽지만, 차츰 영혼까지 느끼는 자유로움에 해방감을 느낄 것이다.

4) 지블리쉬 댄스

지블리쉬 댄스는 지블리쉬 소통이 조금 익숙해진 뒤에 하게 되는데 몸동작, 춤을 추면서 지블리쉬 소통을 하는 방법이다. 자신만의 지블리쉬 춤을 춰보라.

5) 주제가 있는 지블리쉬

주제를 정하고 지블리쉬 의사소통을 할 수도 있다. 기쁨, 슬픔, 공포, 사랑, 화 등 주제를 다양하게 정하고 지블리쉬를 해보면 지블리쉬를 통해 얼마나 훌륭한 의사소통 기술을 배울 수 있는지 알게 된다. 이 놀이는 자연스럽게 참여자를 배꼽 빠질 정도로 웃게 한다.

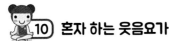

⑩ 혼자 하는 웃음요가

메릴랜드대학의 심리학자 로버트 프로빈 박사는 사람들이 많을수록 더 많은 웃음이 터져 나오는 현상을 '집단적 증폭 효과'라고 표현했다. 혼자 웃는 것보다 함께 웃으면 33배의 효과가 있다. 수행도 함께해야 힘들지 않고 정진할 수 있고 축구도 함께 봐야 흥이 나며, 웃기는 영화, 코미디 프로그램도 함께 봐야 더 재미있다.

혼자 웃는 것보다 함께 웃어야 더 신명이 난다. 그럼에도 웃음요가에서는 혼자 웃을 수 있어야 함을 강조한다. 언제나 코미디언이나 웃기는 사람이 내게 웃음을 줄 수가 없기 때문이다. 스스로 웃을 수 있어야 진정 웃음의 가치를 아는 사람이며 누군가에게 웃음을 줄 수 있고 자신의 삶을 주체적으로 살아갈 수가 있다. 웃음요가에서는 혼자 하는 웃음요가를 매우 중시한다.

혼자 하는 웃음요가는 요가의 여러 가지 호흡법(카팔바티, 교호호흡, 싱크로나이즈드호흡, 마음 모아 숨쉬기, 허밍)과 웃음운동, 명상을 결합시켜서 한다. 침대에서 갓 일어났을 때 베개를 가지고 웃거나 1미터 웃음, 풍선 웃음 등 자신이 좋아하는 웃음으로 하루를 시작할 수 있다. 설거지하면서, 요리하면서, 샤워하면서도 웃을 수 있다. 그리고 혼자 웃는 웃음요가는 웃음만이 아니라 호흡과 명상을 가미함으로써 조화를 이룬다.

웃음요가를 혼자 하는 것은 스트레스를 줄이고 부정적인 생각을 줄이는 훌륭한 방법이다. 화를 없애는 유용한 기술이며 명상적인 활동에 집중하도록 돕는다. 자신감을 향상시키고, 평상시의 삶에서 겪게 되는 부끄러움의 감정과 억압된 감정을 감소시키며, 사소한 짜증을 다루는 데 도움을 준다. 끼어들기 운전, 교통 체증, 무례한 사람들, 지하철에서의 긴 줄 등 삶에서 만나게 되는 사소한 스트레스 요인으로부터 자유로울 수 있도록 도우며 긍정적인 삶을 살도록 돕는다.

웃음요가 리더는 40일 동안 혼자 웃음운동을 실천할 것을 도전받는다. 매일 20분 정도 웃음요가를 하는 것이다. 왜 40일인가? 학자마다 견해는 조금씩 다르나 하나의 습관을 형성하는 데 40일 정도의 시간이 들기 때문이다.

혼자 하는 웃음요가를 4년 동안 매일 아침 실천했다는 베트남 웃음요가 티처 빙을 만난 적이 있다. 빙의 웃음은 정말 명품인데, 어린 아이처럼 천진난만한 웃음이 자꾸 흘러나오고 있었다. 웃음을 사랑하지만 혼자 웃는 것이 힘든 사람들을 위해 온라인 스카이프 웃음요가클럽이 존재하며 전 세계 많은 사람들이 편안한 시간대에 원하는 클럽에 접속해서 함께 웃는 시간을 가지고 있다.

혼자 하는 웃음요가에 익숙한 사람은 일상생활에서 웃음을 유발하는 진정한 리더가 된다. 사랑이 나 자신을 사랑하는 것에서부터 시작되듯 웃음도 나로부터 시작되어 울려 퍼진다. 웃음요가는 다른 사람과 소통을 하는 데 도움을 주며 다른 사람과 유대관계를 형성 시켜주고 서로를 가깝게 만들어준다.

혼자 40일 동안 하루 20분 웃기에 도전할 수 있는가. 혼자 하는 웃음요가는 자신이 좋아하는 웃음법과 호흡, 명상을 가미하여 하는 것이다. 이는 웃음요가를 사랑하는 사람은 물론 웃음요가 리더와 티처를 꿈꾸는 사람이라면 꼭 도전해야 할 과제이기도 하다. 샤워하면서, 청소하면서, 침대에 일어나서, 식사하면서……. 당신이 이 도전에 성공한다면 어떤 상황 속에서도 웃음을 선택할 수 있는 진정한 웃음리더가 될 것이다. 어느덧 유전자가 이를 기억하여 웃음이 습관화되고 삶에서 적극적으로 웃음과 행복을 선택하는 강인함을 지니게 된다.

YOGA

제2장

웃음요가의
가치

웃음의 진리

슬프거든

깊이 울어라.

눈물을 멈춘 후에는

어린아이처럼 춤추며 웃어라.

꽃잎처럼 박꽃 터지듯 환히 웃어라.

저 끝 모를 바다를 적시는 푸른 어둠

어둠이 있어 대지의 빛은 더욱 아름답고

비가 내리쳐야 무지개를 볼 수 있듯

떠나봐야 사랑했음에 통곡하고

울어본 사람만이

웃음의 찬란함과 가치를 알리라.

웃음을 사랑하리라.

행복해서 웃는 것이 아니라
웃어서 행복하다

　　　　　　미국 루이빌대학의 심리학과 교수인 클리포드 컨
박사에 따르면 생후 2~3개월을 넘긴 아기는 하루에 400회 이상 웃고,
6세의 아이들은 하루 300회 정도 웃는다. 그러나 나이가 들기 시작하
면서 어른들은 평균 하루에 15회 정도 웃는다. 15회 웃는 시간을 합하
면 보통 5분, 일반적으로 80년을 산다고 했을 때 하루 5분간 웃으면 88
일 정도 웃는 셈이다. 하루 5분도 웃지 않았다면 당신의 삶에서 웃으면
서 지낸 일은 단지 며칠에 불과하다.

　당신은 오늘 몇 번 웃었는가.

　인간은 신이 준 최고의 선물인 웃음을 잊은 채 하루를 보내고 있
다. 왜 웃지 않은 사람들이 늘어난 걸까. 사람은 정신적인 존재이기
에 삶에 사랑이 가득하면 웃음이 넘쳐난다. 웃음의 결핍은 삶에 사

랑의 결핍에서 비롯된다. 사랑의 결핍은 행복하지 않다는 증거이기도 하다. 사랑의 결핍은 죽음으로까지 이어질 수 있는 위험한 상황이다.

박완서 작가의 단편 소설 『옥상 위의 민들레꽃』에서 모두들 부러워하는 궁전아파트에서 할머니 두 분이 연이어 자살하는 사건이 벌어진다. 경제적으로 윤택한 아파트에서 일어난 자살로 모두를 깜짝 놀라게 되고 그 원인을 찾기 위해 아파트비상대책회의가 열린다. 그러나 정작 어른들의 관심사는 아파트값이 떨어질지 모른다는 걱정이다. 모두들 할머니가 자살을 한 이유를 알지 못하지만 주인공 어린 소년만은 그 이유를 알며 다음과 같은 말을 한다.

"사람은 사랑하는 사람이 자기를 없어져 줬으면 할 때 살고 싶지가 않아집니다. 돌아가신 할머니의 가족들도 말이나 눈치로 할머니가 안 계셨으면 하고 바랐을 것이 틀림없습니다."

소년은 과거 어머니에게 받은 상처로 자살 결심을 했었기에 할머니들의 상처받은 마음을 누구보다 잘 알고 있었고 삶에서 사랑이 얼마나 소중한지 어른들에게 말하고 싶어 했다.

많은 문학가와 가수, 음악가들이 사랑의 위대함과 아름다움을 노래하는 것은 사랑의 위대함을 잘 알고 있음에도 현실에서 사랑이 부족하기 때문이 아닐까. 인간은 늘 누군가를 사랑하고자 하며 사랑받기 위해 태어난 정신적인 존재이기에, 서로에 대한 사랑과 관심이 웃음을 늘릴 수 있다.

그런데 놀랍게도 삶에 사랑과 행복이 넘쳐서 웃는 것이 아니라 반대로 웃음으로써 삶에 기쁨, 사랑과 행복을 불러들일 수 있다는 이론들이 있다.

첫째, 신경 언어 프로그래밍(NLP, Neuro-Linguistic Programming)이라고 불리는 멘탈 트레이닝 기법으로, 이 이론에 따르면 마음과 생각의 힘이 실제로 일어나는 것과 비슷한 효과가 있다. 20세기에 개발된 사람의 긍정적인 변화를 이끌어내는 실용심리학의 한 분야인 NLP에서는 어떤 일을 하는 생각을 하는 것과 실제로 그 일을 하는 것은 거의 차이가 없다고 한다. 그러므로 웃음의 원천이 무엇이든 간에 우리 몸에 일어나는 생리적 변화는 똑같게 된다. 전 세계 많은 남녀 배우들이 자신이 맡은 배역에서 '감정 흉내 내기'의 효과를 경험했다. 슬픈 감정을 연기한 후에 몸이 안 좋아지는 일이 여러 차례 반복되었다. 슬픔을 연기해서 몸이 아픈 거라면 반대로 행복을 연기해서 건강해질 수 있음을 확실히 보여준다.

인간의 뇌는 상상하면 그것을 실제로 받아들이고 작용한다. NLP에서는 자신의 무의식 세계를 살펴보고 무의식 속마음 자체를 고쳐 행동까지 변화시킬 수 있다. 행복하지 않으면 행복한 사람을 흉내 내라. 그러면 행복한 사람이 될 것이다. 꿈을 생생하게 그려라. 그러면 이루어질 것이다. 의도적인 웃음도 진짜 웃음과 거의 같은 효과가 있는 것처럼 마음의 힘과 생각의 힘은 위대하다. 삶에 사랑과 행복이 넘쳐야만 웃는 것이 아니라 반대로 웃으면 행복해질 수 있다. 이 이론의 기본은 이미 많은 종교에서 말하고 있다. 불교의 일체유심조(一切唯心造), 성경의 '믿음대로 될지어다.'라는 말씀처럼 모든 것은 마음먹기에 달려있다는 것이다.

둘째, 제임스-랑게 이론이다. 윌리엄 제임스는 '행복하기 때문에 웃는 것이 아니라 웃기 때문에 행복하다.'는 유명한 말을 남겼다. 이 유명한 말 뒤에는 제임스-랑게 이론이 있다. 1984년에 제임스에 의해 처음으로 세워졌으나, 덴마크의 심리학자인 랑게가 1995년에 비슷한 학설을 독립적으로 발표하였기에 제임스-랑게 이론으로 불린다. 삶에서 기쁘면 웃음이 나오고 슬프면 눈물이 나온다고 일반적으로 생각했지만, 이 이론에 따르면 정반대로 '삶에서 웃으면 기쁜 일이 생기고 울면 슬픈 일이 생긴다.'라고 말한다. 인간은 '자극-정서-신체 변화'가 아니라 '자극-신체 변화-정서'라는 과정을 거친다는 것이다. 하버드대학 심리학과 교수였던 윌리엄 제임스는 다음과 같이 말한다.

"행동이 감정을 따라오는 것 같지만 실제로는 행동과 감정은 동시에 일어난다. 그러므로 더 직접적으로 의지의 통제를 받는 행동을 조절하면, 의지가 통제할 수 없는 감정을 간접적으로 조절할 수 있다. 그러므로 유쾌함이 사라졌을 때 유쾌해지기 위한 최고의 자발적인 방법은 유쾌한 마음을 갖고 이미 유쾌한 것처럼 행동하고 얘기하는 것이다."

이 이론은 인간을 수동적인 존재가 아니라 능동적으로 의지를 작용하여 감정을 통제할 수 있는 힘을 지닌 존재로 봤다는 데 의의가 있다. 행복은 외적인 것이 아니라 내적인 마음에서 비롯됨을 알 수 있다.

셋째, 최근 밝혀진 뇌 과학에서 이를 증명하고 있다. 즉 의도적인 웃음으로 삶에 행복과 기쁨을 증진시킬 수 있다. 뇌는 의도된 웃음과 진짜 웃음을 구분하지 못한다. 레몬을 손에 움켜쥐고 먹는 상상만으로도 입안에 침샘이 고이는 것처럼 과학자들에 의해 의도된 가짜 웃음도 진짜 웃음의 90% 이상의 효과가 있음이 밝혀졌다.

의도된 웃음도 진짜 웃음과 마찬가지로 천연 진통제 역할을 하며 면역 체계를 강화한다. 산소를 공급하여 머리를 맑게 할 뿐만 아니라 행복 호르몬 도파민과 세로토닌을 분비시켜 행복과 기쁨을 느끼게 하고, 몸과 마음을 정화시킨다.

존 아덴(John B. Arden)은 『당신의 뇌를 리셋하라!』라는 책에서 특정 행동을 생각하거나 상상하기만 해도 뇌 구조가 변화된다고 밝혔다. 예를 들어 피아노 연주자가 연주하지 않고 단지 연주하는 상상만 해도 피아노 연주에 필요한 손가락 운동과 관련된 뇌 부위에 신경가소성[4]이 초래되었다. 정신적인 훈련만 해도 뇌가 재배선될 수 있다고 말한다. 뇌는 진짜와 가짜를 구분하지 못하고 상상만으로도 진짜 효과를 가져 오기에 스포츠에서는 이 원리를 바탕으로 이미지 트레이닝을 많이 활용한다.

하루 300회 이상 웃었던 그 어린 시절로 시간을 되돌릴 수는 없지만 어린 시절의 그 천진난만함으로 돌아갈 수는 있다. 어린아이의 천진난만함을 가지고 아이처럼 이유 없이 하하하 웃어보자. 행복해서 웃는 것이 아니라 웃어서 행복한 것이다.

---

4) 신경가소성은 뇌 신경 세포를 연결해주는 수많은 시냅스의 형태가 고정된 것이 아니라, 사람에 따라 시간과 활동에 따라 얼마든지 변할 수 있다는 것을 의미한다.

웃음요가의
스트레스 해소 방법
3가지

뇌신경과학자들에 의하면 인간이 하루에 하는 5만 가지 이상의 감정을 겪고 그 중 70%가 부정적인 생각이라고 한다. 또 사람들이 걱정하는 것 중에 40%는 지나간 과거에 대한 것이며, 50%는 미래에 대한 것이며, 현재의 것은 10%에 불과하다. 그렇다면 우리 뇌 속에 부정적인 생각은 왜 생겨났을까?

우리의 뇌에서 부정적인 감정을 담당하는 부분은 두뇌 한가운데의 변연계 가장 깊숙한 곳에 자리 잡고 있는 아미그달라(편도체)이다. 분노, 증오, 슬픔, 절망, 공포 등을 담당하고 있는 편도체는 원시시대 때부터 생존을 위해 필수적으로 발달되었다. 어두운 동굴에서 잠을 자던 원시인은 작은 소리만으로도 편도체에서 본능적으로 불안을 느끼고 생존을 위해 자신을 방어했다.

시카고대학의 클링 박사는 편도체를 다친 원숭이 일곱 마리를 야생지대에 놓아주었더니 여섯 마리가 맹수에 잡아먹혔다. 즉 인간은 환경에 적응하는 동안 살기 위해 유전적으로 부정적인 부분을 담당하는 편도체 부분이 발달한 것이다. 부정적인 감정은 유전학적으로 인간의 생존과 번영을 위해 발달하게 된 만큼 우리의 부정적인 부분을 인정하고, 따뜻하게 바라보는 시선이 필요함을 알게 한다.

부정적인 생각이 들었을 때 자신을 학대하지 말아라. 괜찮다. 모든 것이 성정의 일부이며 많은 사람들이 부정적인 생각을 하며 살아간다. 자신을 너무 몰아세우지는 말고 알아차리고 자신을 사랑하라. 틱낫한 스님은 『분노 달래기 명상』에서 이렇게 썼다.

"그대의 분노를 그대의 어린 아기라고 생각해보라. 그대의 아기가 어떤 행동을 했든, 그 아기를 다정하고 사랑스럽게 대해야 한다. 어머니가 우는 아기를 달래는 것과 똑같이 어머니는 아기가 울면 팔에 안고 울게 해주면서, 그와 동시에 사랑과 애정으로 아기를 끌어안는다. 조금씩 조금씩 아기는 진정되고, 마침내는 울음을 그친다. 어머니는 아기가 울음을 그치도록 강요하지 않으며, 침착하게 애정을 담아 아기를 감싸 안는다. 그대의 분노도 이렇게 다루어야 한다. 애정과 사랑으로."

하버드대학의 뇌과학자 질 볼트 테일러 박사는 부정적인 감정이나 생각을 조용히 주시하는 것만으로 부정적인 감정이나 생각이 90초 이내에 식어버린다고 말한다. 우리가 화를 내는 순간 스트레스 호르몬이 온몸의 혈관을 타고 퍼져나가는데, 90초가 지나면 저절로 완전히 사라지기 때문이다. 하지만 부정적인 생각이 들었을 때 더 화를 내게 되면 뿌리 없는 나무에서 활활 타오르는 불길처럼 몸에 해롭다고 말한다. 마음 챙김 명상 프로그램 MBSR을 개발한 미국 매사추세츠대학 의과대학 존 카밧진 박사는 부정적인 감정이 소용돌이 칠 때 조용히 주시하노라면 우리 두뇌가 만들어내는 소용돌이의 경이로움을 느낄 수 있다고 한다. 불교에서는 화를 터트리면 업이 되고 참으면 우울증 화병이 되며 알아차리면 사라진다고 이야기한다.

내 본연의 '나'가 아닌 에고의 '나'가 부정적인 감정에 휩싸여 있는 것임을 알아차려라. 우리의 영혼은 상처받지 않는다. 부정적인 감정이 내가 아님을 알아차리고 흘려보낸다. 때로는 어린아이를 달래듯 애정과 사랑으로 자신의 분노와 화를 달래야 한다. 그렇다면 웃음요가에서 부정적인 감정을 정화하는 방법으로 무엇을 제시할까? 웃음요가에서 슬픔, 화 등의 스트레스에서 벗어나는 방법으로 세 가지를 제시한다.

첫째, 웃음을 선택한다. 부정적인 생각을 긍정적인 생각으로 바꾸는 손쉬운 방법 중 하나가 웃음이다. 아픈 날에 함께한 웃음요가는 더 가치를 발휘한다. 정말 아픔이 가시고 밝음이 그 자리에 대신한다. 오늘은 웃을 수 있을까, 의아심이 들다가 웃음요가클럽에 가면 그 순간 웃음에 집중하게 되고, 웃음이 가져다주는 그 밝음과 기쁨으로 부정적인 에너지가 사라진다.

웃으면 기분과 감정을 조절하는 행복 호르몬 세로토닌을 분비시켜 행복감을 높여주고, 정신 건강을 좋게 하기 때문이다. 또한 웃음은 산소 공급을 2배 이상 증가시켜 머리와 신체를 맑게 하고 면역 체계를 강화하며, 모르핀보다 통증을 경감시키는 효과가 200배 강한 천연 진통제인 엔도르핀, 엔켈팔린 등의 호르몬을 분비시켜 스트레스를 해소시킨다. 웃으면 몸과 마음이 정화된다.

둘째, 웃음요가는 명상이 함께해서 더 풍요로워진다. 춤 명상, 요가 니드라, 만트라, 침묵 명상, 음식 명상 등 다양한 명상 프로그램이 있다. 명상은 과거의 아픔이나 후회, 현재에 대한 화, 절망, 미래의 불안, 걱정으로 마음이 따라가는 것을 멈추도록 돕는다. 웃음요가의 다양한 명상은 집중력을 향상시키고 면역세포를 활성화시키며 스트레스를 관리하여 건강하고 평화롭게 살아가는 데 도움을 준다.

셋째, 요가의 호흡을 통해서 자신을 정화하는 방법을 안내한다. 우주의 에너지 프라나, 깨끗한 산소가 내 몸을 건강하게 한다고 생각하고 깊이 있게 숨을 들이마시고 근심, 걱정, 스트레스를 호흡을 통해 우주의 빈 공간으로 내쉬다 보면 어느덧 마음이 차분하게 가라앉고 몸이 정화된다. 구체적으로 요가의 호흡법 중 5가지 호흡법을 안내한다.

한국노랫말연구회에서는 슬픈 노래를 부른 가수들은 일찍 죽거나 슬픈 운명의 길을 걷는다는 사실을 발표했다. 대부분의 슬픈 노래를 불렀던 가수는 슬픈 삶을, 행복한 노래를 부른 가수는 행복한 삶을 살았다고 한다. 미국 캘리포니아대학의 연구에서는 슬픈 연기를 오래 한 배우일수록 우울증과 같은 정신 질환에 걸릴 확률이 높아진다고 밝혔다. 슬픈 배역에 맞게 표정관리를 하느라 일반 사람들에 비해 웃을 기회가 적은 것이 그 원인으로 분석된다. 슬픈 영화에 출연했던 배우들이 그 역할을 한 후에 한동안 우울감에서 벗어나지 못했다는 사례는 전 세계적으로 많다.

우리는 의식적으로 말과 행동으로 행복하기를 선택해야 하며, 웃음을 선택하기 위해 노력해야 한다. 사랑은 나에게서부터 시작되며 웃음도 나로부터 시작된다. 내가 나 자신을 사랑하는 법은 웃음이다. 나 자신을 위해 웃는 것이다. 그리고 그 웃음은 파도가 되어 다른 사람들을 웃게 하고 세상을 밝히는 빛이 된다. 소중한 그대여 마음껏 웃자. 웃음으로 행복하기를 선택하자.

화는 독약,
웃음은 스트레스 치유약

영국에서는 웃음의 효능을 알아보기 위해 분노부터 연구했다. 화를 내는 것이 인간에게 얼마나 해로운가를 실험한 것이다. 이에 따르면 화를 낸 사람이 내쉰 숨을 액체질소로 급랭시켜본 결과 노란색의 독소 액체가 나왔고, 이런 날숨 1시간 분량의 독소는 80명의 사람을 죽일 수 있다고 한다.

메사추세츠대학의 진 킹 교수 역시 만성적 스트레스는 속도가 느린 독약과 같다고 밝혔다. 그는 스트레스가 위장궤양, 만성적 두통, 무기력증을 일으키고 병균을 막는 항체의 능력을 저하시킨다고 연구 발표를 하였다. 진 킹 교수는 매일의 스트레스에 대한 반응으로 분비되는 생화학적 물질은 몸 전체를 서서히 죽이는 결과와 같은 후유증을 동반한다고 밝혔다. 스트레스로 분비되는 화학물질은 특히 우리 몸의 방어체제를 구축하는 면역 체계를 약화시키고, 그 결과 암이나 각종 질병의 발병요인이 된다.

미국 스트레스 연구소의 발표에 따르면 병원에 입원하는 환자의 75~90%는 슬픔, 불안, 분노, 고독감 혹은 공포감 등과 같은 나쁜 마음이 그 원인이라고 했다. 워싱턴 의과대학의 토머스 홈스(Thomas Holmes)는 스트레스를 점수화하는 방법을 고안한 다음 이들 스트레스 점수와 질병의 발생 간의 관계를 연구했다. 그 결과 스트레스 점수가 200점 이하인 사람에서는 12개월 이내에 질병이 9%만이 발병한 데 비해, 스트레스 점수가 300점 이상인 경우에는 같은 기간에 49%가 발병했다고 보고했다.[8] 스트레스로 분비되는 호르몬 코르티솔은 소화기관과 폐를 갉아먹고 위궤양과 천식을 일으킨다. 그리고 심장 기능을 악화시켜 동맥경화나 뇌졸중 및 각종 심장질환을 일으킨다.

스트레스를 어떻게 다루느냐에 따라 삶의 질이 달라질 것이다. 서양 의학의 아버지 히포크라테스는 '사람은 누구나 스스로 치유할 힘을 가지고 있다.'고 하였다. 세상에 많은 치유법이 있지만 그중 웃음요가는 스스로 치유할 힘과 방법을 안내함으로써 자신을 정화하고 병에서 벗어날 수 있도록 돕는다. 웃음은 누구나 할 수 있는 가장 경제적이고 효과적인 치유법이다. 그렇다면 웃음이 구체적으로 어떻게 스트레스 해소에 기여할 수 있을까.

첫째, 웃음은 혈액 내 스트레스 호르몬인 코르티솔을 분해하여 소변으로 배설되도록 돕는다. 그래서 웃으면 몸이 개운해지며 몸과 마음이 연결되어 있기에 마음까지 밝아지게 된다.

둘째, 15초 이상 길게 웃으면 쾌락 호르몬인 도파민이 분비된다.

웃음은 우리의 쾌감 중추를 자극하여 즐거움과 들뜬 기분을 안겨준다. 도파민은 웃음뿐 아니라 사랑에 빠졌을 때 관여하는 호르몬이기도 하다. 도파민은 행복감, 만족감, 쾌감을 전달하는 신경전달물질로 부족할 경우 우울증, 파킨슨병이 나타나기도 한다. 웃으면 뇌가 도파민의 수치를 높임으로써 쾌감을 느끼게 되고 기분을 좋게 하여 스트레스를 해소시킨다.

셋째, 소리 내어 웃었을 때는 행복과 안정을 주는 신경전달물질인 세로토닌을 분비시켜 스트레스를 줄여준다. 세로토닌은 미움, 공격성, 폭력성, 중독성, 우울감 등의 격한 감정을 조절해 평상심을 유지하게 해준다. 또한 세로토닌은 일상에서 감동과 생기, 의욕을 불러일으키고 편안하고 평온한 행복감을 느끼게 만드는 행복 호르몬이다. 신체에 세로토닌 수치가 낮은 사람들의 경우 감정이 불안정하고 우울감에 빠지기 쉬우며 충동적이고 자살 위험이 높다. 수면 장애가 나타나고 식욕이 왕성해져서 비만이 될 가능성이 있다고 밝혀졌다.

세계적으로 많이 사용되는 우울증 치료제인 SSRI(Selective Serotonin Reuptake Inhibitor)은 세로토닌을 뇌 내 시냅스에서 선택적으로 올려줌으로써 몸속의 세로토닌의 수치가 떨어지지 않게 해준다. 그 밖에도 이 약은 우울증을 비롯해 강박증, 충동, 폭력성, 섭식장애, 중독, 공황 장애, 만성 피로 등의 약제로 쓰이는데, 신경증의 주류를 이루는 이들 병은 모두가 세로토닌 부족이 주된 원인이다.[h] 웃으면 우울감을 없애주고, 행복감을 느끼게 해주는 천연 호르몬 세로토닌이 자연 분비되기에 스트레스가 사라진다. 웃음은 곧 행복 호르몬을 분비시켜준다.

넷째, 웃음은 산소공급으로 신체를 건강하게 하게 한다. 현대인들은 스트레스에 따른 흡연, 음주 습관, 인스턴트 식품 등의 섭취로 몸 안에 산소부족을 증가시켜 피곤한 삶을 살고 있다. 그런데 웃으면 산소 공급량이 2배로 늘어남으로써 뇌를 비롯한 신체를 건강하게 만든다. 불안, 놀람, 긴장, 초조, 짜증이 날 때 교감신경을 자극하여 심장을 상하게 하는 등 해를 끼치지만 웃음은 복식호흡과 마찬가지로 부교감신경을 자극해 심장을 진정시키고 몸을 안정시켜 준다. 웃음은 분노, 긴장, 스트레스를 완화해준다.

마지막으로 웃음은 좋은 인간관계를 맺을 수 있도록 도움으로써 스트레스를 덜어준다. 현대인의 대부분 스트레스의 원인이 인간관계에서 비롯될 것이다. 웃음은 전염성이 강하여 어색했던 분위기를 자연스럽게 만들고 서로 친밀감을 형성하게 한다. 웃음으로서 원활한 인간관계를 맺도록 도와줌으로써 스트레스의 간접적인 원인인 관계에서 오는 문제를 해결해줌으로써 건강한 삶을 살도록 도와준다. 특히 웃음요가클럽은 서로가 웃음으로 하나됨을 체험하게 함으로써 소외감, 고립감 등 관계에서 오는 고통에서 벗어나도록 돕는다. 전 세계적으로 웃음요가클럽이 노년층의 참여가 많은 것도 이 관계에서 오는 문제를 해결하는데 웃음이 큰 역할을 하기 때문이다.

웃음은 죽음에서
자신을 살린 방탄조끼!

 1 웃음치료의 아버지, 웃음으로 강직성 척추염을 극복하다

　1915년 미국 뉴저지에서 태어난 노먼 커즌스는 웃음치료의 선구자로 강직성 척추염이라는 불치병을 웃음으로 극복하여 세계적인 주목을 받은 사람이다. 노먼 커즌스는 컬럼비아대학을 졸업하고 〈뉴욕이브닝포스트〉 기자로 활동했으며, 〈새터데이리뷰〉의 편집장으로 있으면서 이 잡지를 미국 최고의 서평지로 만들었다. 30년 이상 편집장과 발행인을 역임했으며 미국 UCLA 의과대학 교수 및 평화운동가, 환경운동가로서 전 세계를 오가며 활동했다. 강직성 척추염을 웃음으로 완치하여 의학계는 물론 일반인들에게 큰 영향을 미쳤다.

　1964년 7월 노먼 커즌스는 문화교류 문제를 논의하기 위해 미국 대표단의 의장 자격으로 아내와 함께 소련에 가게 되었다. 그가 머물

렸던 모스크바 호텔 방 2층에는 매일 밤 디젤 트럭이 밤낮을 가리지 않고 근처 건설 단지로 왕복하고 있었는데, 그는 여름이라 매일 밤 문을 열고 불편하게 잠을 잤다. 설상가상으로 모스크바에서의 마지막 날, 그는 공항에서 큰 제트 비행기가 활주로를 이륙하면서 뿜어내는 배기가스를 바로 아래에서 맡게 되었다. 그 결과 노먼 커즌스는 호텔과 공항의 디젤 배기가스에서 나오는 탄화수소에 노출되어 중금속에 중독되었고, 미국에 돌아온 직후 사지가 뒤틀려서 움직이지 못하는 강직성 척추염에 걸리고 말았다.

왜 함께 여행한 아내는 병에 걸리지 않았을까? 함께 배기가스를 맡았던 아내는 아무 이상이 없는 것을 노먼 커즌스는 심각하게 고민했다. 그는 10년 전 부정적인 정서가 신체 화학에 미치는 부정적인 효과들을 자세히 서술한 한스 셀리의 『삶의 스트레스』라는 책을 떠올렸다. 그는 자신이 스트레스로 인해 면역 체계가 떨어지고 부신피로가 극에 달해 신체의 저항력을 모두 잃었기에 병에 걸렸다고 확신하게 되었다. 즉, 자신의 스트레스와 부정적인 정서가 병을 불러일으켰다고 생각하고 그는 다음과 같은 가설을 세운다.

'그렇다면 긍정적인 정서는 어떠한가? 만일 부정적인 정서가 신체에서 부정적인 화학적 변화를 가져온다면, 긍정적인 정서는 긍정적인 화학적 변화를 가져오지 않겠는가? 사랑, 희망, 믿음, 웃음, 확신, 그리고 살려고 하는 의지는 치료적인 가치를 가질 수 있는가? 화학적 변화는 단지 나쁜 쪽으로만 일어나는가?' 하고 궁금해 했다.

그는 친구인 핫지그 박사에게 병이 완전히 회복될 가능성이 얼마냐고 물었다. 핫지그 박사는 치유될 가능성이 500명 중 1명뿐이라고 사실대로 말하였다. 그러나 노먼 커즌스는 포기하지 않았다. 스트레스를 포함한 부정적인 정서가 면역 체계를 약화시켜 병을 가져왔다면, 반대로 긍정적인 정서로 병을 완치할 수 있다고 굳게 믿고는 스스로 자신의 병을 치유하기로 결심했다. 그 500분의 1의 주인공이 되기 위해 적극적으로 자신의 병을 치유해야만 했다.

당시 노먼 커즌스는 강직성 척추염의 진단을 받고 하루에 아스피린 26정과 페닐부타존 12정 처방을 받고 있었는데, 온몸에 발진이 생겨 수백만 마리의 불개미가 피부를 물어뜯고 있는 것처럼 고통을 느꼈다. 처음 의사가 처방한 약을 중지한 후에는 척추의 모든 뼈와 신체의 모든 관절이 마치 트럭에 치인 것처럼 아픔을 느껴야 했다.

그러나 '웃음은 명약이다.'라는 고대의 이론을 떠올리고 적극적으로 웃음을 선택했던 그는 10분간 배를 움켜쥐고 웃게 되면 진통 효과가 있으며, 적어도 2시간 정도의 통증 없이 수면을 취할 수 있다는 즐거운 발견을 하게 되었다. 그는 웃음과 낫는다는 믿음으로 자신을 적극적으로 치료하기로 결심했다. 웃음이 다른 사람에게 방해되는 것을 막기 위해 병실이 아닌 호텔 방으로 거처를 아예 옮기고는 웃음을 주는 몰래카메라 및 유머집, 코미디 영화 등을 집중적으로 보면서 웃음을 병 치료에 적극적으로 활용하기 시작한다.

2 **웃음은 죽음에서 자신을 살린 방탄조끼!**

　노먼 커즌스는 웃음뿐 아니라 비타민을 자신의 몸에 직접 투여를 했다. 10g으로 시작된 아스코르빈산(비타민 C, 나중에 알고 보니 류머티즘 관절염의 원인이 바로 혈중 비타민 C의 저하였다)을 하루에 4시간 간격으로 투여하기 시작하여 마침내 25g을 음식이 아닌 아예 주사로 투여하기 시작했다. 그러는 동안 날마다 웃음도 총력을 다해 웃어서 약물과 수면제를 모두 끊고 통증이 없이 그는 잠을 점점 더 길게 잘 수 있었다. 8일 후에는 통증 없이 엄지손가락을 움직일 수 있었고, 목 주변이나 손등에 자갈처럼 돋아 난 결절도 훨씬 작아진 듯 보였다. 100% 회복할 수 있다는 긍정적 믿음과 웃음, 비타민 처방을 했던 그는 모두가 불가능하다고 말했던 병을 결국 극복하였다. 그것은 하나의 기적이었다.

　노먼 커즌스는 이 경험을 통해 웃음과 긍정성이 자신을 살렸으며 웃음은 죽음에서 자신을 살린 방탄조끼였다고 밝혔다. 또한 이 병을 경험하면서 그는 다음과 같은 결론을 내렸다. 첫째, 살려는 의지는 병을 완치하는 데 너무나도 중요하다는 사실이다. 둘째, 의사의 가장 큰 임무는 환자의 살려는 의지와 환자가 신체 및 마음의 모든 자원을 질병과 싸우는 데 동원할 수 있도록 고무시켜 주어야 한다는 점이다. 셋째, 노먼 커즌스는 설령 눈앞에 캄캄할 정도로 절망적인 상황이라 하더라도 인간의 몸과 마음이 본래 갖추고 있는 재생능력을 과소평가해서는 안 된다고 강조한다. 인간의 정신과 육체에는 선천적으로 완전하게 하는 능력과 재생능력이 갖춰져 있기 때문이다.

노먼 커즌스로 인해 주목받기 시작한 웃음치료는 현재 의학계에
인정을 받으면서 전 세계적으로 전파되었으며 과학적으로 전문화되
고 있다. 우리나라에서도 병원뿐 아니라 학교, 관공서, 지역 도서관
프로그램, 복지 프로그램으로 누구나 손쉽게 웃음치료를 접할 수 있
다. 노먼 커즌스의 이 경험은 후에 웃음요가의 탄생에도 영향을 미치
게 된다.

웃음요가가 아이들에게
미치는 영향

현대인은 하루 평균 15회 웃고 6살 어린 아이는 300~400회 웃는다고 하는데, 그렇다면 청소년기의 아이들은 어떨까. 과연 학생들은 정말 잘 웃을까.

웃음을 잃어가는 아이들이 늘고 있다. 청소년 자살률은 10년 사이 57%가 증가하여 증가율이 OECD 2위라고 한다. 많은 청소년들이 성적 비관, 따돌림, 가정불화 등의 이유로 자살을 선택한다. 행복하지 않은 아이들이 늘고 있다. 가정불화, 비교와 경쟁, 입시에 시달리는 아이들. 경제적·사회적 성공에만 가치를 두는 사회적인 분위기에 어른뿐 아니라 아이들이 아파하고 있다.

그럼에도 이를 극복하고 아이들을 행복하게 만들기 위해서 다양한 노력이 이루어지고 있다. 실례로 인생을 어떻게 살아야 할 것인가에 대한 물음이 학교에서도 이루어지고 있다. 서울대학 행복연구센터를 중심으로 공교육에서 '행복수업'을 통해 인생에서 어떻게 살아야 행복할 수 있는지를 전달하고 있는 것이다. 수업을 통해 아이들에게 뒤센 스마일과 웃음의 가치, 긍정적 세상으로 삶을 보는 프레임 등 다양한 행복의 요소를 안내할 수 있어 다행이지 싶다.

수업 시간과 웃음동아리 시간에 잠시 시간을 내어 웃음요가를 안내한다. 아이들에게 웃음을 습관화시키고 입꼬리를 업시키며 호흡을 알아차리게 한다. 목마를 때 찾아 마시는 오아시스 샘물이 바로 내 안에 있음을, 잠시나마의 명상을 통해 아이들에게 안내한다.

웃음리더를 1년 동안 시켰더니 평균 10점이 올랐다는 아이가 있었다. 웃음을 통해 리더십을 키우고 친구들에게 인정받으며 자연스럽게 행복한 학교생활을 한 결과 10점이 올랐다. 물론 그 학생의 긍정성과 끊임없는 노력이 밑받침되었겠지만 웃음교육을 한 나에게는 참으로 기쁜 일이었다.

웃음요가 수업을 매번 아이들이 만족스러워 하는 것도 모든 학생들이 좋아하는 것도 아니지만 그럼에도 아이들은 배우게 될 것이다. 삶에서 남을 배려하면서 지내라는 당연한 가르침처럼 웃으면서 즐겁게 지내야 함을. 내가 사랑하는 아이들이 그 빛나는 시절 더 웃으며 밝게 자랐으면 하는 바람이다.

웃음수업을 하는 것은 많은 에너지를 요한다. 교실 수업이 소란스러울 수 있고 통제력을 잃고 자칫 산만해질 수도 있다. 그러나 아이들의 함박웃음이 까르르 터지면 교실은 한순간 밝아지고, 나는 그리도 행복해진다. 그 밝은 미소를 사랑한다. 자유로운 영혼을 지닌 아이들이 좁은 공간에서 하루종일 책을 보느라 힘들었을 텐데 잠시나마 웃음을 통해 자유로워지고 행복해지기를 꿈꿔본다. 곧 잊어버리겠지만 아이들은 알 것이다. 웃는 것이 삶에서 아름다운 일임을, 행복해서 웃는 것이 아니라 웃어서 행복한 것임을. 내가 그 노력과 시도를 하듯이, 아이들도 힘든 역경 속에서도 웃음을 잃지 않고 지혜로운 삶을 살아가기를 바라본다.

그렇다면 웃음요가는 아이들에게 어떠한 효과를 가져다줄 수 있을까. 웃음과 명상이 학생들에게 가져다주는 효과를 정리하면 다음과 같다.

- 웃음수업은 학생들에게 긍정성을 심어줌으로써 우울증을 예방한다. 최근 1년간 우울증을 경험한 중고생 38%, 심각하게 자살을 생각한 적이 있는 학생이 18%로 나타났다. 웃음수업은 어린 시절의 긍정성과 낙관성을 심어줌으로써 인생 전반기를 긍정적으로 살아갈 기반을 닦아준다.

- 스트레스를 해소시킨다. 쾌락 호르몬인 도파민과 감정을 조절하는 행복 호르몬 세로토닌을 분비시켜 스트레스는 줄여주고 기분을 좋게 하며 행복감을 높인다. 즐겁게 학교생활을 하는 데 도움을 줄 수 있다.

- 면역 체계를 강화시켜 줌으로써 건강을 돕는다. 크게 웃으면 자연살상세포인 NK세포의 수가 늘어나 암세포를 없애고 인체의 면역력이 높아지게 된다.

- 웃으면 머리에 산소 공급량이 2배로 증가하기에 머리가 좋아지고 기억력이 향상되며 학업성취도가 향상된다.

- 자신감을 형성시켜주며 친구와 원만한 교우관계를 맺는 데 도움을 준다. 놀랍게도 어른과 마찬가지로 웃는 아이들 곁에는 학생들이 모여든다. 웃음수업은 마음을 열게 하고 함께 웃으면 기쁨을 느끼기에 친구들과의 좋은 관계를 맺도록 돕는다.

- 인지적 발달을 돕고 학생들의 자긍심을 계발시킨다.

- 긴장완화 수준을 증가시키고 신경과민과 무대 공포증을 감소시킨다. 발표 및 운동 경기에 임할 때 긴장을 완화시키는 데 도움을 줄 수 있다.

- 웃음과 명상은 집중력을 향상시킨다. 보편적으로 어린이는 7분, 중고등학생은 10분, 성인들은 15분 이상 집중하기가 힘들다고 하는데 웃으면 알파파가 증가하여 기억력과 집중력을 높여준다. 그리고 명상은 기본적으로 호흡을 바라보는 집중의 힘에서 나오기에 학습의 집중도를 높여서 성적 향상에 도움을 줄 수 있다.

- 명상을 통해서 스스로 스트레스를 치유하고 건강한 생활을 하도록 돕는다.

웃으면 당신의 유전자가
꽃을 피운다

명상, 웃음요법을 비롯한 다양한 심리적 훈련이나 심리 치료, 심리 상담을 받게 되면 유전자를 비롯한 뇌의 기능과 구조가 바뀔 수 있고, 또 뇌가 바뀜에 따라 뇌의 지배를 받는 신체 부위의 기능도 바뀌고 질병도 치유될 수 있다는 증거가 늘고 있다. 아인슈타인의 "우리는 아직 자연이 우리에게 보여 준 것을 0.0001%도 알지 못한다."는 말처럼 인간의 잠재적 가능성과 마음의 힘이 무한함을 의미한다.

유전자는 아버지와 어머니에게 얻은 것이지만 태어나서 죽을 때까지 변하지 않는 숙명인자는 아니다. 지금 이 순간에도 몸속에서 유전자가 쉴 새 없이 활동하고 있고 많은 유전자가 잠을 자고 있다는 사실이 밝혀졌다. 그중 좋은 유전자의 스위치를 온(on)으로 하고 활동하고 있는 나쁜 유전자를 오프(off)로 할 수 있다면 인류의 가능성이 몇 배로 증가할지 모를 일이다. 실제로 새롭게 대두된 후생유전학 (Epigenetics)에서는 우리의 경험, 행동, 선택된 생활방식, 태도 등이 염색체에 있는 어떤 유전자에 영향을 미치는지를 밝히고 있다. 명상신경과학에서는 명상수련을 장기적으로 한 수련자의 뇌에서 그전에는 없던 신경패턴을 만들어냄을 증명하고 있다.

2008년 하버드대학에서 행한 한 연구 결과, 명상이 유전자 단계에까지 영향을 미치는 것으로 밝혀졌으며, 왜 명상이 건강에 그토록 크게 영향을 미치는지에 대한 해답의 실마리가 제시되었다. 이 연구에 참여한 20명의 지원자들은 8주 동안 명상, 요가, 기도, 호흡 운동, 태극권, 기공, 이미지 힐링 등 다양한 심신 이완 기법을 훈련받았다. 지원자의 혈액 유전자 분석을 한 결과 훈련을 받은 후에 1,561개의 유전자가 다르게(스위치가 커지거나 꺼지는 식으로) 나타났다. 특히 874개 유전자는 더 밝아졌는데 불과 8주 만의 일이었다. 장기간 심신 이완 기법을 수행해 온 사람들은 2,209개의 유전자가 다르게 영향을 받은 것으로 밝혀졌다. 영향을 받은 유전자는 대부분 신체가 산화 스트레스에 반응하는 데 관여하는 유전자였다. 산화 스트레스는 정신적, 정서적으로 압박을 받았을 때 발생하는 스트레스인데 다양한 질병에 부정적인 영향을 준다. 따라서 긴장 완화 기법이 다양한 질병에 긍정적인 효과가 있는 것으로 볼 수 있다.[i]

위스콘신대학 리처드 데이비슨과 매사추세츠 의과대학병원의 존 카밧진 교수는 달라이 라마와 명상수련을 하는 티베트 승려들을 관찰했다. 명상 수행을 하는 티베트 승려들은 좌반구의 전전두엽 활동이 우반구의 전전두엽보다 우세해졌다고 밝혔다. 좌측 전전두엽은 행복이나 기쁨, 낙천성, 열정과 관련된 뇌의 부위이다. 명상 수행을 많이 한 경우 내적인 강인함과 지혜를 지녔으며 행복감을 더 쉽게 느끼는데 그 이유를 뇌의 변화를 통해 증명해내고 있다. 이미 미국에서는 심리 치료가의 40% 이상이 명상을 적용해서 사용하고 있다.

『유전자 속의 지니』를 쓴 도슨 처치 박사에 따르면 인간은 유전자 마술 램프의 지니를 불러내고 마음껏 소원을 말할 수 있다. 그는 인간의 건강과 수명, 행복은 유전자보다 우리의 의식-믿음, 기도, 생각, 신념 등과 훨씬 더 밀접하게 연관되어 있다고 말한다.

그런데 웃음도 우리 몸의 유전자도 바꾼다는 놀라운 사실이 밝혀졌다. 유전자 연구 분야의 권위자인 쓰쿠바대학의 무라카미 가즈오 교수는 실험을 통해 웃음이 유전자를 바꾼다는 사실을 입증해서 전 세계 학계를 놀라게 했다. 그는 논문을 미국 당뇨병학회지에 5월호에 투고했고 이 사실은 〈로이터통신〉, 〈워싱턴포스트〉, 〈뉴스위크〉를 거쳐 세계로 송신되었다. 2만 1,500개의 사람 유전자 중에서 웃기 전후를 비교한 결과 웃은 후에는 23개의 유전자가 활동(on)했다. 처음으로 웃음에 의해 23개의 유전자 스위치가 켜지는(on) 현상을 입증하였다.

웃음은 유전자까지 바꾸는 힘을 가졌다. 웃음이 신이 인류에게 선물한 치유 능력임을 과학적으로 밝혀내고 있는 것이다. 가즈오 교수는 웃음뿐만 아니라 긍정적인 마음이 유전자에 미치는 영향 또한 연구 중이다. 웃음이 유전자를 바꾸었으니 긍정적인 마음 역시 유전자를 바꾼다는 연구 결과가 더 많이 나오길 기다려본다. 유전자가 바뀐다는 것은 내 삶의 방식, 질이 더 풍요롭고 아름다워짐을 뜻하리라.

　웃으면 당신의 유전자가 좋게 변한다. 우리는 누구든지 훌륭한 유전자를 가지고 자기 꽃을 피우기 위해 태어났다. 우리는 모두 너무나도 사랑스럽고 그 자체로 아름답다. 잠들어 있는 유전자 스위치를 켜서 풍요로운 삶을 사는 것, 나 자신이 원하던 삶을 사는 것이 필요하다. 나무는 생긴 그대로 자기를 만끽하며 뽐낸다. 안개꽃은 장미꽃을 부러워하지 않는다. 담대함을 지니고 자신이 원하는 삶을 살아야 함을, 자신만의 향기를 피우는 꽃들처럼 자기만의 꽃을 피우면서 행복하게 살아야 함을 연구 결과를 통해 다시금 느낀다. 지금 당신은 어떤 꽃으로 피어나고 있는가.

꽃은 다른 꽃과 경쟁하지 않습니다.

꽃은 다른 꽃을 부러워하지 않습니다.

제 빛깔의 아름다움에 취해서

스스로 향기롭게 꽃을 피웁니다.

그저 하늘 향해 초록 싹을 틔운 후 아름답게 제 빛깔로 피어납니다.

소중한 그대여

제 빛깔과 고운 향기를 지닌 그대여

아름답게 활짝 피어나라.

웃음과 명상의
공통적인 뇌파,
알파파

"어? 웃음센터가 어디 있지? 여긴가~어어어, 여기
있다! 하하하하"

웃음요가 웃음법 중에 웃음센터 웃음이 있다. 손가락으로 머리를
만지면서 웃음센터를 찾다가 한 곳을 짚고 찾았다면서 하하하 웃는
웃음법이다. 그렇다면 정말 웃음센터는 어디에 있는 것일까?

웃음은 뇌와 관련이 있다. 1989년 UCLA대학병원 프리트 박사는
어느 소녀의 간질 치료를 하던 중 웃음보(웃음 중추)를 발견하였다. 인
공 뇌파 장치를 하고 검사를 하던 중 왼쪽 뇌의 중상위 부분이 뇌파
의 자극을 받게 되면 웃음보가 터졌다. 대뇌 즉 좌뇌에서 4㎠의 웃
음보를 발견하는 쾌거를 얻었다. 이 웃음보는 이성적 판단을 주관하

는 전두엽과 감정을 주관하는 번연계가 겹치는 A10 영역으로 도파민이 가득 차 있다. 이곳을 자극하자 우습지 않은 상황에서 웃음을 터트렸다. 뇌파를 약하게 자극하면 미소가, 좀 더 강하게 자극하면 폭소가 터졌다.

최근에는 웃음보의 뇌세포가 활성화되면 판단하고 추리하고 의사결정하는 뇌 영역까지 그 활동이 전달되어 판단과 추리, 의사결정, 학습효과가 원활하게 이루어진다는 연구 결과가 잇달아 보고되고 있다.

요미우리 텔레비전의 〈원더존〉이라는 프로그램에서 '웃음'이라는 특집을 편성해 실험했다. 사람들에게 뇌파 측정기를 부착하고 실험을 했더니 처음에는 긴장해서 그런지 베타파가 나왔고 손바닥에 벌레를 놓았을 때는 깜짝 놀라서 감마파(공포와 분노의 뇌파)가 나왔다. 그런데 실험실 안에서 재미있지도 우습지도 않은 상태에서 계속 그냥 웃기만 했는데 뇌파는 결국 알파파로 바뀌었다.[j] 웃으면 알파파가 나와 뇌도 최상의 안정 상태를 유지하게 된다.

뇌파는 크게 감마파, 베타파, 알파파와 세타파, 델타파의 5종류가 있다. 심신이 안정된 상태, 명상할 때 그리고 참선할 때의 뇌파 상태는 알파파가 증가한다. 이때 바로 공부를 하면 집중력과 기억력 사고력, 이해력이 향상된다.

스포츠 선수는 자신을 알파파로 이끌기 위해서 호흡법 등의 트레이닝을 한다. 호흡법에 의해 마음도 신체도 최고의 상태로 만들기 위해서인데, 나아가 미드 알파파라 불리는 10~12Hz 상태가 되면 자기 신기록과 세계 신기록이 나오는 등 자신의 잠재능력 발휘도 기대할 수 있다.

웃음요가에서는 다양한 호흡법을 안내하는데, 복식호흡은 특히 뇌파가 알파파 상태로 들어가게 되면서 마음이 안정되도록 돕는다. 인간관계에서도 알파파일 때 마음도 신체도 편안해서 여유 있는 태도로 상대를 대할 수 있다. 명상하는 동안은 불안정한 베타파에서 곧바로 잔잔한 알파파로 느려지며, 깊은 명상 중에는 알파파는 더욱 느리고 강력한 세타파로 바뀐다. 명상이 최고로 더 깊어지면 델타파가 된다(명상의 뇌파: 알파파-세타파-델타파). 델타파는 일반인들에게 깊은 수면의 상태이나 명상할 때에는 우주 의식과의 합일이 이루어진다.

웃기만 하면 엔도르핀, 도파민, 세로토닌 등의 호르몬 작용으로 건강이 지켜질 뿐 아니라 몸과 마음이 조화로운 상태인 뇌파, 알파파가 나온다니 많이 웃어야 함을 의미한다. 명상하면 스트레스를 이완시키는 알파파뿐만 아니라 창조력과 학습능력을 결정하는 세타파가 분비됨으로써 명상의 과학적 효과가 뇌파로도 입증되는 셈이다. 반대로 우리가 화를 낼 때, 불안하고 초조할 때는 베타파가 자주 나와 병과 노화가 촉진되며 몸이 무겁고 피곤해짐을 알아차리자.

뇌파의 유형

1초에 몇 번이나 파동이 생기는가를 측정하여 Hz라는 단위로 구분

- 감마파(30~50Hz): 극도의 스트레스와 흥분상태에서 나타남.
- 베타파(14~30Hz): 정상적인 인지 기능이나 불안과 흥분 또는 긴장과

관련되어 있는 각성상태의 뇌파임. 지속될 때는 판단력과 집중력을 떨어뜨림.

- 알파파(8~14Hz): 긴장이 완전히 이완되었을 때 나타나는 뇌파. 스트레스 해소 및 집중력 향상에 도움이 됨. 알파파를 명상파라고도 하는데 의식이 높은 상태에서 몸과 마음이 조화를 이루고 있을 때 발생하는 뇌파.

- 세타파(4~7Hz): 얕은 수면 상태에서는 알파파보다 더욱 느린 세타파가 발생함. 세타파는 지각과 꿈의 경계상태로 불리며, 창조력과 학습능력을 결정함.

- 델타파(0~4Hz): 잠들어 있거나 또는 무의식 상태일 때 발생되는 뇌파. 델타파 상태에서 많은 양의 성장 호르몬이 생성됨.

웃음은
천연 진통제!

웃음은 천연진통제인 엔도르핀을 생성시키는 가장 효과적인 촉진 제이다. 우리가 웃었을 때는 우리의 체내에서 모르핀보다 수백 배 강한 엔도르핀이 생성되어 고통 속에서 우리를 보호해준다. 웃으면 뇌에서 베타 엔도르핀이라는 쾌감물질이 대량으로 분비되고 그것이 NK세포를 대량증식, 활성화시킨다. 웃음으로 NK세포가 최대 6~7배 증가하는데, NK(Natural Killer)세포는 바로 암세포를 죽이는 자연살해 세포로 밝혀졌다. 웃으면 암을 치료하는 구조이다. 노먼 커즌스가 웃음으로 강직성 척추염을 이겨낼 수 있었고, 실컷 웃고 난 후에야 고통을 잠시나마 잊고 잠이 들 수 있었던 이유가 웃음에 천연진통제인 엔도르핀과 엔케팔린 호르몬을 분비시키기 때문이다. 의도적인 웃음도 15초 이상 길게 웃으면 이 호르몬이 분비되어 같은 효과를 본다.

그럼 우리가 많이 알고 있는 엔도르핀과 엔케팔린은 무엇일까? 1975년 영국의 에버딘학교 생화학자 한스 코스터리츠 박사는 뇌에서 생성되는 엔케팔린(Enkephalins)을 발견했다. 이후 지속적인 연구를 거듭한 끝에 아편과 같은 기능이지만 그것보다 200배나 더 강한 모르핀(Morphines)을 발견하였다. 이것을 체내의 모르핀이라는 의미로 엔도르핀이라고 명명하였던 것이다. 엔도르핀에 관한 연구는 많은 학자들이 활기를 띠면서 연구에 박차를 가하고 있었다. 베타 엔도르핀, 감마 엔도르핀, 알파 네오 엔도르핀, 다니놀핀, 프로엔케팔린 등의 다양한 엔도르핀들이 계속적으로 연구보고 되었다. 특히 고드스타인 박사가 발견한 다니놀핀은 엔도르핀의 700배 이상의 진통 효과가 있는 강력한 호르몬이다. 하지만 다니놀핀보다 더 큰 효과를 가진 펩타이드 엔케팔린이 발견되면서 의학계에 변화를 가져왔다.

몸속의 쾌락 물질이라고 부르는 이 엔도르핀은 지금까지 알려졌던 중독성이 있는 진통제가 아닌 중독이 되지 않는 천연 진통제다. 몸에 통증이 발생하면 신경호르몬인 엔도르핀이 생성되어 즉시 그 고통을 감소시켜준다. 지금까지 알려진 엔도르핀의 기능으로는 신경 활동을 통제하여 근심과 걱정들을 덜어주고 뇌의 기능을 활성화시키면서 몸의 통증을 막아주는 역할을 한다고 알려져 있다. 그리고 혈액 속에 순환하면서 호르몬의 기능을 촉진하고 긴장을 조절한다. 또한 심장 활동을 도와주며 암 환자들에게 예방과 치료의 효과를 제공한다. 특히 엔도르핀은 스트레스에 가장 좋은 치료제로 알려지고 있다.

마음이 기쁘고 즐거우면 엔도르핀은 많이 생성되지만, 우울하고 속상하면 엔도르핀과 정반대의 효과를 내는 아드레날린이 생성된다. 아드레날린의 과다 분비는 심장병, 고혈압, 노화촉진, 노이로제, 관절염, 편두통 등의 원인이 된다. 엔도르핀은 인간에게 행복감을 주는 뇌에서 자연발생적으로 생성된다. 그리고 한번 분비된 엔도르핀의 절반가량은 대개 그 효과가 5분 정도라고 한다. 그러므로 계속하여 체내에서 엔도르핀의 효과를 얻기 위해서는 기도하는 마음과 요가, 참선, 웃음요가 등으로 즐겁고 유쾌한 상태를 유지해야 한다.

 엔도르핀은 언제 생성되는가?

- 웃을 때, 즐거움이 넘치고 평안할 때
- 자기가 하고 싶은 일을 할 때
- 희망과 꿈을 가지고 살아갈 때
- 누군가를 사랑할 때

웃음은
암과 질병을 예방한다

       면역 체계는 건강 유지와 감염, 알레르기, 암 예방에 아주 중요한 역할을 한다. 슬픔, 불안감, 우울증, 분노 같은 모든 부정적인 감정이 신체 면역 체계를 약화시키고 그로 인해 감염에 대한 저항력이 떨어진다는 사실은 정신신경면역학(Psychoneuroimmunology)에 의해 이미 입증되었다. 웃음이 면역 체계를 강화시키고 질병을 예방한다는 보고가 많이 나오고 있다.

       프랑스의 보건전문지 〈상떼(Sante: 건강)〉에서는 '웃음의 약효'를 주제로 다뤘다. 이 보고서에 따르면 프랑스 의사들이 가장 많이 권하는 약 가운데 하나가 웃음이었다. 웃으면 면역 체계를 강화할 뿐 아니라 스트레스로 인해서 생기는 많은 질병을 치유하는 데도 효과적이기 때문이다.

미국 캘리포니아 로마 린다대학의 리버크 박사에 따르면 웃음은 자연 살해 세포(Natural Killer cells; NK cells, 일종의 백혈구 세포)의 수를 증가시켜주고 항체를 증가시킨다고 한다. 연구자들의 연구 결과에 따르면 웃음요법을 받고 나면 코와 호흡기 통로의 점막에 항체 수준이 증가하는데, 이것은 일부 바이러스, 박테리아, 기타 미생물을 예방하는 효과가 있는 것으로 알려져 있다. 또한 미국 UCLA병원에서는 웃으면 침 속의 글로불린 A(바이러스 감염을 막는 면역체)가 증가한다고 밝혔다.

웃음은 암 질병을 예방한다. 현대인들의 부동의 사망 원인 1위가 암이다. 노벨의학상 수상자이자 암 전문가인 오토 와버그 박사는 "세포에 산소가 충분할 때 암은 일어나지 않는다."라고 밝혔다. 일본의 노구치 히데오 박사 역시 "만병은 산소부족이라는 한 가지 원인으로 발병한다."고 연구 발표했다. 웃음은 폐와 기도를 확장시켜서 공기의 유입과 배출을 촉진시키며 산소 공급량을 2배로 증가시킴으로써 암을 예방하도록 돕는다. 또한 웃으면 평소보다 7~8배가량 분비되는 자연면역 세포인 NK세포는 암세포를 파괴하는 효과가 있다.

아마존 마스코는 웃음요가를 만나 기적적으로 암을 극복한 여성이다. 처음 웃음요가를 시작했을 때는 항암치료로 머리카락이 하나도 없었다는 그녀는 웃음요가를 자신의 생명의 은인이라고 말한다. 그녀는 웃음으로 암을 극복했을 뿐 아니라 웃음요가 마스터가 되어 일본에 적극적으로 웃음요가를 알리는 데 앞장서고 있다. 밝은 컬러의 옷과 화려한 액세서리, 환한 웃음과 유머, 열린 마음으로 사람들을 맞이했던 그녀의 따뜻한 웃음은 오래도록 기억에 남는다.

웃음은 암 질병뿐 아니라 아토피의 개선에 도움을 준다. 아토피

개선을 위한 병원 치료와 함께 웃음을 선택했을 경우 웃음이 아토피의 개선에 효과가 있음이 입증되었다. 이 경우 웃으면 아토피성 피부염 환자의 90%가 치유되었고, 웃지 않는 환자는 10%밖에 치유되지 않았다.

웃음은 당뇨병 치료에도 효과적이다. 유전자가 바뀐다는 결과를 발표한 쓰쿠바대학의 무라카미 가즈오 교수에 따르면, 식후 20분간 웃기만 해도 혈당치 상승이 약 40%나 억제되었다. 그는 20여 명의 당뇨병 환자들을 대상으로 실험했는데, 처음 교수들의 의학 강연 후 혈당치를 재고 또 다음 날에는 배우들의 코미디 쇼, 만담을 보고 크게 웃은 다음 혈당치를 재서 비교했다. 연구 결과 교수들의 의학 강연 후에는 환자들의 혈당치가 변함이 없었으나 코미디 쇼, 만담을 보고 크게 웃은 환자들의 혈당치는 크게 떨어졌다.

이 연구는 식사 후에 진행되었다. 정상적인 사람도 식사 후에는 혈당치가 오르는데 당뇨병 환자는 더 급격히 오른다. 의학 강연 시에는 혈액 100㎖당 평균 123㎎이 상승했으나, 코미디 쇼를 본 뒤 혈당치가 77㎎밖에 올라가지 않아 평균 46㎎의 차이가 난 것이다. 웃음으로 혈당치 상승이 억제된 것이다. 지금까지 당뇨병 환자의 혈당치 상승을 억제하려면 인슐린을 주사하거나 식사를 제한하거나 운동을 시키든지 하는 정보의 방법밖에 없었으나 웃음으로 혈당치 상승이 억제되었다. 웃음은 인슐린 같은 혈당강하제를 주사하는 것보다 훨씬 안전하고 효과적이다.

이 밖에도 웃음은 류머티즘에 확실한 효과가 있는 것으로 입증되었다. 웃음요가 운동은 손바닥과 손끝을 하나로 해서 온몸의 에너지와 활기를 주는 건강 박수를 치기에 혈액순환을 돕는다. 웃음만으로도 운동 효과가 충분히 있으며, 산소를 끊임없이 신체에 공급하기에 혈액순환을 활성화시켜 건강을 지켜 준다. 세계적으로 많은 웃음요가클럽 회원들이 일반 감기, 인후염, 폐병, 암, 우울증의 발병률이 줄어들었다고 보고했다.

 윌리엄 프라이 박사가 말하는 '웃음의 생리적 효과'

40년 동안 웃음과 건강에 관해 연구를 실천한 스탠퍼드 의대의 윌리엄 프라이 박사는 1960년대 후반에 웃음이 신체에 미치는 과학적인 효과를 증명하여 '웃음의 과학'의 아버지로 평가받았다. 그가 발견한 웃음의 생리적 효과는 다음과 같다.

- 뇌하수체에서 엔도르핀(Endorphin)이나 엔케팔린(Enkephalins) 같은 자연 진통제가 만들어진다.
- 부신에서 통증과 신경통 등의 염증을 치유하는 신비의 화학물질이 나온다.
- 동맥이 이완되어 혈액순환이 좋아지고 혈압이 낮아진다.
- 웃음은 신체의 모든 기관에 긴장 완화를 시켜준다.
- 웃음은 혈액 내의 코르티솔(Cortisol)의 양을 감소시킨다.
- 스트레스와 분노 그리고 긴장의 완화로 심장마비를 예방한다.

- 웃음은 심장박동수를 활성화하고 혈액순환을 돕고 몸의 근육에 영향을 미친다.
- 뇌졸중 원인이 되는 순환계의 질환을 예방하고 치유한다.
- 암 환자의 통증을 경감시키고 호전시켜 건강하게 만든다.
- 의도적인 웃음일지라도 3~4분의 웃음은 맥박을 배로 증가시키고 혈액에 더 많은 산소를 공급한다.
- 가슴과 위장, 어깨 주위의 상체 근육이 운동한 것과 같은 효과를 얻게 된다.

눈까지 웃는
뒤센 스마일의 과학

뒤센 스마일은 눈 주위 근육과 입주의 근육이 함께 올라가는 웃음으로 진정으로 기쁠 때 짓게 되는 웃음을 의미한다. 진정한 웃음인 뒤센 스마일은 프랑스 생리학자인 귀욤 뒤센(Guillaume Duchenne)에 의해 발견되었기 때문에 그의 이름을 지어 붙여지게 되었다. 그는 얼굴 감각을 모두 상실한 사람을 대상으로 얼굴에 전기봉을 붙이고 전기 자극을 넣어서 근육이 어떻게 움직이는지를 실험하였다.

뒤센은 얼굴의 다양한 근육에 전류를 보내보고 큰 광대뼈 근육에 전류를 보냈을 때 입꼬리가 올라가는 것을 발견하였다. 전류를 다르게 하여 큰 광대뼈 근육에 보내본 결과 낮은 전류 자극에서는 입꼬리가 살짝 움직이고, 높은 전류의 자극에서는 입꼬리가 활짝 올라가는 표정이 나왔다. 그러나 뒤센은 환한 웃음을 만들기 위해 여러 차레 인위적으로 눈 둘레 근육을 자극하려고 했으나 실패하고 말았다. 결국 그는 입꼬리는 인간의 의지로 올릴 수 있지만 눈 둘레 근육은 사람의 의지와 상관없이 영혼의 달콤한 감정에 의해서만 움직인다는 것을 알아냈다.

우리가 생각하는 환한 웃음이란 두 개의 얼굴 근육, 입 둘레 근육과 눈 둘레 근육이 함께 수축하면서 만들어내는 웃음이다. 이 실험으로 인해 입 둘레 근육만 웃는 웃음은 사교적 웃음 '비뒤센 스마일'로, 눈 둘레 근육과 입 둘레 근육이 함께 웃는 진정한 웃음은 비사교적 웃음 '뒤센 스마일'로 명명했다. 이에 따르면 항공기 승무원 웃음이라고 불리는 일명 '펜 아메리카' 웃음 입술 근육을 주로 사용하는데, 이는 진정한 웃음으로 보기 어렵다. 사랑하는 사람을 보며 웃는 웃음, 진정 기뻐서 짓게 되는 미소가 뒤센 스마일이다.

심리학작 로버트 레벤슨(Robert Levenson)과 존 고트먼(John Gottman)은 오랜 연구 결과 행복한 결혼을 한 부부는 그렇지 않은 부부보다 훨씬 뒤센 웃음을 많이 짓는다는 것을 알아냈다. 캐나다의 심리학자 마이클 브라운(Michael Brown)은 이타적인 사람들은 이타적이지 않은 사람들보다 훨씬 더 뒤센 웃음을 자주 보인다는 것을 테스트를 통해 밝혀냈다. 그는 몇 가지 질문을 통해 이타적 성향을 예를 들어 헌혈을 얼마나 자주 하는지, 봉사 활동하는 시간, 사회적 활동을 하는 상점에서 물건값을 얼마나 더 지불하는지 등을 물은 후 실험을 했는데, 이타성이 높은 사람이 뒤센 스마일을 더 자주 보였다. 이타적인 사람은 진정한 웃음, 솔직한 웃음을 보이며 더 잘 웃는다.

당신의 졸업 사진은 웃고 있는가. 사회심리학자 다커 켈트너(Dacher

Keltner)는 1950년대 말 캘리포니아 오클랜드에 있는 밀스대학 졸업앨범에서 여성들의 얼굴 표정을 분석했다. 그런 다음 27세, 43세, 52세가 될 때까지 그들이 어떤 삶을 살고 어떤 경험을 했는지 기록을 했다. 연구 결과 졸업앨범에서 활짝 웃고 있었던 사람, 즉 뒤센 스마일을 짓고 있었던 여성들은 몇십 년 후 자신들의 삶에 훨씬 만족하며 살고 있었다. 정신적으로나 육체적으로나 거의 문제를 겪지 않았으며 만족스러운 결혼 생활을 했다. 이뿐만 아니라 졸업앨범에서 웃고 있었던 여성들은 집중력 테스트에서 높은 점수를 보였고 성취욕도 훨씬 높았다. 힘든 일이 생겼을 때 도와줄 사람들이 늘 곁에 있었으며, 슬픈 일이 있어도 이 슬픔을 훨씬 잘 극복했다. 이는 졸업 사진에서 웃음을 선택한 사람들은 어떤 경험을 했을 때 이를 보다 적극적이고 긍정적으로 받아들이고 헤쳐 나가려고 노력했다고 볼 수 있을 것이다.

입꼬리를 의도적으로 올렸을 뿐인데도 실질적으로 기분이 20% 상승한다. 이 실험을 한 사람은 독일의 심리학자 프리츠 스트랙이다. 1988년 표정과 기분간의 상관관계를 연구한 '정서유발실험'을 한 결과 양미간 근육을 찌푸리거나 입술을 펜으로 문 경우는 기분이 나빠졌으며, 치아로 펜을 물어서 입꼬리가 올라가게 한 경우 기분이 좋아졌다.

그리고 단지 펜을 입술로 물고 읽었느냐, 치아로 물고 읽었느냐의 차이밖에 없는데도 불구하고 참여자가 자신이 읽은 만화책에 대한 평가는 달라졌다. 치아로 펜을 물고 읽은 참가자가 만화책을 더 많이 더 열심히 봤고 기억도 더 잘했다. 펜을 입술로 물고 읽었을 때는 입꼬리가 처지지만 치아로 물었을 때는 입꼬리가 올라가게 된다. 결과적으로 입꼬리를 의도적으로 올리는 것만으로 기분이 좋아지는 것이다.

웃음에 관한 연구 결과를 들은 후부터는 사진을 찍을 때면 무의식중에 입꼬리를 올리게 된다. 누군가는 웃음을 꾸민다고 볼 수도 있겠지만, 그보다는 행복해서 웃는 것이 아니라 웃어서 행복하다는 말처럼 적극적으로 삶에서 웃음과 행복을 선택한다는 의지의 표현이다. 『기적수업』에서는 "하나님은 내게 오직 행복만을 주신다. 하나님은 내게 나의 역할을 주셨다. 그러므로 나의 역할은 행복임이 틀림없다."라고 이야기한다. 행복과 웃음은 우리가 이 삶을 여행하는 과정에서 추구해야 할 목표이다.

평소 잘 웃지 않았던 사람은 웃는 상황 속에서도 잘 웃지 못한다. 웃음교육에 처음 참여 소감으로 하하하 큰 소리를 내면서 오랜만에 웃었다는 사람들이 종종 있다. 웃는 것도 연습이며 습관임을. 행복했을 때는 누구나 웃을 수 있다. 그러나 그렇지 않은 상황 속에서 웃을 수 있어야 진정한 웃음이다. 웃음요가는 도전과 역경, 시련 속에서도 웃음을 선택하길 가르친다. 사랑이 가득한 삶, 웃음이 넘쳐나고 흘리는 눈물은 서로 닦아주는 아름다운 삶이길 소망해본다.

웃음은
장수하게 한다

　　　　　　　　　　15초 크게 웃으면 이틀을 더 산다. 이를 연구한
팀은 미국 인디애나주 볼 메모리얼병원으로, 15초 이상 웃음으로 분비
되는 엔도르핀, 도파민, NK세포의 활성도가 면역계 등 우리 몸에 미
치는 영향을 수명으로 환산하면 이틀의 수명 연장 효과가 있다고 밝혔
다. 뉴욕주립대 마이클 로이진 교수는 '생체나이 줄이기'에서 큰 스트레
스를 받았을 때 해소할 방법이 없으면 30년~32년 늙어 보일 수 있지만,
많이 웃으면 1.7년~8년 젊어진다고 말하고 있다.

　　최근 연구 결과에 따르면 잘 웃는 사람은 대체로 오래 산다는 연
구 결과가 많이 나타나고 있다. 연구자들은 오래된 야구잡지 〈베이
스볼 레지스터 Baseball Register〉에 실린 200명의 프로야구 신인
선수의 사진을 분석했다. 1952년에 미국 메이저 리그에서 뛰었던 야

구 선수 중 2009년 6월 이전에 사망한 선수 150명의 사진을 분석해서 이들이 뒤셴 스마일을 짓고 있는지, 입 주변만 웃는 억지웃음을 짓고 있는지, 아니면 전혀 웃고 있지 않은지를 조사했다. 그런 다음 이들이 몇 살에 사망했는지를 확인했다. 분석 결과 1952년 당시의 사진에서 전혀 웃지 않았던 선수들은 평균 72세까지 살았고 활짝 웃고 있는 선수들은 평균 80세까지 산 것으로 나타났다.

미국 켄터키대학의 심리학자 데보라 대너(Deborah Danner)와 동료들이 메리랜드에 위치한 노트르담 가톨릭 수녀 180명을 대상으로 한 연구에서도 비슷한 결과가 나왔다. 1930년 평균 22세의 나이로 종신 서원을 한 수녀들은 같은 환경 즉 같은 장소와 같은 음식, 기상대와 취침 시간이 같았는데 그들의 수명에 큰 차이를 나타냈다. 그 이유를 연구한 결과 마침내 그 해답을 그들이 수녀가 되는 과정에서 적어낸 에세이에서 찾을 수 있었다. 수명이 짧았던 수녀들의 글에는 슬픔, 분노, 우울, 무관심, 두려움 등의 부정적인 단어가 많았으며, 오래 산 수녀들의 글에는 기쁨, 감사, 축복, 행복, 사랑 등의 긍정적인 단어가 많았다고 한다. 긍정적인 수녀 집단의 90%가 85세까지 산 반면, 부정적이었던 수녀 중 85세까지 산 사람은 34%에 불과했다. 무려 2.5배 정도 차이가 나타난 것이다. 위의 사례에서 보듯 웃는 습관, 긍정성이 삶의 수명에 영향을 미칠 수 있음을 알 수 있다.

장수시대에 삶의 질과 건강이 보다 큰 관심일 것이다. 영국 런던정경대(LSE) 리 레이야드 경제학 교수가 미국과 독일 등 4개국 총 20만 명을 대상으로 연구한 '행복의 원천들'이라는 보고서에 따르면 행복은 돈보다 인간관계와 신체적·정신적 건강에 달려있다는 결론에 도달했다.

　잘 웃으면 뇌의 건강을 좋게 하고 기억력 향상을 도와 치매 예방에 도움을 준다. 웃으면 뇌 기능(전두엽)을 활성화하여 머리가 좋아진다. 잘 웃는 것만으로도 기억력이 좋아지는 연구 결과가 있다.[k] 두 가족이 참여해서 합숙 실험을 했다. 합숙 중에 이들에게 7자리 숫자를 3초간 기억하는 '기억력 테스트'를 실시했다. 먼저 5명의 최초 평균 정답률은 67%였다. 그런데 여기서 젊은 개그맨이 등장해 재미있는 콩트나 우스꽝스러운 대화를 주고받으며 쇼를 보여주었다. 5명은 10분간 포복절도했다. 그 후에 다시 '기억력 테스트'를 실시하자 정답률은 85%로 뛰어올랐다. 단지 10분 동안 웃었을 뿐인데 기억력은 거의 20%나 향상되었다. 한 참가자는 '집중이 더 쉽게 된 것 같다.'고 말했다.

　웃음으로 인한 뇌 혈류 증가와 뇌의 활성화가 기억력 향상이라는 구체적 수치로 입증된 것이다. '뇌 순환 측정 장치'를 통해 머릿속의 혈액순환을 측정한 결과, 웃기 전보다 웃음 후에 뇌 속의 혈류가 확연하게 큰 폭으로 증가했다. 웃으면 산소 공급량이 2배로 증가하여 머릿속의 혈액순환을 원활하게 하기 때문에 머리가 좋아지고 기억력이 향상된다. 치매 환자의 경우 뇌의 혈류량이 적은데, 치매를 예방하는 데 웃음이 효과적임을 나타낸다. 아이들이 웃어야 하는 이유 중 하나도 학교생활이 행복해질 뿐 아니라 웃는 것만으로도 머리가 좋아지기 때문이다. 자연히 문제 해결력과 창의력, 성적이 향상된다.

삶의 질은 건강뿐 아니라 친구들과 가족을 비롯한 우리의 인간관계에 달려있다. 웃음은 사람을 훌륭하게 연결시키며 많은 좋은 사람을 당신의 삶 속에 가져다준다. 전 세계적으로 웃음요가클럽은 건강, 행복, 평화를 기원하는 마음으로 함께 웃음으로써 혼자라는 외로움, 소외감, 고립감을 덜어주고 사회적 관계를 형성하게 도움을 주고 있다.

웃음교육을 한 시간 만이라도 접하게 된다면 웃음이 가져다주는 놀라운 신체의 변화, 기분 전환, 웃음의 가치를 체험하는 기회가 되리라. 아니 웃음이 가져다주는 놀라운 변화와 가치를 알고만 있더라도 일상생활에서 의식적으로 웃음을 실천하며 기쁨과 행복을 누리는 데 도움이 될 것이다.

웃음의
다이어트 효과

　　사람들이 나에게 건강하다고 운동을 따로 하느냐고 묻는다. 나는 웃음요가를 한다고 말을 한다. 웃음요가를 통해 스트레스로부터 건강을 지킬 뿐 아니라 삶에 긍정성을 유지하고 체중을 유지하는 데 도움을 받는다. 웃음요가는 그룹운동이다. 꾸준히 웃는 사람은 정말 살이 찌지 않는다. 다이어트 효과가 될 뿐만 아니라 스트레스 조절 능력이 생기기 때문에 음식으로 스트레스를 푸는 잘못된 습관을 하지 않기 때문이다.

　　케이티 남레보는 장애아들을 키우면서 생긴 스트레스를 과식과 폭식으로 해소했고, 그 결과 심각한 비만 여성이 되었다. 그랬던 그녀가 웃음다이어트로 6개월 만에 무려 16kg이나 감량한 사연이 TV에 방영되면서 전 세계에 웃음다이어트가 알려지게 되었다. 그녀는 웃기 시작하면서 음식으로 스트레스를 풀던 습관에서 자연스럽게 벗어나게 되었고, 다이어트에 성공하게 되었다. 웃음라인, 웃음친구, 웃음모임 등을 활용하여 웃음으로 스트레스를 풀기 시작하면서 안 좋았던 습관들이 하나둘 변화되었고 식단도 자연스럽게 채식 위주로 바뀌었다.

그런데 왜 웃으면 살이 빠질까.

웃음은 심장과 혈액순환을 자극하고 산소가 2배 공급이 더해져서 유산소 운동에 상당하는 효과가 있다. 스탠퍼드대학의 윌리엄 프라이 박사는 "한바탕 크게 웃으면 에어로빅 운동을 5분 동안 하는 것과 같고, 20분 동안 웃는 것은 3분 동안 격렬하게 노를 젓는 것과 같다."고 강조하였다. 미국 루이빌대학 심리학과 교수 클리포트 컨은 한 번 웃을 때마다 3.5kcal 소비 효과가 있다고 밝혔다.

미국 테네시주 밴더빌트대 연구진은 2005년 유럽비만학회에서 "하루 10분 웃을 경우 작은 초콜릿 한 개에 해당하는 열량(평균 40~50kcal)이 소모된다. 이는 매우 적은 양처럼 보이겠지만 매일 이렇게 웃는다면 1년이면 2kg을 감량하는 결과를 가져올 수 있다."고 밝혔다. 영국의 심리학자 로버트 홀덴 박사의 연구에 따르면 한 번 쾌활하게 웃을 때 인체의 650여 개 근육 중 231개의 근육이 움직여서 운동 효과를 낸다. 얼굴 근육은 15개에서 80개 정도가 움직인다. 이것이 5만 가지 상을 만든다고 하지만 실제는 7천 가지의 좋은 인상을 형성한다.

웃음요가 수업을 할 때도 사람들이 웃음운동이 상당한 운동이 된다며 놀라워한다. 한 번 크게 웃었을 때의 칼로리 소모량이 연구진에 따라 조금 차이가 나지만, 웃음에는 굉장한 에너지가 소비된다. 마음에서 우러나온 진정한 웃음, 배꼽을 쥐며 크게 웃는 웃음은 얼굴과 배 근육을 아플 정도로 당기게 하고 눈도 빛나며 눈물까지 나오게 한다. 배꼽 잡는 웃음은 내장을 운동시키는데, 웃음요가에서는 다양한 신체적인 움직임이 결합되어 웃기 때문에 상당한 운동이 된다. 단순히 움직임 없이 10분간 웃었을 때 칼로리 소모가 40kcal 정도인데 움직임, 때로는 음악과 함께 웃을 때는 그 운동량이 배로 커져서 칼로리 소모가 더 많아진다.

의사들은 스트레스와 우울감, 외로움 등이 과식을 유발한다고 말했다. 웃음은 치유이다. 치유는 저절로 몸의 균형을 돕는다. 웃으면서 분비되는 엔도르핀과 엔케팔린 호르몬은 즐거움, 쾌감, 만족감을 느끼게 하는 도파민 물질을 분비시키고 스트레스 호르몬인 코르티솔 분비를 억제시킨다. 우울과 무료함을 웃음으로 날려버림으로써 과식을 방지하고 자연스럽게 식단을 조절하는 힘이 생기면서 날씬함을 유지하게 되는 것이다.

웃음은 삶에 건강과 행복, 치유를 가져오는 신의 손길이다. 자신의 몸을, 삶을 사랑하게 된다. 자아존중감이 향상되고 세상이 아름답게 보인다. 내가 웃으면 온 세상이 나와 함께 웃는다는 말처럼 행복감이 밀려온다.

걷기의 즐거움,
걷기 웃음

400년 전 사람들은 하루 약 3만 보를 걸었다고
한다. 많은 현대인들이 걷는 시간이 부족하여 평균 6,000~7,000보 정
도 걷지만, 자동차 출퇴근과 앉아있는 업무, 학업 등 여러 가지 이유로
이보다 못한 사람들이 많다. 과거의 사람들은 의학이 발달하지 않았
음에도 현대인의 6배 이상 걸었기 때문에 상대적으로 건강했다고 보는
의학자들도 있다.

걷기는 몸과 마음, 뇌까지 다스릴 수 있는 좋은 운동이다. 걷기는
600개 이상의 근육과 200개의 뼈를 함께 움직이는 온몸 운동이다.
걷기는 발바닥을 통해 몸 전체에 수없이 뻗은 신경을 자극한다. 걸으
면 근육과 뼈가 튼튼해지면서 나이가 들어 무릎이 쑤시거나 허리가
결리는 증상을 줄일 수 있다. 다리의 혈액순환과 물질대사를 활발하게

일으켜 하체의 근육을 단련시켜 주고 심장과 폐를 건강하게 한다.

30년간 수천 명의 환자를 만난 오사카대학병원의 나가모 가즈히로 의사는 저서 『병의 90%는 걷기만 해도 낫는다』를 통해, 모든 병의 90%가 걷기만 해도 나을 정도로 걷기의 중요성을 강조한다. 인간의 30%는 암으로 사망하는데, 걸을수록 NK라는 면역세포가 활성화되어 암 예방에 도움을 주기 때문이다. 또한 걸으면 우울증을 예방할 수 있다. 우울증은 뇌 내의 세로토닌 및 노르아드레날린이라는 호르몬이 부족한 상태에서 생기는데, 걸으면 세로토닌이 증가한다. 세로토닌은 행복을 느끼게 해주고 기억력과 학습에도 영향을 미치는 호르몬이다. 향정신성 치료약은 의존성이 있기 때문에 장기간 복용 시 의존성이 강해지고, 약이 없으면 불안증이 생기지만 걷기는 그럴 부작용이 전혀 없이 우울증 예방에 도움을 줄 수 있다.

걷기는 뇌 건강 발달에 도움을 준다. 뇌 기능이 떨어지는 가장 큰 원인은 뇌에 도달하는 산소를 받아들이는 양이 줄기 때문이다. 그런데 웃을 때와 마찬가지로 걸으면 산소 섭취량이 증가하며 혈액순환이 좋아지고 산소가 뇌에 골고루 퍼지기 때문에 머리가 좋아진다. 걸으면서 손발을 움직이면 뇌가 자극돼 신경 세포가 늘어나고 신경회로가 많아져 기억력 향상, 사고력 등 두뇌 발달에 도움을 준다. 치매 원인 물질인 베타 아밀로이드가 사라지게 해서 치매 예방을 돕기도 한다. 하루에 20분씩 걸으면 노인들의 지적 장애를 일으키는 원인 가운데 하나인 뇌졸중을 일으킬 위험이 57% 낮아진다.

걷기가 사고력에 영향을 미친다는 사실은 이미 오래전부터 알려져 있었다. 안동에는 낙동강을 따라 걷는 퇴계 오솔길이 있는데, 퇴계 이황 선생님은 걸으면서 깊이 있는 사고를 하였다. 고대 그리스 철학자 아리스토텔레스, 독일의 철학자 칸트, 프랑스의 철학자 루소 등도 매일 일정한 시간 산책을 하면서 철학 사상을 구상했다. 독일의 하이델베르크 시에는 '철학자의 길'로 불리는 산책로가 있는데 헤겔, 하이데거, 야스퍼스 등 수많은 철학자들이 이 길을 걸으면서 사색했다.

오늘날에는 걷기의 효과가 과학적으로 입증되면서 비즈니스 경영에 산책 회의를 도입하는 경영자가 늘고 있다. 애플의 스티브 잡스, 페이스북의 마크 주커버그, 트위터의 창업자 잭 도시, 루비콘 컨설팅사의 창업자 닐로퍼 머천트 등 많은 경영전문가가 걸으면서 말하는 회의를 병행한 것으로 알려졌다.

웃음요가에서 걷기와 관련된 것은 걷기 웃음이 있다. 웃음요가 리더의 역량에 따라 걷기 명상을 가미할 수도 있다. 걷기는 삶의 중요한 일부분이다. 걸으면서 동시에 웃는다면 웃음의 효과가 가미되어 더 건강해질 것이다. 팔짱을 끼거나 손을 잡거나 어깨를 맞대고 걸으면 옥시토신 호르몬이 분비되는데 옥시토신은 사랑 호르몬이라고 불릴 만큼 안도감, 행복감, 신뢰감 등을 높이는 역할을 한다. 함께 걸을 누군가가 있다면 하하하 웃으면서 걸어보자. 때로는 걸을 때 미소 지으면서 발의 움직임을 알아차리며 걸어보자.

미소 지으며 걸어봅니다.
숨을 들이쉬고 내쉬고
왕비가 된 것처럼

왕이 된 것처럼

숨을 들이쉬고 내쉬고

들이쉴 때는 우주의 온 에너지가 내 몸을 맑게 건강하게 하고

내쉴 때는 근심 걱정을 호흡을 통해 다 흘려보냅니다.

천천히 미소 지으며

살아있음이 행복임을

기적임을 느껴봅니다.

 창의적인 웃음룰 활용법

• 웃음친구 만들기

　웃음요가나 웃음치료에서는 공통적으로 웃음친구가 존재한다. 웃음친구는 아무 이유 없이 전화해서 '우리 한번 웃어볼까?' 하면 웃을 수 있는 친구, 함께 언제든 '시작!'만 하면 하하하 웃을 수 있는 친구를 말한다. 웃음요가에서는 전 세계적으로 인터넷 스카이프(Skype)을 이용해서 웃음요가클럽에 접속하여 아무 이유 없이 10분~20분 웃다가 헤어진다. 웃음친구를 만들어 늘 웃고 싶은 당신이 실천할 수 있는 방법이다. 웃음친구가 가족까지 퍼지면 가정이 화목해진다. '엄마, 엄마, 하하하, 하하하~!'라고 어머니께 말해보자. 어느덧 어이없는 듯 웃고 있는 어머니의 얼굴을 보게 될 것이다. 웃음은 행복 바이러스가 되어 퍼지고, 내가 웃으면 온 세상이 함께 웃기 시작한다.

• 웃음장소 활용하기

　그 장소에 들어가면 무조건 웃어야 하는 규칙을 정하는데, 그

웃음장소를 '웃음구역' 또는 '웃음존'이라고 한다. 집에서 소파나 거울 앞, 정수기 앞 등 특정 장소를 웃음장소를 만들어서 그곳에 가면 무조건 하하하 웃기 규칙을 정하는 것이다. 웃는 가족사진 앞을 웃음구역으로 정하는 것도 좋다. 직장에서 리더가 먼저 앞장서면 정말 신선하고 유쾌하다.

- **웃음선 정하기**

그 선을 지나가면 무조건 하하하 크게 웃어야 하는 선을 '웃음선(웃음라인)'이라고 한다. 거실 한 곳에 선을 그어 웃음선을 만들어 보자. 어느덧 가족의 웃음이 키득키득, 하하하 들려오게 된다.

- **웃는 가족사진 거실에 걸기**

화목한 가정의 특징 중 하나가 집에 가족사진이 많다고 한다. 가족들과 하하하 웃으며 찍은 사진을 거실에 걸어보자. 보기만 해도 힘이 나고 입가에 미소가 절로 지어질 것이다. 사랑하는 사람이 웃는 것은 곧 나에게도 큰 기쁨, 행복이자 삶의 버팀목이 된다.

- **웃음소품 활용하기**

웃음인형, 웃음모자, 웃음볼펜, 웃음손수건, 웃음공, 웃음노트, 웃음거울 등 웃음과 관련해서 활용할 소품들은 정말 다양하다. 웃음방석은 앉으면 웃어야 하는 방석이고, 웃음의자는 앉으면 웃어야 하는 의자이다. 집에 있는 소품 중에 웃음 관련 소품으로 장식을 하거나 소품을 정해서 이것을 만지면 웃어야 한다는 규칙을 정해보는 것은 어떨까. 웃음규칙을 정하지 않고 웃음소품을 보는 것만으로도 웃음이 터져 나올 것이다.

• 웃음의자 활용하기

'생각의자'는 아이가 자신의 감정을 조절하지 못하고 막무가내로 떼를 쓸 경우에 스스로 생각하고 반성하게끔 만든 자리로, TV 프로그램을 통해 널리 알려졌다. 웃음요가 수업시간에는 그 날 축하할 일이 있는 사람이나 아파서 기운이 없는 분에게 웃음의자에 앉게 하고 그 사람을 위해 사랑과 행복, 건강을 기원해준다.

방법은 웃음의자에 한 사람이 앉으면 모여 있는 사람들이 그 사람 인생의 행복과 성공, 기쁨을 위해 웃음을 가득 부어준다. 앉아 있는 사람은 음식을 먹듯 웃음을 받아먹으며 하하하 웃는다. 돌아가면서도 할 수 있는데 한 사람을 둘러싸서 그 사람의 건강과 행복, 성공을 위해 많은 사람들이 웃음을 부어주는 특별함 경험을 선물할 수 있는 웃음법이다. 웃음의자를 가정에서 사용한다면 어떤 일이 벌어질까. 가정에서 식탁이나 거실의 의자 중 하나를 선택해서 웃음의자를 선정하면 말 그대로 정말 까르르 웃음이 넘쳐나는 유머 그 자체가 될 것이다.

YOGA

제3장

마음의 위대한
힘과 함께하는
웃음요가

눈을 감습니다.

몸의 긴장을 풀고 천천히 호흡합니다.

자신이 살아 숨 쉬고 있음을 그것이 기적임을 느껴봅니다.

자신이 원하는 꿈을 긍정의 문장으로 만들어 봅니다.

마음속 강렬하게 그 꿈의 문장을 세 번 외칩니다.

꿈을 이룬 자신의 모습을 생생하게 머릿속으로 그려봅니다.

그 꿈은 더 이상 꿈이 아닙니다. 현실입니다.

그 기쁨, 그 환희를 생생하게 느껴봅니다.

온몸에 기쁨이 넘쳐흐릅니다.

산스크리트어로 요가는 '함께 있게 함'을 의미하는데, 이는 사람과 신이 일체가 되도록 하는 요가의 목적을 나타낸다. 오늘날 세계의 많은 사람이 보다 성공하고, 행복한 삶을 위해 긍정적인 사고의 힘, 즉 긍정적인 확신과 창조적인 심상을 사용한다. 그러나 요가의 목적은 세속적인 성공이나 부처럼 제한적이지 않다. 요가의 목적은 무한 그 자체, 마음을 무한히 팽창시켜 지고의 의식, 신과의 합일을 지향한다.

그럼에도 요가 니드라의 긍정적인 확신과 시각화, 다양한 명상 기법은 다양하게 활용될 수 있는데 마음의 힘을 부여해서 수업에 적용하면 효과적이다. 나는 오랜 시간 인간의 마음의 힘에 대해 관심이 많았다. 더 효과적으로 꿈을 이루게 하는 방법은 무엇일까, 무의식의 죄의식과 부정성을 정화하고 더 사랑 가득한 삶을 살 수 있을까, 잘못된 신념을 내려놓고 자신의 한계를 깨트리며 의식을 확장시킬 것인가 고민한다. 마음의 놀라운 힘을 인식하고 이를 웃음요가에 적용하면 행복과 치유의 길로 안내를 도울 수 있다. 마음의 힘의 근원이 신에게서부터 나옴을 믿고 신께 담대하게 요구하고 내맡기는 이들에게는 더 큰 평화와 성취가 있으리라.

웃음요가의 시각화는
꿈을 이루게 한다

힘든 삶 속에서도 자신을 지탱해주는 것은 사랑하는 사람들과 자신의 꿈일 것이다. 스위팅은 '사람은 40일을 먹지 않고도 살 수 있고, 3일 동안 물을 마시지 않고도 살 수 있으며, 8분간 숨을 쉬지 않고도 살 수 있다고 한다. 그러나 희망 없이는 단 2초도 살 수 없다.'고 이야기했다. 꿈이 없으면 단 1초도 살기 어렵다는 말처럼 꿈은 삶 속에서 생명줄과 같은 것이다.

정신과 의사 빅터 프랭클은『죽음의 수용소에서』나치 수용소에서 끝까지 살아남은 사람들에 대해 이렇게 말했다. "그들은 가장 건강한 사람도, 가장 영양 상태가 좋은 사람도, 가장 지능이 우수한 사람도 아니었다. 그들은 살아야 한다는 절실한 이유와 살아남아서 해야할 구체적인 목표를 가진 사람들이었다. 목표가 강한 의욕과 원동력을 지속적으로 제공했기 때문이다."라고 밝혔다.

그런데 삶에서 막연한 꿈보다 구체적인 목표는 돋보기를 통해 햇빛을 한 점으로 집중시키면 종이에 불이 타오르듯 그 힘이 막강하다. 세계 최고의 경영 컨설턴트 중 한 명인 브라이언 트레이시는 "뚜렷한 목표를 지닌 평범함 사람들이 자신이 무엇을 원하는지 제대로 모르는 천재를 이기는 모습을 여러 번 목격했다."고 밝혔다.

나폴레온 힐은『성공의 법칙』에서 14년간 16,000명의 분석을 통해서 도출된 사실 가운데 놀라운 것은 원하는 것을 이루지 못한 95%의 사람들은 인생의 명확한 중점 목표가 없었기 때문이며, 반대로 원하는 것을 이룬 성공한 사람으로 분류된 5%는 목표가 명확했을 뿐 아니라 그들의 목적을 달성하기 위한 확실한 계획도 있었다고 밝히고 있다.

뇌과학자에 따르면 실제로 인간이 간절하게 무엇인가를 목표로 잡고 원할 때는 모든 뇌세포와 신경은 그것과 관련된 것만 보고 인식하고 말하고 행동한다고 한다. 즉, 이루고 싶은 그것에만 몰두하는 것이다. 그 결과 실제로 그것을 얻게 되는 기적이 일어난다. 학교에서도 목표의 중요성을 인식해서 아이들에게 자신의 목표를 더 구체적으로 더 구체적으로 쓸 것을 지도한다.

이루고 싶은 간절한 그 꿈이 있는가. 그렇다면 효과적이면서도 즐겁게 꿈을 이룰 수 있는 당신만의 방법에는 어떤 것이 있는가.

원하는 것을 이루는 기본적인 방법으로 시각화가 있다. 나의 행복뿐만 아니라 다른 사람의 행복을 돕는 것이 내 성공의 의미이자 삶의 목표이다. 그런데 그 본질적인 삶의 지향점 말고 구체적으로 나는 시각화를 하려고 노력한다. 끊임없이 내가 원하는 장면을 시각화하고 학생들에게도 이 방법을 안내하며 연습을 시킨다.

시각화의 기법은 자신이 간절히 원하는 꿈을 생생하게 미리 시각화해봄으로써 원하는 꿈을 실제 이뤄내는 방법으로 현대에서는 자기 계발 방법으로 자주 사용된다. 현대 자기계발서에서 일반화되어 있는 이 시각화 또는 심상화 기법은 놀랍게도 고대부터 내려오는 명상법 중의 일부였다. 웃음요가 프로그램 중에서는 요가의 호흡법, 요가 니드라, 호흡관계 명상에서 이 시각화 기법을 사용한다. 작게는 성공 웃음법을 통해 자신이 원하는 것을 이뤘다고 생각하고 신나게 웃으며 서로 성공을 축하해준다. 성공 웃음법은 정말 기쁨이 극에 달하는 웃음법으로 인기가 많다.

요가의 호흡에서는 기본적으로 시각화 기법을 사용하여 몸을 치유할 수 있다. 우리가 호흡할 때 프라나 생명 에너지가 몸에 들어온다. 자신이 원하는 건강한 상태에 대한 완벽한 이미지를 정신적으로 형성할 수 있다. 호흡할 때 그 건강한 모습을 시각화하며 때로는 질병에 '나가, 나는 건강해. 완벽해.'라고 이야기하면서 시각화할 수 있는데, 이것은 요가의 치료법이기도 하다.[1] 명상할 때는 신의 손 혹은 성령의 손을 잡고 신께로 가는 모습을 시각화할 수 있다.

요가 니드라 명상법은 '준비단계-상칼파-의식의 순환-호흡의 자각-감각과 느낌의 자각-시각화-상칼파-마무리'의 단계로 이루어진다. 요가 니드라에서는 '상칼파'와 '시각화' 단계에서 시각화가 이루어진다. 요가 니드라의 상칼파 단계에서는 자신이 간절히 염원하는 그 꿈을 긍정의 문장으로 만들어서 마음속으로 크게 세 번 외치도록 한다.

예를 들어 '나는 언제 어디서나 빛나는 사람이다.', '나는 위대한 음악가이다.' 등 요가 니드라의 시작과 끝부분에서 자신의 원하는 삶을 생각해보게 하고 현재형으로 크게 외치게 한다. 그리고 그때의 모습을 생생하게 시각화할 것을 요구한다. 마음속에서 꿈을 볼 수 없으면 현실에서도 일어나지 않는다. 생각이 현실을 창조하며 삶을 이룬다.

요가 니드라의 시각화 단계에서는 안내자의 안내에 따라 시각화가 이루어지는데 그 대상으로부터 느껴지는 감정 또는 감각까지 자각하게 된다. 자애심을 키우고 싶다면 자신의 온몸으로 사랑의 에너지가 넘쳐흐르고 사랑의 빛이 빛나는 것을 체험하게 한다. 온몸은 사라지고 지고지순한 빛의 형태가 남는 것을 시각화하도록 안내한다. '당신은 빛입니다. 빛, 빛…… 지고지순한 빛입니다.' 안내자의 말은 참여자의 신성을 일깨운다.

이 외에도 자기 내면에 있는 강인함, 용기, 치유의 힘, 지혜, 따뜻함, 평화, 자신감, 고요, 천재적 능력 등을 드러내게 할 수 있다. 트라우마의 치유가 가능한 것도 그 사람의 상황에 맞게 다양한 시각화가 가능하기 때문이다. 시각화의 대상은 해돋이, 별, 맑은 물의 호수, 수천 송이의 장미 정원, 저녁의 푸른 하늘, 해변가, 산불, 십자가, 미소 짓는 부처, 바다로부터 불어오는 바람, 끊임없는 사막, 공원과 연꽃, 산에 오르기, 강물을 따라 바다에 이르기, 차크라 시각화, 오라 시각화, 시간 여행 등 정말 다양하다.

하버드대학에서는 시각화의 기법이 과제수행에 얼마나 효과적인지를 알아보기 위해 동일한 지적 능력을 가진 학생들을 대상으로 실험했다. 한 그룹은 과제를 성공적으로 수행한 자신의 모습을 생생하게 그린 뒤 과제를 했고, 다른 그룹은 그냥 과제를 하게 했다. 그 결과 시각화의 기법을 쓴 그룹은 과제수행 능력의 100%를 보인 반면, 그냥 과제를 한 그룹에서는 55%의 과제수행 능력을 보였다.

덧붙여서 시각화할 때 그때의 상황을 주관적인 입장이 아니라, 객관화해서 시각화했을 때 성공확률이 더 높다는 연구 결과가 나왔다. 올림픽 금메달을 목에 걸고 있는 자신의 모습을 상상하는 것보다 그 모습을 객관화하여 많은 사람들이 환호하는 모습으로 시각화하는 것이 더 효과적이라는 것이다. 또한 무의식의 부정성이 정화되고, 무의식에서 의심이 완전히 사라질 때 꿈은 더 잘 이루어진다. 어린아이처럼 의심없이 믿어야 한다.

뇌는 기본적으로 정보를 입력받아 처리하는 정보처리기관인데, 인간의 뇌는 상상과 현실을 구분 짓지 못한다. 뇌는 직접적인 경험과 상상에 의한 경험을 구분하지 못한다. 신경 과학의 관점에서 볼 때 우리가 단순히 상상만으로 뇌를 변화시킬 수 있는 한 가지 이유는 어떤 행동을 상상하는 것과 그 행동을 하는 것은 다른 것이 아니기 때문이다. 사람들이 눈을 감고 사과와 같은 간단한 대상을 시각화하면 실제로 사과를 볼 때와 마찬가지로 1차 시각 피질에 불이 들어온다. 행동할 때와 상상할 때의 뇌의 많은 부분이 같이 활성화된다.[m]

하버드대학 스테판 코슬린 교수는 상상할 때와 직접 눈으로 볼 때의 뇌 메커니즘이 동일하다는 연구 결과를 발표했다. 이 연구에서는 실험에 참여한 8명에게 그려진 막대의 길이를 서로 비교하라는 과제를 주고, 그림을 실제 보고 있을 때와 상상할 때의 뇌 활동을 분석했다. 그 결과 상상을 할 때도 뇌의 시각피질이 활성화되어, 실제 망막을 통해 들어오는 시각 정보를 처리할 때와 같은 반응을 보이는 것으로 나타났다. 상상과 실제 자극이 뇌에서 동일하게 처리된다는 것을 보여준 연구 결과이다.

미국 클리블랜드병원 신경과학자 광에 박사는 젊은 사람들과 노인들을 대상으로 실제 근육 강화는 하지 않은 채 단지 마음속으로 근육을 강하게 수축하도록 상상하라고 요구했다. 피험자는 팔이나 손가락을 특정한 부위에 올려놓은 후 마음속으로만 근육을 강하게 수축시키는 상상 훈련을 했다. 각 훈련 시간은 10~15분 정도로, 총 50회 정도를 반복하면서 매 10초 정도씩 마음으로 근육을 강하게 수축하라는 명령을 내렸다. 4개월간의 훈련을 거친 결과 15% 정도의 근육이 강화되었다. 스포츠에서는 이를 이용하여 이미지 트레이닝에 많이 활용하고 있다. 신체 훈련과 이미지 트레이닝을 인간의 뇌는 구분하지 못한다.

성공적으로 시각화를 이루기 위해서는 먼저 진정으로 원하는 것을 결정해야 한다. 잠시 집중을 해서 원하는 모습을 마음속에서 생생하게 그려본다. 이루었을 때의 나의 모습, 그때 나의 감정, 듣는 소리, 향기 등 모든 것을 진짜처럼 생생하게 느껴보는 것이 중요하다.

신이 당신에게 그 꿈을 주신 것은 그 꿈을 이룰 가능성까지 주셨음을 뜻한다. 다른 사람을 의식하지 말고 과감하게 시각화하고 말로 선포하라. 인생은 마음먹기에 달려있듯 꿈을 생생하게 꿈꾸고 말로 선포함으로써 원하는 것을 이루길 바란다. 원하는 것을 얻은 성공의 모습은 웃음의 모습과 닮아있다. 자신의 꿈을 시각화하라. 이루어졌을 때의 그 환희를 느끼며 미소 지어 보자.

자신의 원하는 삶을 긍정의 문장으로 만들어봅니다.

———————————————

눈을 감고 반드시 이루어진다는 열망으로

그 문장을 마음속으로 세 번 크게 외칩니다.

그 모습을 생생하게 시각화해 보세요.

환희 미소 지으며 그 기쁨을 느껴봅니다.

온 우주가 당신을 돕습니다.

웃는 당신이 가장 아름답습니다.

꿈을 선명하게
시각화하자

　　　　　　요가 니드라, 요가호흡, 사마타수행법, 티베트불교 명상 등 고대 명상의 한 일부였던 이미지화 기법은 현대에 자신이 간절히 원하는 꿈을 상상력으로 미리 시각화해봄으로써 원하는 꿈을 실제 이뤄내는 방법으로 사용되고 있다. 상상력은 실제로 존재하지 않는 이미지를 형성하는 능력 또는 경험해 본 적이 없는 이미지를 만들어내는 능력을 말한다. 상상력과 언어능력은 사람만이 습득한 특별한 능력이다. 자기계발 방법으로 많이 알려진 시각화의 방법은 심상치료 요법, 상상치료 요법, 이미지치료 요법, 신경언어 프로그래밍, FPT 프로그램, VD 치료법, 대체치료 요법 등 다양한 전문용어로 세계 각국에서 사용되고 있다. 우리나라에서는 나폴레온 힐의 『성공의 법칙』, 론다 번의 『시크릿』과 이지성의 『꿈꾸는 다락방』 등의 책을 통해 많이 알려지게 되었다. 많은 사람들이 이 방법을 통해 꿈을 이루고 있다. 세계 곳

곳에서 시각화와 긍정적인 확신으로 자신의 꿈을 이루어나가고 있다. 시각화는 자신의 꿈을 이룰 뿐 아니라 병을 치유하는 데 효과적이다.

『당신이 플라시보다』의 저자 조 디스펜자는 1986년 철인 3종 경기에 참가했다가 수영 레이스를 마치고 자전거 레이스를 시작했을 때 SUV에 깔리는 사고를 당했다. 척추뼈가 여섯 개(흉추 8, 9, 10, 11, 12번과 요추 1번)가 부러졌고 흉추 8번은 60% 이상이 부서졌으며 척수를 보호하는 원호 궁은 부서져 비틀어져 있었다. 의사는 그에게 30㎝ 스테인리스 스틸 막대 두 개를 몸에 삽입해야 몸의 마비를 막을 수 있다고 말했지만 그는 그 치료를 거부했다. 그리고 그는 스스로 자신을 치유하기로 결심했다. 인간의 몸에 자가 치유 능력이 있으며, 스스로 치유할 수 있다는 강인한 믿음으로 그는 시각화를 시작했다.

조 디스펜자는 하루에 두 번 각각 두 시간씩 내면으로 들어가 그가 의도한 결과의 그림을 만들어내기 시작했다. 당연히 완전히 치유된 척추 그림이었다. 완전히 회복된 척추로 살아가는, 자신이 원하는 삶을 창조하는 시각화 명상을 계속했다. 척추를 재건하며 원하는 심상을 창조하는 일이 매일 조금씩 쉬워지기 시작했다. 생각들이 더 구체적이 되어서 샤워를 하며 얼굴과 몸에 물을 맞는 느낌, 샌디에이고 해변을 걷는 느낌, 얼굴에 바람을 맞는 느낌 같은 것도 상상했다.

양자 역학의 주요 법칙 중 하나인 마음과 물질이 서로 분리된 요소가 아니고, 의식적 무의식적 생각과 느낌이 바로 우리의 운명을 지배하는 청사진이라는 말처럼, 그는 결국 사고 후 9주 반이 지났을 때 일어났고 일상으로 돌아왔다. 그에게 마음으로 몸을 치유하는 것보다 더 중요한 일은 없었으며, 이 경험을 통해 과거에 아무리 큰 실수를 저질렀다고 해도 우리는 모두 신과 같은 창조자임을 깨달았다고 그는 말한다.

미국 텍사스대학 방사선과 치료의사인 칼 사이몬튼(Carl Simonton)은 생존할 확률이 5% 미만인 61세의 후두암 환자를 대상으로 이미지 요법을 치료에 적용해 보았다. 사이몬튼 부부는 이미지 요법을 암에 최초로 응용한 사람들이었다. 환자들에게 방사선 치료를 수백만의 에너지를 가진 탄환으로 생각하고 암세포를 명중하여 모조리 파괴되는 모습을 선명하게 시각화하도록 환자에게 요구했다. 놀랍게도 기적적으로 단 2개월 만에 암의 모든 징후가 사라졌다. 그는 더 나아가 더 이상 치료법이 없는 159명의 말기 암 환자에게 이미지 요법을 시행했다. 그 결과 환자의 평균수명은 24.4개월로 대조군의 평균수명 12개월에 비해 2배 이상 연장되었으며, 암이 완전히 소실된 경우가 14명으로 전체의 22.2%나 되었다. 그리고 51%의 암 환자들이 삶의 질을 보다 높일 수 있었다.

뇌종양에 걸린 소년 글렌은 담당 의사가 치료가 소용이 없다며 돌려 보낸 환자였다. 글렌의 부모는 지푸라기라고 잡는 심정으로 사이몬튼 부부의 이미지 요법을 시행했다. 아이는 이미지 요법에 처음에는 잘 적응하지 못했으나 마침내 비디오게임에서의 로켓 탄처럼 자기의 머릿속을 날아다니면서 종양을 사격한다는 이미지를 그리기로 결정했다. 글렌은 암의 이미지를 '크고 둔하고 회색인 것'이라고 하고 그것을 향해 규칙적으로 로켓 탄을 발사했다. 몇 개월 후에 어린 글렌은 아버지에게 말했다. "아빠, 나 로켓 탄을 타고서 머릿속을 돌아다녀 봤어요. 그랬는데 암을 찾을 수가 없었어요." 그 말처럼 CAT 스캔을 받은 결과 글렌의 종양은 깨끗하게 소멸되어 있었다.

명상의 일부였던 이미지 요법, 시각화를 통해 자신의 꿈을 이룬 사람은 셀 수 없이 많다. 에스티 로더도 그중 한 사람이다. 자신의 자서전『향기를 담은 여자』에서 그녀는 다음과 같이 썼다.

"젊은 시절 한 여자와의 만남이 없었더라면 오늘날의 내가 되지 못했을지 모른다. 어느 고급 미용실에서 고상한 분위기를 지닌 미모의 귀부인이 아름다운 블라우스를 입은 것을 보고, 조금만 호의를 보여주고 싶어서 그 블라우스를 어디서 구입했는지 용기를 내어 물었다. 그러나 그 귀부인은 '어디서 샀건 그것이 아가씨에게 무슨 상관일까? 죽었다가 깨어나도 아가씨는 이런 옷을 살 수가 없을 텐데.'라고 폭언을 퍼부었다. 가슴이 두 방망이질을 하고 얼굴이 화끈해져서 미용실에서 황급히 나온 나는 충격을 받고 '다시는 죽어도 죽어도 죽어도, 다시는 누구든지 나에게 그런 소리를 못하게 할 거야.'라고 다짐했다."

그녀는 그 결과 1946년 자신의 이름을 딴 화장품 브랜드를 만들었고, 지금 이 회사는 27개 브랜드에 2만 2,000개 제품을 세계 140개국에 판매하고 있는 일류 기업으로 성장하였다. 에스티 로더는 자신의 성공 비법을 밝혔는데 그것은 다름 아닌 꿈을 시각화하는 것이었다.

"시각화하시오. 이 말뜻은 글자 뜻 그대로이다. 나는 누구든지 성공하려는 각오를 할 수 있다는 것을 알고 있다. 만일 마음의 눈으로 성공적인 기업, 성사된 거래, 달성된 이익 등을 보게 된다면 실제로 그런 일이 일어날 가능성은 높아진다. 자기 마음을 성공적인 상황 속에 투사시키는 것은 목표를 달성하는 가장 강력한 수단이 된다. 만일 마음속에서 실패의 모습을 그리느라고 시간을 보낸다면 실제로 실패하게 될 것이다. 나는 실제로 바랐던 결과가 나타나기 전에 수천 번이나 대형백화점에 대규모의 판매를 달성하는 것을 그려보았고 내 마음속에 있던 그 그림은 현실이 되곤 했다. 나는 성공을 시각화하고, 그 이미지에서 현실을 창조해냈다. 뛰어난 운동선수들, 사업가들, 투자가들, 그리고 인생의 여러 단계에서 성공한 사람들은 모두 이 비결을 알고 있는 것 같다. 작가인 노먼 커즌스는 한때 치명적인 병이 있다는 진단을 받았다. 그는 그 진단을 결코 인정하려 들지 않았다. 대신에 그는 자신의 건강하고 행복스런 모습을 눈앞에 그렸고, 그 그림을 현실로 만들어 놓았던 것이다. 당신이 상대할 수 있는 가장 강력한 경쟁자는 당신 자신이다."

나폴레옹은 적은 잠에도 불구하고 명상을 통해서 자신의 전쟁에서 완전히 승리하는 모습을 시각화하였다. 나폴레옹은 자기 암시와 시각화로 인해 가난한 범인에서 프랑스 최고의 권력자가 되었다. 에디슨의 전기, 녹음기, 활동사진, 기타 여러 발명품도 마음속의 시각화가 만들어낸 결과물이다. 전기에 대해 지식을 가지고 있었던 과학자들과 발명가들은 전기로 전선에 열을 발생시켜 빛을 낼 수 있다는 것을 이미 알고 있었다. 그러나 에디슨만이 수천 번의 실험과 기존 지식을 상상 속에서 결합하여 꿈을 이루어냈다.

『내 영혼의 닭고기 수프』의 저자 잭 캔필드는 시각화 방법을 통해 베스트 셀러 작가가 되었다. 월트 디즈니는 자신의 만화가 전 세계 어린이들에게 전파되는 것을 늘 시각화하였다. 심지어 그가 세상을 떠난 뒤 16년 후인 디즈니 월드의 두 번째 테마파크인 엡콧이 개장되었을 때, "이 테마파크를 죽기 전에 디즈니가 봤더라면 얼마나 좋았을까요?"라고 묻는 기자에게 그의 아내 릴리안은 디즈니가 이미 마음속 상상력을 통해 엡콧 테마파크를 미리 봤다고 대답했다.

달 표면을 최초로 걸은 닐 암스트롱도 어린 시절부터 마음속의 상상을 했으며, 타이거 우즈도 경기를 들어서기 전에 시각화를 했다. 올림픽 10종 경기 금메달리스트인 브루스 제너는 금메달을 따기 전 2년 동안 금메달을 따는 장면을 매일같이 상상했다. 2004년 아테네 올림픽 남자 유도 금메달리스트 이원희 선수는 상대 선수와 미리 시합에서 이기는 장면을 상상하고 경기에 임하였으며, 2005년 세계선수권대회 금메달리스트 장미란 선수 역시 늘 눈을 감고 시합에서 역기를 들어 올리는 장면을 상상했고 결국 꿈을 이뤘다.

마음에서 볼 수 없으면 현실에서 이루어지지 않는다. 담대함으로 시각화해라. 현대 경영학의 창시자인 피터 드러커(Peter Fendnand Drucker)는 "조금밖에 바라지 않으면 성장도 없다. 많은 것을 추가하면 같은 노력으로 거인으로 성장할 수 있다."라고 말했다. 물론 그 꿈에는 인류에 대한 사랑과 봉사의 마음이 담겨 있어야 더 잘 이루어질 것이다. 다른 사람을 파괴시키려는 부정적인 시각화는 자신의 삶을 오히려 더 병들게 한다. 영적인 사람은 단순히 지금 눈앞에 벌어진 성공만을 생각하지 않고 보이지 않는 사랑의 에너지에 초점을 맞춰야 한다. 원하는 것을 시각화하고 말로 선포하라. 꿈을 다 이룬 것처럼 말하고 환히 미소 지어 보아라.

웃음의 또 다른 얼굴
몰입

40년간 시카고대학 심리학·교육학과 교수로 재직한 미하이 칙센트미하이 교수는 성공적이고 행복한 삶을 위해서는 자기가 정한 한 가지 일에 깊이 빠져드는 몰입이 필요하다고 말한다. 몰입은 사람들이 다른 어떤 일에도 관심이 없을 정도로 지금 하는 일에 푹 빠져 있는 상태를 말한다. 그 상태를 플로우라고 이름 붙이고 물결을 따라 흘러가듯 모든 것이 저절로 일어나는 듯한 느낌이라고 표현했다. 곧 이때의 경험 자체가 매우 즐겁기 때문에 이를 위해서는 어지간한 고생도 감내하면서 그 행위를 하게 되는 상태이다. 칙센트미하이 교수는 요가 역시 가장 오래되고 가장 체계적으로 몰입 경험을 낳는 방법 중 하나라고 보고, 요가가 몰입의 심리 상태와 여러 측면에서 비슷하다고 밝혔다. 몰입에서는 현재가 중요하다. 몰입이 집중의 상태며 현재를 중시한다는 점에서 명상과 같다.

몰입 상태에서는 자아실현을 하고 있다고 느낀다. 몰입 경험이 진행되는 동안은 시간과 자아를 망각하지만 그 후에는 자부심과 실력이 높아진다. 에이브러햄 매슬로는 인간의 동기부여 이론으로써 '욕구 단계설'을 제안했는데, 욕구 5단계 중에서 자아실현을 가장 높은 단계에 두었다. 심리학에서 자아실현이란 영적으로 성장하고 자신의 잠재능력을 최대로 발휘하는 상태를 나타낸다. 뇌과학자들은 몰입하는 순간이 뇌가 최대로 움직이는 순간이라고 말한다.

몰입했을 때에는 웃었을 때와 같은 호르몬 도파민의 물질이 분비된다. 도파민 호르몬은 천국에서 맛볼 수 있는 기쁨에 맞먹는다는 행복 호르몬이다. 뇌에서 분비되는 도파민은 뇌를 각성시켜 집중과 주의를 유도하고 쾌감을 일으키며, 삶의 의욕을 솟아나게 하고 창조성을 발휘하게 하는 신경 전달 물질이다. 도파민이 관여하고 있는 집중, 쾌감, 의욕, 창조성 등은 몰입 체험 때 나타나는 대표적인 특징이다.

각종 취미 활동에도 도파민 분비에 의한 쾌감이 작용하며, 사랑에 빠질 때도, 웃을 때, 식사할 때도 도파민이 분비되어 즐거움을 느끼는 것으로 알려져 있다. 결국 우리가 얻는 거의 모든 즐거움과 쾌감의 근원은 도파민이라 할 수 있다.[11] 자신이 좋아하는 일에 목표를 가지고 몰입한다면 큰 기쁨을 얻을 수 있다. 몰입은 웃음의 또 다른 얼굴이다. 몰입과 웃음 모두 행복 그 자체이기 때문이다.

몰입할 것을 찾고 건강한 삶을 살아간 한 여인의 일화가 있다. 네덜란드의 한 병원에서 정신분열증으로 10년 넘게 입원해 있던 여성이 있었다. 늘 머리 모양도 산만했고 정서적으로도 매우 무감각한 상태였다. 그런데 이 여인은 손톱을 다듬을 때만은 만족해했는데,

이를 본 의료진은 그녀에게 병원에서 어느 날 네일아트를 배우게 하였다. 의사는 그녀에게 병원의 모든 환자들과 의료진에게 네일아트를 하는 일을 시켰다. 몰입할 네일아트를 찾은 후 그녀의 증세는 나아졌고 나중에는 병원에서 나와 네일숍을 운영하여 건강한 삶을 살게 되었다.

고암 이응로 화백은 동베를린 사건으로 감옥에 갇혀 수많은 고통을 당할 때 창작의 몰입으로 그 순간을 극복했다. 빈센트 반 고흐는 가난과 고독 속에서도 예술 창작에 대한 몰입으로 행복감과 희열감을 맛보았다. 자신이 몰입할 무언가가 있고 꿈이 있다는 것은 행복한 일이며 매우 중요한 일이다.

그러나 원하던 목표를 이루면 행복해지고 원하는 것을 얻지 못하면 불행해 하는 이원적이고 파괴적인 생각에서는 벗어나야 한다. 인생의 목적이 단지 성공이 아니라 행복이라는 것에 있다면 자신의 목표를 이루는 것 못지않게 삶의 여정 자체가 너무나 값진 것일 것이다. 목표를 이루는 그 과정에서 즐거움과 의미를 찾는 것이 필요하다.

내려갈 때 보았네
올라갈 때 보지 못한
그 꽃

고은의 시 '그 꽃'처럼 목표에만 치중하다 보면 과정에서 얻어지는 경험의 가치와 현재 순간순간의 소중함과 아름다움을 놓쳐버릴 수가 있다. 모파상의 『목걸이』에서 목걸이 값을 갚는 것을 목표로 달리다 결국 자신의 젊음을 다 허비해버리고 후회하는 가엾은 로와젤 부인처럼 목표에 집착한 나머지 그 과정의 소중한 것들을 놓치고 후회해서는 안 될 것이다.

꿈을 이루기 위해 몰입하는 지금 이 순간, 그 과정의 소중함을 잊지 말고 힘들더라도 그럼에도 불구하고 웃으면서 보내기를. 힘든 도전 속에서도 미소 지으면서 보낼 수 있는 사람은 용기 있고 아름다운 사람이다.

운명을 바꾸는 힘,
쓰면 이루어진다

종이 위에 자신의 꿈을 적는 것은 꿈을 이루기 위해 첫발을 내민 것이다. 그러나 내디딘 첫발은 기적처럼 큰 힘을 발휘한다. 존 고다드(John Goddard)는 15세 때 할머니가 숙모에게 하는 이야기를 듣는다.

"아, 이것을 내가 젊었을 때 했더라면……."

그때 문득 존 고다드는 '나는 커서 절대 무엇을 했더라면 이라는 후회는 하지 않을 거야.'라고 다짐을 한다.

존은 노란색 종이 한 장을 가져다가 맨 위에 '나의 인생 목표'라고 쓴다. 그리고 그 제목 아래에다 존은 127가지의 인생 목표를 적어 내려갔다. 불가능해 보이는 것까지 개의치 않고 써 내려갔다. 그 이후 존 고다드는 그중에서 111가지의 목표를 이루었는데 이것들은 결코 쉽거나 간단한 목표들이 아니었다. 꿈 목록에는 세계의 주요 고산 등반과 큰 강 탐사를 비롯해 1마일을 5분에 주파하기, 대학 강의하기, 작곡하기, 피아노로 베토벤의 월광곡 연주, 책 내기, 배를 타고 지구를 일주할 것(네 차례 일주함), 달 탐사하기(1980년에 우주비행사가 됨) 등이 포함되어 있었다. 존 고다드는 종이 위에 계속해서 글을 써 내려갔으며 자신의 꿈을 기록하고 이룬 꿈은 하나씩 표시해 나가 더 큰 꿈을 꿨던 사람이다. 작은 꿈을 이루면 더 큰 꿈을 꿀 수 있는 힘을 주기 때문이다. 종이 위의 기적처럼 쓰면 이루어진다.

공장의 말단 직원으로 근무하던 스콧 애덤스(Scott Adams)는 빈 노트에 '나는 매일 배달되는 신문에 만화를 그리는 유명한 만화작가가 될 것이다.'라는 글귀를 하루에 열다섯 번씩 썼다. 여러 신문사로부터 수없이 거절당하지만 그는 포기하지 않고 매일 그 글귀를 열다섯 번씩 써 내려갔다. 결국 그는 딜버트 만화로 그 꿈을 실현시킨다. 하나의 꿈을 이루면 산 너머 또 다른 산을 꿈꾸게 되듯 그는 더 큰 꿈을 꾸었다. '세계 최고의 만화가가 되겠다.'를 하루에 열다섯 번씩 노트에 써 내려가기 시작했다. 지금 만화 딜버트는 세계 전역의 2,000개 이상의 유력 신문에 실리고 있으며 그의 홈페이지에는 하루 10만 명 이상이 접속하고 있다. 이제 세계 어디를 가보아도 딜버트 캐릭터를 발견할 수 있는데, 그는 그 글귀처럼 정말 세계 최고의 만화가가 되었다. 지금 스콧 애덤스는 하루에 열다섯 번씩 이런 말을 적고 있다. '나는 퓰리처상을 받을 것이다.'[ㅇ] 당신이라면 어떤 문장을 하루에 열다섯 번씩 써보고 싶은가?

인터내셔널 매니지먼트 그룹(IMG)을 설립하여 스포츠 관리 및 스포츠 마케팅이라는 사업을 탄생시킨 마크 매코맥은 저서 『하버드 경영대학원에서 가르쳐주지 않는 것들』에는 명확한 목표를 글로 쓰는 것이 힘을 알려주는 소개로 다음과 같이 제시했다. 1979년 미국 하버드 경영대학원 졸업생들에게 '졸업 후 무엇을 할 것인가.'라고 명확한 목표를 세웠는지에 관해 물었다. 84%의 학생들은 학교를 졸업하고 취직하여 여름휴가를 즐기겠다는 것 외에는 구체적인 목표가 없었고, 13%는 단지 생각만으로 목표를 가지고 있었으며, 나머지 3%는 종이에 글로 적은, 데드라인을 정한 뚜렷한 목표를 가지고 있었다. 10년 뒤 이들을 다시 인터뷰한 결과 목표를 가지고 있었던 13%의 그룹은 그렇지 않은 그룹에 비해서 수입이 2배로 높았으며, 구체적인 목표를 종이에 기록한 3%에 해당하는 그룹의 학생들은 나머지 97%의 졸업생들보다 평균적으로 수입이 10배로 높았다. 그 3%에 속하는 학생 각자가 이룬 성과를 보았더니 그들 스스로 정한 목표를 능가했다.

왜 종이 위에 쓰면 더 잘 이루어질까. 동경대학 의과대학의 가와시마 류타 박사는 저서 『5분 활뇌법』에서 눈으로 보는 것보다 쓰는 활동이 좌우의 뇌를 더 많이 움직이게 한다고 말한다. 쓰기를 되풀이하면 뇌의 많은 부분을 활성화시켜 기억력이 향상된다. 뇌를 단련시키는 효과가 생기는 것이다. 반면에 눈으로만 보면서 암기할 때는 사물을 보는 후두엽과 좌뇌의 전두전령 세 군데의 작은 영역만이 활동할 뿐이었다. 손은 제2의 뇌라고 말할 수 있을 정도로 뇌와 연결된 중요한 신체 기관 중 하나다.

사람의 뇌는 어떤 목표가 강하게 입력되면 그 목표를 달성하기 위해 움직이기 시작한다. 두뇌에 있는 RAS(Reticular Activating System, 신경망 활성화 시스템)라는 신경계가 활동하고 의식 공간이 놀랄 만큼 확장되기 시작한다. 자신이 좋아하지 않거나 관심이 없는 부분은 RAS에서 거부되어 의식 속에 들어오지 않는다. 반면 좋아하거나 관심이 있는 부분은 RAS 활동인 선별 기능을 무사 통과한 후 의식 속에 들어온다. 그때까지 목표와 관련된 무심히 지나쳤던 기회가 갑자기 눈에 보이게 되고 들리지 않았던 소리가 들리게 된다. 무언가를 마음속으로 원하거나 필요하다고 생각하면 자신이 의식하든 하지 않든 뇌가 자동적으로 정보를 수집한다.[1)]

이처럼 반복적 쓰기는 뇌를 활성화시키고 목표를 강력하게 뇌에 입력시켜 꿈과 관련된 의식 공간을 확장시킨다. 그뿐만 아니라 목표를 향한 열망은 무의식에 깊이 각인을 시켜서 꿈을 이루게 도와주리라.

글이 가지고 있는 힘이 알려지면서 진로를 비롯한 모든 교육에 글쓰기가 기본적으로 활용되고 있다. 학교에서는 자신의 꿈을 구체적으로 더 구체적으로 써보도록 지도한다. 쓰면 이루어진다. 원하는 것을 먼저 써 보라. 구체적으로 꿈을 적으면 이루어진다. 반복적인 글쓰기는 자신의 운명을 바꾸는 힘을 지녔다.

웃음요가의 장점은 통합치유가 가능하다는 점이다. 웃음요가가 웃음, 요가의 호흡, 명상이 결합되었지만, 나는 한국적으로 나에게 맞는 창의적으로 프로그램을 결합시킨다. 가브리엘 로스의 5리듬, 구르지예프 무브먼트 춤 명상, 웃음율동 등이 그렇듯 글쓰기 프로그램 또한 마찬가지다. 종이 위의 기적처럼 글쓰기는 꿈을 적으면 이루어지게 할 뿐만 아니라 놀라운 치유의 힘을 지녔다.

자신의 아픈 마음을 종이에 기록하는 것만으로도 치유의 효과가 있다. 미국 텍사스대학 제임스 페니 베이커는 글쓰기 치유 프로그램 참가자들에게 7일간 매우 15분씩 익명으로 가장 고통스러웠던 경험을 글로 써보도록 했다. 7일간의 글쓰기가 끝난 후 참가자들은 심신의 면역력이 높아지고 더 낙관적인 태도를 보았으며 그 효과가 지속되는 것으로 나타났다.

캘리포니아 예방의학 연구센터의 딘 오니쉬(Dean Ornish) 박사는 규칙적인 일기 쓰기가 마음의 짐을 덜게 하여 심장에 가해지는 부담을 줄여주고 천식 환자들의 심폐기능 항진, 관절염 환자들의 통증 완화, 에이즈 환자의 백혈구 증가, 전이암 환자의 수면 장애 개선 등의 효과가 있다고 밝혔다.

줄리아 카메론은 할리우드 영화감독인 마틴 스코세이지와의 이혼의 아픔을 글쓰기로 정면 승부하였다. 영화 '택시 드라이버', '뉴욕 뉴욕'의 시나리오를 남편과 공동집필하기도 했던 그녀는 남편과의 이혼 후 그 고통으로 우울증과 알코올 중독에 빠졌지만, 자신의 상처와 고통을 있는 그대로 글로 쓰는 과정에서 상처를 치유하였다. 그녀는 자신의 경험을 통해 글쓰기의 힘을 발견하고 더 나아가 『나를 치유하는 글쓰기』 책을 통해 자신처럼 고통받는 사람들에게 아픔과 절망을 극복하기 위해 글을 써보라고 권하고 있다.

자기 자신을 찾는 방법으로 글쓰기와 여행은 큰 도움이 된다. 끊임없이 자기 자신에게 묻고 대답하고 표현하는 과정속에서 나를 만나기 때문이다. 글을 쓰다 보면 내가 무엇을 좋아하는지 왜 슬픈지 무얼 하고 싶은지 드러나게 된다. 나를 아는 것은 카오스 같은 세상

속에서 나의 중심을 잃지 않고 살아가게 돕는 나무의 뿌리와 같은 역할을 한다. 50년간 일기를 써오면서 글쓰기의 힘을 스스로 체험한 세퍼드 코미나스 박사는 『치유의 글쓰기』에서 글쓰기의 힘에 대해서 다음과 같이 소개했다.

첫째, 글쓰기는 육체적으로 도움을 준다. 글쓰기는 스트레스와 긴장해소에 도움이 된다. 자기 배려를 통해 인생을 내다보는 데 영감을 주며, 고립감에서 벗어나게 만드는 힘이 있다.

둘째, 정서적으로 도움을 준다. 글쓰기는 누군가에게 앙갚음을 당할지 모른다는 두려움 없이 자기감정을 표현할 수 있는 안전지대 역할을 한다. 미지의 것에 대한 공포에 당당히 맞설 용기를 주며, 삶의 온갖 경험들에 대해 나중에 반성과 의미를 부여할 시간을 제공한다.

셋째, 정신적으로 도움을 준다. 글쓰기가 생각의 혼돈을 정리하는 지름길을 제공한다. 글쓰기는 자아통찰을 더욱 폭넓은 관점에서 자기 행동을 바라볼 수 있게 해준다. 문제 식별 능력을 주어 스스로 해결책을 모색하게 한다.

넷째, 영적으로 도움을 준다. 글쓰기는 의사소통의 자리를 갖게 된다고 한다. 글쓰기는 직관으로 나가는 통로를 열어줌으로써 지혜의 중심으로 이동하게 한다. 세상과의 조화를 통해 원만한 삶을 이루게 한다.

다섯째, 통합적 이점을 지닌다. 글쓰기는 자신이 성취한 것들을 가치 있게 받아들이게 한다. 글쓰기는 인생의 전환기를 더 주의 깊게 성찰하게 하고, 과거를 탐구하는 데 도움을 주며, 좀 더 창조적으로 생활할 수 있게 도와준다.

자신이 쓴 글만큼 따뜻한 위로가 되고 힘이 되는 것이 또 있을까. 꿈을 이루게 하고 마음 가는 대로 가게 도와주며 내 삶의 기록인 글쓰기. 글쓰기는 꿈을 이루는 요술 방망이이자 치유의 램프다. 원하는 삶을 진심을 다해 구체적으로 적어보고 웃어보라. 자신의 혼란스러운 마음도 있는 그대로 적어보라. 그 안에 길이 보일 것이다.

무엇을 원하시나요?

소중한 그 꿈을 쓰면 기적처럼 이루어집니다.

구체적으로 적어보세요.

쓴 후에 다 이룬 것처럼 소리 내어 읽고 웃어봅니다.

왕처럼 왕비처럼.

당신은 참 아름답고 소중한 사람입니다.

긍정적인 마음과 믿음은
기적을 낳는다

긍정적인 마음이 건강과 행복을 가져다준다. 긍정적이고 기쁜 생각은 몸을 건강하게 하고 행복하게 하지만 부정적이고 나쁜 생각은 몸을 망치고 삶을 병들게 한다. 마음과 몸의 관계를 연구하는 정신신경면역학(Psychoneuroimmunology)뿐 아니라 마음과 유전자의 관계를 연구하는 시대가 왔다. 이 분야에 따르면 내가 어떻게 마음 먹느냐에 따라 내 건강과 유전자는 달라질 수 있다. 믿는 대로 된다. 나을 것이다 생각하면 병이 나을 것이며, 할 수 있다 생각하면 할 수 있다. 마음으로 몸을 치유한다는 것은 새로운 방법이 아니라 지난 수천 년간 사람들은 마음으로 스스로를 치유해 왔다. 3,000년 전 베다(고대 브라만교 경전)에는 명상을 통해 자신을 치유하기 위해 마음을 사용하라고 언급하고 있고 전통 요가에서도 기본적으로 사용하고 있는 방법이다.

　우리 보통 성인의 몸에는 하루에 암세포가 300개 정도 생긴다. 그런데 우리가 암에 안 걸리는 이유는 면역력이 있어서 암세포를 충분히 제압하기 때문이다. 그런데 놀라운 사실은 우리가 긍정적인 마음과 부정적인 마음이 암세포와 면역력의 차이에 아주 큰 차이가 난다는 것이다. 우리가 긍정적인 마음을 먹으면 암세포는 1/10로 줄어들고 면역력은 10배가 높아진다. 반대로 부정적인 마음을 먹으면 암세포가 10배가 많아져서 3,000개 정도 발생하고 면역력은 1/10로 줄어든다. 우리의 마음가짐이 신체에 미치는 놀라운 효과이다.[9)]

　어린 시절부터 부정적인 소리, 폭력적인 영상에 노출되는 것은 매우 위험한 결과를 초래할 수 있다. 『의식혁명』의 저자 데이비드 홉킨스 박사는 욕이 들어가는 등의 반복적인 부정적인 패턴의 음악은 아이들을 최면에 걸린 트렌스 상태로 만든다고 말한다. 아이들은 문자 그대로 노예화되고 이성을 잃은 파괴행위를 저지르는 경향이 생긴다. 자신이 어떤 막강한 부정적 에너지장의 피해자임을 모른 채 신체적·정서적·성적 괴롭힘을 당한 젊은이들은 뇌의 신경전달 물질 균형에 영구적 손상을 입을 수 있다. 그리고 습관적으로 그들은 학대하는 파트너를 찾아내고 자살 충동과 끝없이 싸워야 하는 성인 우울증 환자가 된다고 경고한다. 특히 영화나 드라마, 음악가, 작가 등 창조적인 예술가들이 더 아름답고 선하고 평화로운 이야기를 다뤄야 하는 이유가 여기에 있다. 사람들에게 무의식적으로 미치는 영향력이 막강하기 때문이다.

반대로 사랑을 주제로 한 영화를 보기만 해도 감기나 다른 감염에 대항해 이겨내는 역할을 하는 침 속의 면역항체 수치가 높아졌다. 실제로 1998년 하버드 의과대학에서 학생들에게 마더 테레사의 일대기 영화를 보기 전·후의 면역항체 수치를 재어본 결과 후의 면역항체 수치가 일제히 높아졌다. 또한 대가를 받고 아르바이트를 하는 학생보다 대가를 바라지 않고 자원봉사를 하는 대학생들의 면역 수치가 더 높아져 있었다. 이를 '테레사 효과' 또는 '슈바이처 효과'라고 부른다. 봉사 활동을 하거나 누군가를 돕는 일을 바라보기만 하더라도 면역기능이 향상되는 것이다. 반대로 나치의 선전용 영화를 보여주면 면역항체 수치가 감소하고 스트레스 호르몬이 증가한다.

웃음요가에서는 매 운동이 끝난 후에 신호처럼 '좋아요, 좋아요, 예!', 'Very good, very good, yeh!'를 부른다. 소리가 무의식에 주는 힘이 강함을 인식하고, 긍정적인 언어를 통해 삶의 긍정적인 자세를 무의식중에 각인시켜 행복한 삶에 이르게 하기 위해서이다. 삶에 대한 긍정성의 훈련으로 지금 이 순간 만족과 함께 기쁨이 넘쳐흐르게 되는 언어를 구호로 사용한다. 더불어 웃음요가에서는 모음소리 명상을 통해 우주의 진언의 소리를 함께 공명함으로써 평화와 사랑에 이르도록 돕는다.

마음의 그 놀라운 힘,
플라시보

플라시보 효과는 의사가 환자에게 병과는 상관
없는 약을 주고 나을 수 있다고 하면, 병이 나을 수 있다는 의학용어이
다. 긍정적인 믿음과 의지가 병을 낫게 한다는 것을 의미한다. 삶에서
희망은 병을 치료하고 이겨내는 데 중요한 역할을 한다.

밴쿠버 브리티시컬럼비아대학의 연구원 그룹은 일단의 파킨슨병
환자들에게 증상을 제법 완화시켜 줄 약을 받게 될 거라고 이야기해
주었다. 그러나 실제로 그 환자들은 플라시보인 식염제 주사만 맞았
을 뿐이다. 그런데 어떤 약물 처치도 받지 않은 그들 중 절반이나 되
는 사람들이 주사 후 운동 신경 조절 능력이 훨씬 좋아졌다. 무슨 일
이 벌어졌는지 확실히 알기 위해 연구원들은 환자들의 뇌를 정밀 조
사했고, 플라시보에 긍정적으로 반응한 사람들의 뇌가 실제로 도파

민을 생산해 낸다는 것을 알게 되었다. 도파민 양이 전보다 200%까지 늘어난 것이다. 약물로 그 정도의 효과를 내려면 암페타민(각성제로 도파민을 증가시킨다)을 거의 최대 용량에 가깝게 투여해야 한다. 도파민은 뇌에서 동기 유발, 목표 추구와 관련 있는 호르몬으로 뇌에서 도파민의 경로는 엔도르핀(Endorphin)과 엔케팔린(Enkephalin) 호르몬의 경로와 연결되어 있다. 이 행복 호르몬이라 불리는 엔도르핀과 엔케팔린 호르몬은 통증을 경감시키고 행복감을 느끼게 하며 면역 체계를 강화시킨다.

플라시보 효과에서 의사가 얼마나 중요한 역할을 하는가를 실감나게 보여주는 직접적인 예는 출혈성 궤양을 보이는 환자를 두 집단으로 나누어 시행한 실험에서 찾을 수 있다.

첫 번째 집단의 환자들에게는 확실한 효과를 가진 새로운 약이 발명되었다는 정보를 의사가 주었다. 두 번째 집단의 환자들에게는 새로 시험 중에 있는 약을 복용할 것이지만, 그 효과는 아주 적은 정도만 알려져 있다고 간호원을 통해 알려주었다. 실험 결과 첫 번째 집단에서는 70%의 사람들이 궤양에서 완치된 데 비하여, 두 번째 집단에서는 단지 25%만이 유사한 정도의 회복을 보였다. 그런데 두 집단은 모두 동일한 약, 플라시보를 투약받았다.[7] 이 플라시보에 따르면 환자에게 병이 나을 수 있다는 희망을 준다는 것 자체가 바로 치료의 효과를 줄 수가 있다. 의사가 환자에게 희망과 기대감을 갖도록 조성하며 병으로부터 완치될 수 있게 도울 수 있다.

이 플라시보는 의사가 환자에게 할 수도 있지만 환자 자신이 자신에게 그 의미를 부여할 수도 있다. 실제로 고혈압 환자를 치료한 한 미국의 병원은 환자들에게 하루 10분씩 '나의 혈압은 80~120이다.'라는 말을 하게끔 하였다. 이런 말을 지속적으로 하게 되면 혈압이 정상적으로 돌아왔는데 말이 신체에 미치는 영향이 얼마나 큰지를 보여준다. 모든 태도, 생각, 신념은 신체의 모든 장기로 가는 에너지 경락이라고 불리는 다양한 경로와 연결되어 있다. 긍정적인 말과 긍정적인 자기 암시와 확인이 건강과 행복한 삶을 사는 데 중요한 요소로 작용한다.

그런데 플라시보 효과는 환자가 몰랐을 때뿐 아니라 가짜 약임을 알았음에도 효과를 발휘했다. 1997년 UCLA 신경정신병학협회에서 벤라팍신(상표명은 '이펙서')이라는 항우울제 신약의 임상실험에 지원할 사람을 찾고 있었다. 51명의 절반가량이 실험 약제인 항우울제를 받았고 나머지 절반이 플라시보를 받는다는 사실을 잘 알고 있었다. 이 연구 결과 플라시보 그룹의 38%가 병이 이미 호전되었다. 이것은 플라시보만으로도 병이 호전된다는 일반적인 상식을 알고 있었고 그 마음의 힘이 작용한 것이다. 항우울제 이펙서를 받은 그룹은 52%가 나아졌다. 그런데 나머지 자료들이 다 나오자 이번에는 연구자들이 놀라고 말았다. 플라시보로 효과를 본 환자들은 나아졌다고 단지 상상한 것이 아니었다. 그들 뇌파의 패턴이 실제로 변해 있었다. 연구 내내 그렇게나 충실히 진행된 뇌전도 측정 기록들이 전전두엽 피질의 활동이 상당히 증가했음을 보여 주었던 것이다. 우울증 환자들은 보통 전전두엽 피질의 활동이 매우 둔하다.[5]

플라시보 효과의 정반대는 노시보 효과이다. 아무리 좋은 약을 먹더라도 환자가 그 효과를 의심한다면 치료가 되지 않는다는 것을 의미한다. 1985년 노벨평화상 수상자이자 하버드 의과대학과 브리검 여성 병원의 심장병 전문의인 버나드 로운은 수련의 시절 다음과 같은 사건을 목격하면서 노시보 효과의 위험성을 말한다.

당시 중년의 도서관 사서였던 S부인은 삼첨판(Tricuspid valve)이라 부르는 오른쪽 심장의 판막 하나가 좁아져 있었다. 심하지 않은 울혈성 심부전이 있었고 부종 때문에 발목이 약간 부어 있었지만, 그녀는 직장을 다니면서 집안일도 잘 해내고 있었다. 10년 동안 그녀를 담당했던 주치의는 S부인과 따뜻한 인사를 나누고 난 후 그를 수행하는 의사들에게 "이 부인은 TS."라고 말하고 금방 그 방을 나갔다.

그런데 주치의가 방을 나가자마자 그녀의 얼굴에는 불안과 공포가 나타났으며 호흡이 빨라지면서 과호흡 현상을 보였다. S부인은 TS를 '말기 상황(Terminal situation)'이란 뜻으로 알아들었기 때문이다. 당시 수련의였던 버나드 로운은 걱정이 되어 TS가 '심장의 삼첨판 협착(Tricuspid stenosis)'이란 의학용어의 약자라고 그녀가 오해한 거라고 말해주지만, 그녀는 믿지 않았다. 결국, S부인은 그날 오후에 심장마비로 사망했다. 이 비극적인 사건을 지켜본 버나드 로운은 후에 의사의 말 한마디가 갖는 놀라운 힘에 두려움을 금치 못한다고 밝혔다.[1]

병을 고치는 데 마음의 힘, 긍정적인 믿음이 중요하다. 마음이 부정적인 세계관에 지배될 때, 다양한 신체 장기로 가는 에너지 흐름에서 미세한 변화를 반복적으로 주고 질병이 진행되게 한다. 우리 생각의 약 70%가 부정적인 것이라는 심리학과 뇌 과학의 최근 연구 결과를 생각해 볼 때, 노시보 효과로 우리가 무의식적으로 키우는 질병의 비율도 상당히 많을 것이다.

긍정적인 생각과 마음은 삶에 기적을 가져온다. 웃음은 긍정성의 표현이며 꾸준한 웃음요가는 사람의 긍정성을 확대시킨다. 웃음은 부정적인 생각을 긍정적으로 바꾸는 가장 손쉬운 방법이다. 많이 웃으면 긍정적이고 행복한 삶을 살게 된다. 웃음은 잠들었던 유전자 23개가 바뀔 정도로 삶을 변화시킨다. 강직성 척추염으로 고생했던 웃음치료의 아버지 노먼 커즌스는 웃음과 낫는다는 긍정적인 믿음으로 기적처럼 병을 완치하였다. 결국 병을 완치하는 힘은 대부분 우리 안에 있다. 구원의 힘은 내면에 잠재해 있다. 즉 우리가 세상을 어떻게 바라보고 그것에 어떤 의미를 부여할 것인지를 선택하는 우리의 능력에 내재해 있는 것이다. 어떤 일이 발생했을 때 그것을 독으로 볼 것인가, 약으로 여길 것인가는 자신의 선택에 달려있다. 과학으로 밝혀지기 시작한 긍정적인 마음의 놀라운 기적, 긍정적인 마음을 가지고 활짝 웃자. 내가 웃으면 나의 삶도 활짝 피어난다.

하버드대학 심리학과 교수 엘렌 랭어는 1979년 외딴 시골 마을의 70대 후반에서 80대 초반의 노인들을 대상으로 실험했다. 그는 지역 신문과 전단에 특이한 구인광고를 냈다. 조건은 단 한 가지 '70대 후반에서 80대 초반 사이의 남성 모집함.'이었다. 심사를 거쳐 뽑힌 8명의 남성은 뉴햄프셔 주의 피터버러에 있는 옛 수도원에서 7일을 보내게 되었다. 교수는 이 노인들에게 다음과 같은 제안을 했다.

"지금이 1959년인양 사는 겁니다. 그러니까 당연히 1959년 9월 이

후에 일어났던 일에 대해서는 이야기할 수 없겠지요. 그렇게 하도록 서로를 돕는 것이 여러분의 일입니다. 저희가 원하는 것은 여러분이 1959년을 살고 있는 양 연기를 해 달라는게 아닙니다. 어려운 일이겠지만 1959년 당시 자신의 모습이 되어주십시오. 저희는 여러분이 그것을 성공적으로 해낸다면, 실제로 여러분의 몸도 1959년으로 돌아간 것처럼 느끼게 될 거라 믿을 만한 근거를 가지고 있습니다."

1979년 7일 대신에 1959년의 단 7일을 산 이 여덟 명의 노인들은 놀랍게도 시력, 청력, 기억력, 체중, 악력, 관절 유연성, 지능, 걸음걸이, 자세 등의 신체 나이가 월등히 향상되었다. 정말 50대가 되어가고 있었다.

이 일주일간의 이 추억여행은 엘렌 랭어 교수의 '시계 거꾸로 돌리기 연구'로 이 실험 결과에 대해 엘렌 랭어 교수는 그의 저서 『마음의 시계』에서 다음과 같이 말했다.

"그 결과로부터 육체를 지배하는 마음의 힘이 실로 엄청나다는 사실을 깨닫게 되었다. 두 집단 모두 공손한 대우를 받았고, 토론에 활발히 참여했으며, 그 전까지의 일상과는 전혀 다른 일주일을 경험했다. 그 같은 경험을 한 두 집단 모두 청력과 기억력이 향상되었고, 체중이 평균 1.5kg이 늘어났으며, 악력도 현저히 향상되었다. 수많은 측정 결과에서 참가자들은 더 젊어졌다. 우리는 건강에 관하여 스스로 두는 한계를 거부하고, 건강 문제에 좀 더 의식을 집중하여 접근할 필요가 있다. 우리를 위축시키는 사고방식이나 건강과 행복에 대해 우리가 설정해 둔 한계로부터 스스로를 해방시키고, 스스로 자신의 건강을 챙기는 수호자가 되는 일의 중요성을 깨닫자는 것이다."

마음이 놀라운 힘을 지녔으며 우리는 자신의 행복을 위해 더 노력해야 함을 알 수 있는 실험 결과이다. 우리는 어린 시절 속의 상처를 스스로 치유할 수 있으며, 멀리 떨어진 누군가의 아픔을 기도의 힘으로 치유하게 할 수도 있다. 긍정적인 생각과 신념, 마음가짐으로 자신의 삶을 행복과 사랑으로 가꿀 수 있는 사람은 바로 자신이다.

긍정적인 자기 암시로
자신을 칭찬하자

코미디언 중 가장 성공한 코미디언으로 단연 유재석을 꼽는다. 그를 옆에서 지켜본 사람들은 그의 성공 기법으로 성실함, 사회성, 다른 사람에 대한 배려, 철저한 자기 관리 등을 그의 성공 비법으로 꼽는다. 그런데 1997년 9월 30일 경향 신문에 실린 그의 기사를 보면 그가 성공하기 위해 얼마나 자신에게 긍정의 말을 했는지 알 수 있다.

"1년 데뷔 후 단역을 전전하며 빛을 못 봤다. 잘 나가는 동기들 사이에서 의기소침했었다. 군 생활에서 스타의 조건은 자신감이라는 걸 깨달았다. 이후 단역이라도 최선을 다해 웃길 수 있다고 생각하니 그렇게 되더라. 그리고 스스로 싸구려가 되지 말자고 다짐했다. 모두가 자신의 연기를 보고 웃을 것이라는 자기최면을 걸고 나니까 정말 그렇게 되더라."라고 자신의 성공 비법을 전했다.

아무리 견딜 수 없는 상황일지라도 명확한 목표를 설정하고 자기 암시의 원리를 적용할 줄 아는 사람을 묶어둘 수는 없다. 이러한 사람은 가난의 사슬을 끊어버리고 치명적인 질병 또한 극복하며 변두리 삶에서 힘과 부의 삶으로 상승할 수 있다. 노벨 경제학상을 받은 사회학자 로버트 머튼(Robert Carhart Merton)은 사람들의 신념이 현실로 이루어지는 것, 즉 스스로 자신에게 기대나 암시를 통해 목표를 성취하는 것을 '자성 예언'이라고 명명했다. 자기 자신에게 기대하고 어떤 암시를 하면 실제로 그렇게 이루어진다는 뜻이다.

누군가가 당신은 할 수 있다고 최고라고 말해주는 게 필요하다. 그러나 극소수의 사람만이 이런 사람을 곁에 두고 있을 뿐 현실은 그렇지가 않다. 그렇다면 누가 그 이야기를 해주어야 할까? 바로 자기 자신이다. 내가 나 자신에게 최고의 말을 해주어야 한다. 뇌과학자들에 따르면 인간은 뇌의 그 잠재 가능성의 10% 정도도 쓰지 못하고 생을 마감한다. 뇌를 지금보다 1%만 더 활용해도 천재가 되고 집중력의 대가가 되며 창조성의 고수가 될 수 있다. 자신의 무한한 가능성을 잊지 말아야 하겠다. 우리는 있는 그대로 소중하며 무한한 가능성을 지닌 존재다.

명확한 목표를 자신의 잠재의식에 새기는 심리학의 원리를 자기 암시라고 부른다. 이것은 일종의 자기최면에 해당하는데, 긍정적인 자기 칭찬과 암시로 성공에 이른 사람은 무수히 많다. 이미 1950년대에 미국의사협회, 미국치과협회, 미국심리학협회에서는 최면의 효과를 공식적으로 인정하였다. 최면은 통증, 스트레스, 긴장감, 두려움을 없애는 데 도움을 줄 수 있다. 더 나아가 긍정적인 자기 암시, 자기최면으로 자신이 원하는 인생을 선택하며 살아갈 수 있다.

실제로 언어학자들은 똑같은 말을 5만 번 정도 말하면 현실로 이뤄진다고 말한다. 인디언 속담에 한 가지 말을 1만 번 하면 현실로 이루어진다는 속담이 있다. 말은 입안에 있을 때는 내가 말을 지배하지만 말이 입 밖으로 나오면 말이 나를 지배한다. 핸리 포드는 성공을 이루기 얼마 전만 해도 그는 기계농장의 평범한 일꾼으로 학력도 재산도 보잘 것 없는 사람이었다. 당시 그와 같이 일을 했던 사람 중에는 그보다 많이 배우고 뛰어난 두뇌를 가진 사람들이 많았을 것이다. 포드는 빈곤의식을 벗어던지고 자신에 대한 자신감을 개발하고 성공을 이루고자 하였으며 결국 이를 이루었다. 나폴레옹도 바로 이러한 원리를 통해서 가난한 범인에서 프랑스의 최고 권력자가 된 것이다. 에디슨 또한 신문팔이에서 시작하여 자기 암시의 원리로 세계적인 발명가가 되었다. 켄터키 산중의 통나무집에서 가난하게 태어났지만 대통령이 된 링컨도 이러한 원리를 적용하였으며, 루스벨트가 미국의 대통령이 된 것도 자기 암시 덕분이었다.

스티브 잡스는 친구들에게 늘 '나는 우주에 획을 그을 작품을 만들 거야.'라고 자주 말했다곤 한다. 친구들은 웃거나 농담으로 흘러버렸을 그 말은 정말 현실화되었다. 골프 황제 타이거 우즈의 아버지는 자식이 여섯 살이 되던 해부터 반복적으로 '넌 뭐든 할 수 있으며 위대한 존재'라고 칭찬해 주었다. 데일 카네기는 '나는 행복해, 나는 건강해, 나는 부자야.'라는 말을 끊임없이 외쳤다. 그는 결국 행복하고 건강한 인생을 살 수 있게 되었다. 말은 곧 자기 자신의 삶을 지배하게 된다. 스스로에게 최고의 말을 해 주는 것은 자신이 원하는 것을 이루는 방법 중 하나다.

『물은 답을 알고 있다』의 저자 에모토 마사로 과학자는 물의 결정체를 사진으로 찍은 과학자이다. '사랑합니다, 고맙습니다, 넌 정말 예뻐, 지혜, 우주' 등 긍정적인 말을 한 물 결정체에는 아름답고 빛나며 영롱한 빛을 띠는 결정체를 맺었지만 '넌 참 못났어, 꺼져, 망할, 미워.' 등의 부정적인 말을 한 물은 형체가 일그러지거나 혼탁한 결정체를 맺음을 사진으로 보여주었다. 아름다운 음악을 들려주고 간절한 기도를 한 물에는 아름다운 결정체 사진이 나왔지만, 비속어가 들어간 음악이나 전자파 등에는 놀랄 정도로 일그러지고 파괴적인 형태의 결정체 사진이 나왔다. 인간의 수정란은 97%가 물이며 신생아는 85% 그리고 성장이 멈추는 24세 전후에는 70%가 물로 구성되어 있다. 내가 행복해지기 위해서는 내 안의 물이 행복해야 한다. 긍정적인 말 사랑과 감사의 말을 자신에게, 사랑하는 사람들에게 해주어야 할 것이다.

미얀마 해 질 녘 강가 근처 스님들의 법문을 듣기 위해 수많은 사람들이 모여 있다. 그 법문을 듣는 사람들 곁에는 작은 나무가 담긴 화분이 하나씩 놓여 있다. 스님의 법문이 끝나면 일제히 사람들이 화분을 들고 집으로 돌아가 그 나무화분을 정성껏 키운다. 그 화분에는 '내가 비록 그 부처님의 귀한 말씀을 잊을지라도 나무야, 너희라도 그 법문을 잘 듣고 그 법문의 힘으로 사랑과 지혜를 이 집안에 퍼트려라.'라는 간절한 의미가 담겨 있다고 한다.

물건에 감사와 사랑의 마음을 전하면 그 물건을 받은 사람들에게 그 마음이 전달된다. 실제로 나를 대신하여 감사하는 마음을 가지고 그 파장을 전해주는 것이 힐러(Healer) 요법으로 쓰이고 있다. 예를 들어 물을 먹기 전에 감사와 사랑의 마음을 가지고 기도한 후에 환자에게 그 물을 마시게 하면 감사와 사랑의 파장이 그 사람에게 전달되어 병을 치유하는 데 도움을 줄 수 있다.

긍정적인 말은 아름다운 파동과 함께 치유의 소리이며 꿈을 이루는 비법이다. 자신이 이루고 싶은 일이 있거든 긍정의 말을 자신에게 되뇌어라. '사랑해, 난 정말 최고야, 잘했어, 괜찮아, 난 정말 훌륭해, 큰일을 할 거야, 뭐든 할 수 있어.' 등 자신에게 긍정적인 말을 해주며 미소 지어 보자.

잠재력을 발휘시키는
긍정적인 말의 힘

칭찬은 인간의 가능성을 무한대로 끌어올리는 마법과도 같다. 칭찬은 고래도 춤추게 한다는 말처럼 칭찬은 인간관계를 돈독하게 하며 다른 사람에게 기쁨과 행복을 주는 기술이다. 긍정적이고 격려가 되어 주는 말은 삶을 변화시키며, 실의에 빠진 사람에게 용기를 주고 상처를 치유하며, 꿈을 이루게 하는 힘을 지녔다. 긍정적이고 아름다운 말들을 해주는 사람들 곁에는 언제나 사람들이 모이고 힘이 들 때 자석처럼 그들 곁에 가게 되는 것이 삶의 비밀이다.

『미운 오리 새끼』, 『성냥팔이 소녀』, 『백설공주』, 『벌거숭이 임금님』, 『인어공주』 등 세계적으로 사랑받는 동화를 쓴 '아동 문학의 아버지' 안데르센의 이야기이다. 그는 어린 시절부터 글쓰기를 좋아했지만 글쓰기에는 큰 소질이 없었다. 하루는 안데르센이 나름대로 힘들여 쓴 작문을 들고 아는 사람들을 찾아다니며 그것을 보여주는 데, 글을 읽은 사람들의 반응은 시큰둥했다. 무안함과 실망에 빠진 안데르센은 집에 돌아와 서럽게 울기 시작했는데 울고 있는 아이의 작은 손을 잡고 어머니는 정원으로 데리고 가며 말했다.

"안데르센, 여기 이 꽃이 참 예쁘게도 피었구나. 하지만 이 꽃 옆엔 싹이 난 지 얼마 안 된 아주 작고 어린 잎사귀도 있잖니. 이 잎사귀는 자라려면 아직 멀었단다. 그렇지만 이 잎사귀는 자라서 꼭 예쁜 꽃을 피울 것이란다. 넌 아직 이 어린 잎사귀와 똑같단다. 그러니 너도 언젠가는 환하고 예쁜 꽃을 피울 수 있을 거야. 훌륭한 작가가 될 거란다."라고 어머니는 아들을 위로해 주었다. 어머니의 칭찬과 격려의 말은 힘들 때마다 안데르센에게 힘을 주었으며 전 세계에 용기와 사랑을 주는 이야기의 창조자로 만들었다.

스티비 원더는 선천적 시각 장애인으로 어린 시절 소외를 당하고 외롭게 지내던 아이였다. 어느 날 교실에 쥐가 나타나자 선생님은 스티비 원더에게 한번 그 소리가 어디서 나타나는지 찾아보라고 했다. 소년은 귀를 기울이고 마침내 쥐가 숨은 곳을 찾아냈다. 선생님께서는 "넌 우리 반의 어떤 아이도 갖지 못한 능력을 가지고 있어. 바로 너의 특별한 귀란다."라고 말해 주었다. 그 격려의 말은 소년의 인생을 바꾸어 놓았다. 그는 음악에 귀를 기울였고 12살 때 첫 레코드를 내었다. 그 후 그는 피아노, 오르간, 하모니카, 드럼 등에 뛰어난 연주자이자 독창적인 방법으로 노래하는 가수 겸 작곡가로 세계 많은 음악가들에게 영감을 주는 뮤지션이 되었다.

벤치에 앉아있던 박지성은 히딩크 감독의 "박지성은 너무나 훌륭한 선수가 될 소질을 가지고 있다."는 말을 우연히 듣고 '그 말처럼 되어야지.'라는 결심을 했다고 한다.

말처럼 강력한 효과가 있는 것이 있을까. 사람을 살리는 것도 말이고 깊은 상처를 줄 수 있는 것도 말이다. 긍정적인 말 한마디는 보약이다. '말 한마디에 천 냥 빚을 갚는다.'는 속담처럼 긍정적인 말 한마디는 때로는 영적으로 사람을 살리는 빛이 된다.

'사랑합니다.'라는 한마디의 말은 사랑을 깊게 하고 병을 치유하는 영혼의 소리이다. '넌 천재야.'라는 말은 자신의 잠재가능성을 발휘시키는 말이다. 진심 어린 마음은 영혼을 울린다. 나는 누군가가 무심하게 던진 존경한다는 한마디에 교사가 되기로 결심했다. 마단 카타리아가 '수연, 당신은 한국의 웃음요가 스타입니다.'라는 말 한마디가 보석처럼 가슴에 박혀있다. 만약 이 칭찬을 신이 내게 해준다면 어떨까. 그 힘은 막강하고 평화 그 자체이리라. 신께서 말씀하셨다. "너는 사랑스럽다. 너는 행복이다. 너는 완벽하다. 너는 지고지순한 빛이다. 너는 상처받지 않는다."

하와이 주립 정신병원에 수감된 범죄자들이 특별한 치료를 받지도 않았는데 기적처럼 치료되어 사람들이 그 이유를 궁금해했다. 범죄자들이 온순해졌으며 범죄 재발률도 낮아진 것이었다. 그들을 치유한 것은 휴렌 박사였다. 휴렌 심리치료사는 '사랑합니다, 고맙습니다, 미안합니다, 용서하세요.' 이 네 가지 단어를 반복해서 자신의 신성과 주변의 사물에 계속해서 말을 하며 정화를 했는데 기적처럼 사람들이 온순해지고 병이 치유되었다. 이 네 가지 말 '사랑합니다, 고맙습니다, 미안합니다, 용서하세요.'는 치유의 언어이다. 많은 사람들이 호오포노포노 치유법에 매혹되었고 휴렌 박사는 전 세계를 여행하며 아파하는 많은 사람들의 치유를 돕고 있다.

'말이 담이 된다.'라는 속담에서 조상들은 언어의 힘을 잘 알고 있었다는 것을 알 수 있다. 언어는 살아있어서 현실로 창조된다. 자기 자신에게 그리고 자신의 소중한 사람에게 긍정의 말을 하자. 아름다운 말, 빛나는 말, 힘을 북돋워 줄 수 있는 말들을 남기자. 따뜻한 말, 감사의 말, 사랑의 말을 많이 남기는 것은 웃음요가의 정신과 닮아있다. 반면 부정적인 언어는 그만큼 자신과 다른 사람에게 영향을 미치기 때문에 신중하게 해야 할 것이다. 너와 나는 하나로 연결되어 있으며 내가 아프면 당신이 아픈 것이고 당신이 아프면 내가 아프다는 것을 기억해야 할 것이다.

괜찮아.

넌 할 수 있어.

넌 빛이야.

넌 참 소중해.

넌 고귀한 사람이야.

사랑해.

세계 기업의 문화,
펀(Fun)경영과 명상

　　최근 국내 기업 경영 추세 중 하나는 즐겁게 일하는 직장 만들기다. 2013년 5월 온라인 취업포털 사람인에서 기업 480개사를 대상으로 조사한 결과, 국내 기업 10곳 중 3곳이 기본적으로 펀(Fun)경영을 실천하고 있었다. 펀(Fun)경영이란 권위에 얽매이지 않고 회사 전체에 웃음을 퍼트려 즐거운 직장 분위기를 유도하는 것을 의미한다. 비즈니스에 웃음을 도입한 이유는 바로 구성원들의 스트레스 줄이고, 즐겁게 일할 때 장기적으로 좋은 성과를 거둘 수 있을 뿐 아니라 웃음이 사람의 마음을 부드럽게 하여 소비자에게는 구매를 강력하게 유도하기 때문이다. 회사 직원의 행복도 향상 및 기업 이미지, 마케팅 전략에 효과적이어서 펀경영은 기업문화로 자리 잡아 가고 있다.

　　펀경영을 실천하여 웃다가 성공한 진수테리, 아마존에 인수된 온라인 쇼핑몰 자포스, 현대택배의 웃음사진 콘테스트, 포스코 포항제철소의 〈칭찬의 비타민〉, 국내의 항공사 등 많은 국내외 기업들이 기본적으로 편경영을 실천하고 있다.

대표적으로 사우트웨스트 항공은 편경영으로 성공한 기업으로 유명하다. 1971년 6월 항공기 4대로 문을 열었던 작은 항공사는 편경영을 실시하며 연평균 10~15%로 꾸준히 성장하고, 연속 흑자를 냈으며 뿐만 아니라 현재 여객 운송기준 세계 3위의 대형항공사가 되었다. 이 항공사는 '우리는 미소를 지어야 하기 때문에 미소 짓는 것이 아니다. 우리는 미소를 짓고 싶어서 미소 짓는 것이다.'를 슬로건으로 내세우며 지금도 승객들과 소속직원들 모두에게 웃음을 주려고 노력하고 있다.

그런데 웃음보다 더 빠르게 확산되고 있는 기업 문화가 있다. 세계적인 기업인 애플, 구글, IBM, 삼성 등 세계적인 기업들의 공통점은 무엇일까? 정보기술 관련 기업이라는 공통점뿐만 아니라 직원 교육 프로그램으로 바로 명상을 도입했다는 것이다. 애플의 창업자 스티브 잡스는 인도에 3년간 머무르면서 명상을 배웠고, 아무리 바쁜 시간에도 명상을 통해서 집중의 힘과 직관의 힘을 길렀다는 것은 많이 알려져 있다. 그는 2005년 영국 스탠퍼드대학 졸업식 연설에서 "여러분의 시간은 한정되어 있습니다. 다른 사람의 삶을 사느라 시간을 낭비하지 마십시오. 타인의 견해라는 소음이 여러분 내면의 목소리를 덮어버리지 못하게 하세요. 무엇보다 중요한 것은 여러분의 마음과 직관을 따르는 용기를 가지라는 것입니다. 마음과 직관은 여러분이 되고 싶어 하는 바를 이미 알고 있습니다. 그 외에 모든 것은 부차적인 것입니다."라고 말했다.

스티브 잡스는 명상을 통해 고도의 집중의 힘과 불필요한 것을 버리는 단순한 삶, 내면의 강인함을 길렀으며 이성보다 직관의 소리에 귀 기울이며 창의성과 열정으로 애플, 매킨토시 컴퓨터, 픽사, 아이팟, 아이폰, 아이패드 등을 만들며 상상을 현실로 만들어 나갔다.

오프라 윈프리는 페어필드 아이오와에 있는 명상마을을 방문하면서 명상을 접하게 되었고, 자신이 창업한 하포 프로덕션 기업 직원들과 함께 매일 전 직원이 오전 9시, 오후 4시 30분 명상을 했다. 명상하면서 직원들은 서로 사이가 좋아지고 삶의 활력과 즐거움이 생겼으며 편두통, 불면증이 사라졌고 업무능력이 크게 향상되었다. 삶에서 감사하기를 누구보다 강조했던 오프라 윈프리는 누구보다 명상을 사랑한다. 그녀는 "명상을 죽을 때까지 지속하고 싶은 한 가지 이유는 제 자신이 명상을 하면 1,000% 나아지기 때문입니다. 작은 제 자신보다 큰 힘에 저를 맡기면 1,000% 나아집니다."라고 명상을 하는 이유에 대해 밝혔다.

그렇다면 명상은 어떠한 효과가 있을까. 명상은 스트레스 해소에 도움을 주며 명상의 이완 상태는 불안감, 긴장감을 줄어들게 한다. 세로토닌 분비를 촉진해 우울증 개선에 도움을 주고 불면증, 약물중독, 공황발작, 만성 통증, 두통 등 광범위한 정신적·신체적 질환을 치유하는 데 효과적이다. 주의 집중과 관련된 특정 부위의 뇌 활동이 활성화되어 창의성, 주의 집중력, 지각 감수성이 높아진다. 또한 방어적 태도가 감소하고 신뢰감, 공감력, 소통능력이 증대하며 타자와의 일체감 향상 등 긍정적인 정신 상태를 체험하게 한다. 좌뇌의 전전두엽이 활성화되어 쉽게 삶에서 행복과 기쁨을 얻는다. 명상의 효과를 인지하기 시작한 기업가들은 개인의 행복과 업무 만족도가 기업의 발전에 큰 도움을 주고 있음을 바탕으로 명상 교육을 시작하고 있다.

웃음요가는 웃음과 요가의 호흡뿐 아니라 명상이 결합되어 있다. 웃음으로 얼굴과 마음을 밝게 할 뿐 아니라 명상으로 내면의 평화와 집중의 힘, 강인함을 기르도록 돕는다. 개인의 건강과 행복, 더나아가 세계의 평화를 기원하며 자애의 마음을 가지게 도와준다. 웃음요가에는 침묵 명상, 춤 명상, 요가 니드라, 만트라 모음소리 명상, 호흡관계 명상, 음식 명상 등 다양한 명상 프로그램이 존재한다.

잘 웃는 사람이
성공한다

하버드생을 40년 이상 연구해온 베일런트 교수는
성인발달연구에서 배운 점이 무엇인가 라는 질문에 "인생에서 가장 중
요한 것은 바로 다른 사람들과의 관계이다."라고 대답했다. 카네기대에
서 졸업생들을 상대로 실험이 진행되었는데 머리가 똑똑한 사람의 성
공확률은 15% 이내였고, 85% 이상이 인간관계가 성공의 핵심이었다.

그럼 인간관계는 무엇으로 결정될까. 수만 명의 사람을 백만장자
로 만들었던 브라이언 트레이시는 인간관계는 얼마나 잘 웃느냐에
따라 결정된다고 말을 한다. 도스토예프스키는 소설 『미성년』에서도
다음과 같이 웃음을 그의 인간성을 알 수 있는 가장 믿음직한 척도
라고 말하고 있다.

"인간 내부의 영혼을 어렴풋이라도 보고 싶고 한 인간에 대해서

알고 싶으면 그의 침묵하는 법, 말하는 법, 눈물을 흘리는 법을 분석해야 하며, 또한 그가 얼마나 고상한 생각에 의해 행동하는지를 보아야 한다. 그리고 그가 웃을 때 그를 지켜보는 것이 더 좋을 것이다. 만일 그가 잘 웃는다면 그는 좋은 사람이다.

그것이 내 인생 체험에서 우러나온 가장 중요한 결론 중의 하나라고 생각한다. 특히, 자신이 선택했지만 아직까지도 그 남자에게 불안을 느끼고 믿지 못해서 결정적인 행동을 취할 수 없는, 지금 결혼할 준비를 하고 있는 젊은 예비 신부들에게 환기시키는 바이다. 내가 꼭 알아야 한다고 하는 것은 바로 웃음이 그의 인간성을 알 수 있는, 가장 믿음직한 척도라는 것이다."

인간관계에서 웃음이 없다는 이유로 실업자가 된 여성이 있었다. 그녀는 자신이 웃음이 없다는 이유로 해고되었다는 사실을 알게 되었지만, 오히려 이를 교훈으로 삼아 펀(Fun)경영을 실천하고 세계적으로 성공한 기업인으로 우뚝 섰다. 그녀가 바로 진수테리이다.

1985년 미국으로 건너간 진수테리는 음식점 종업원, 최저임금을 받는 의료기기 공장의 조립공 등을 거쳐 2년 만에 가죽 벨트를 전문으로 만드는 중소기업인 서카(Circa)의 생산 담당 매니저로 입사했다. 그곳에서 7년간 주말도 없이 열심히 일해서, 회사 매출을 3배 이상 늘리는 성과를 보였으나 승진은커녕 진수테리는 7년간 몸 담았던 직장에서 어느 날 갑자기 해고되었다.

너무나 놀랐던 그녀는 6개월간 구인광고에 밑줄만 그으며 우울한 나날을 보내다가, 전 직장의 부사장에게 전화를 걸어 솔직하게 해고된 이유를 물어보았다. 그런데 놀랍게도 대답은 재미가 없는 사람이기 때문이었다. 말대꾸도 안 하고 웃지도 않고 무뚝뚝하고 자기만큼 일을 안 한다고 직원들을 나무라서 다들 진수테리를 피했다는 것이다. 게다가 회사 간부들과 대화와 토론에 소극적이고 의사 표현을 분명하게 하지 않아 진수테리의 속을 알 수 없으니 경계하게 되었다는 것이다.

영어를 못해서도, 동양인 이민자라서도, 미국의 대학 졸업장이 없어서도 아닌 재미가 부족한 사람이기 때문에 해고되었다는 말에 그녀는 깜짝 놀랐다. 그녀는 이 경험으로 인종차별의 희생양이었다는 자기 연민, 밤낮 없이 일해 유능한 사람임을 인정받아야 한다는 강박관념을 단번에 벗어던질 수 있었다. 그리고 '펀(Fun)은 커뮤니케이션이다.'라는 것을 알게 되었다.

본격적으로 웃음을 공부하고 그녀는 펀경영을 적극적으로 실천하기 시작했다. 실리콘밸리를 비롯한 미국 기업과 조직에 펀경영 바람을 불러일으키는 미국 최고의 펀경영 컨설턴트가 되었다. 진수테리가 거주하고 있는 샌프란시스코 시에서는 2001년 7월 10일을 '진수테리의 날'로 선포, 진수테리에게 표창장을 수여하였으며, 그녀는 2005년 미국 ABC사가 선정한 '올해의 아시안 지도자 11인'에 뽑혔다. 말 그대로 진수테리는 웃어서 성공하였다. 그녀는 웃음과 마음의 힘에 대해 다음과 같이 말한다.

"나는 아무리 노력해도 운이 안 따르는데 어떡하나요? 대부분의 사람들은 행운이라는 것이 하늘에서 뚝 떨어지는 것인 줄 안다. 좋은 일만 생기는 사람이 따로 있다고 여긴다. 하지만 그렇지 않다. 불운은 불운이라 명명할 때 불운이 된다. 실패는 실패라 생각하기 때문에 실패가 된다. 실패했더라도 그것을 행운이라 여기면 실제로 행운으로 뒤바뀐다. 미국에 와서 첫 10년간 나는 내가 차별의 희생자라 여기며 분노했다. 하지만 알고 보니 정작 나를 차별했던 건 다른 사람이 아닌 바로 나였다. 나 자신에 대한 믿음도 없고 자신감도 가지지 못했다. 그런데 내가 나를 믿고 열렬히 지지하자 모든 게 달라졌다. 성공은 태도이며 믿는 것이다. 자신에 대한 믿음과 자신감이 온 우주에 있는 에너지를 끌어모은다. 펀(Fun)은 당신의 인생을 송두리째 바꾼다."

많은 성공한 정치인들과 사람들이 웃는 연습을 한다는 사실은 많이 알려져 있다. 닉슨 대통령은 처음 대통령 선거에서 낙선했을 때 텔레비전과 신문에 보도된 자신의 얼굴에 웃음이 없다는 것을 깨닫고 그 후부터 매일같이 웃는 얼굴을 만드는 연습을 했다. 당선될 당시 닉슨의 표정은 어디에서든 환하게 웃는 얼굴을 하고 있음을 알 수 있다. 피겨를 스포츠가 아닌 예술의 경기에 올려놓은 피겨 스타 김연아의 미소는 그녀를 더욱 돋보이게 한다. 물론 그들의 성공의 밑받침에는 치열한 노력이 있었다. 웃음은 그 노력을 더 빛나게 하고 꽃피우게 한다. 중국에는 미소가 없는 사람은 기업을 경영하고 사람을 지도할 자격이 없다는 속담이 있다.

미국 메릴랜드주립대학의 심리학 교수인 로버트 프로빈은 웃으며 일하는 그룹들이 웃지 않고 일하는 그룹들보다 40~300%나 높은 생산성을 기록하더라는 연구 결과를 발표했다. 그리고 뒤센 스마일을 보이는 여성이 결혼 생활에 더 만족스럽고 행복한 삶을 사는 것으로 조사되었다. 성공한 사람들은 웃기보다는 경청한다고 말할 것이다.

그러나 인생의 목적이 행복이라는 것에 동의한다면 내면의 기쁨과 행복이 없는 삶, 그것이 미소로 피어나지 않은 삶을 진정 성공한 삶이라고 할 수 있을까.

웃음소리 '하하하'가 우스갯소리로 한자 '하하하(下下下)'라고 말하는 것처럼 그만큼 마음이 겸손하고 선량한 사람이 잘 웃는다. 어린아이는 하루 300회에서 400회를 웃는다. 순수하고 때 묻지 않는 그 아이들은 작은 움직임 하나에도 까르르 웃는다. 주위의 잘 웃는 사람을 보면 그들은 긍정적이며 마음이 선하고 타인에 대한 배려심이 강한 것을 볼 수 있다. 당신이 웃어준다는 것은 상대방에게 행복을 선물해준다는 사실을 잊지 말자. 웃으면 복이 온다는 말처럼 나 자신에게도 행운이 돌아오는 열쇠이다.

웃을 수 있는 사람은 진정으로 성공한 사람이다. 삶의 목표인 행복으로 가는 여정을 잘 걷고 있다는 이야기이기 때문이다. 더불어 다른 사람에게 행복을 선물하는 영적인 부자이기도 하다.

청소 웃음의 힘,
깨진 유리창의 법칙

 ① 정리하며 하하하 웃자!

청소의 중요성은 익히 알려져 있다. 정리 전문가가 미국에서는 잘 알려진 직업으로 정리와 청소를 못 하는 사람들을 돕고 있다. 정리라는 것은 단순히 청소를 깨끗이 하는 것뿐만 아니라 내 삶의 시간, 내 인간관계, 내가 꿈을 이루는 정도를 체크하는 것까지 확장된다. 아인슈타인은 "천재는 혼란을 지배한다."라고 했다. 정리란 자신의 삶과 공간의 혼란을 지배하는 것을 말한다. 다시 말해 삶의 혼란 속에 끌려다니는 것이 아니라, 인생의 주인이 되어 자신의 삶을 컨트롤하는 것이다. 그렇기에 정리는 모든 자기계발의 출발점이 된다. 내가 있는 곳을 정리하면 무언가를 시작할 준비가 되어있다는 말이다.

지금 당신의 책상을 보자. 정리가 잘되어 있는가? 학생은 책상을 정리하자. 가방과 학습지 파일 철을 정리하자. 꿈을 이루는데 시작이 된다. 주변을 깨끗이 하고 내가 있는 곳을 정리하면 새롭게 무언가 시작할 힘을 얻게 된다.

공부하는 학생들의 자세, 책상에 놓인 책의 위치, 책들만 보아도 공부할 열의를 갖추었는지 아닌지를 판단할 수 있다. 학교생활을 즐겁게 하는 학생들과 공부를 잘하는 학생들의 공통점은 정리를 잘한다는 점이다. 교과서는 물론이고 학습지가 차곡차곡 정리되어 있으며 가방과 사물함이 정리 정돈되어 있다.

반면 학교적응을 잘 못 하는 학생의 일부는 각 과목에서 나누어준 학습지가 구겨진 채로 책상 속을 가득 채우고 있다. 가방 안 또한 어지럽고 책상 위에는 책들과 노트를 어지럽게 쌓아놓은 후에 수업을 받는다. 교사가 한 학생을 애정을 가지고 책상과 학습지를 정리해 주었더니, 그 학생이 평소와 다르게 수업을 잘 받았다고 한다. 정리의 힘을 아는 교사라고 생각한다. 정리하면 삶이 달라진다. 정리를 너무나 힘들어하는 사람의 경우 때로는 옆에서 도와주어야 한다.

정리를 못하는 것은 어린 시절부터 정리 습관이 몸에 배어 있지 않거나 때로는 자신의 일이나 인생에 대한 애정의 부족에서 비롯된다고 볼 수 있다. 정리는 다른 사람에 대한 배려이며 사랑이다. 가장 기본적으로 자신에 대한 사랑이다. 정리하다 보면 물건에 대한 애정과 관심이 생기고 결국 자신의 삶에 대한 애정과 남에 대한 배려로 확장된다.

정리 전문가들은 공통적으로 하루 15분 정도의 짧은 시간을 내어 정리하라고 한다. 한꺼번에 많은 부분을 정리하면 거부감이 생기고 힘들기 때문에 짧은 시간을 정해서 부분씩 나누어서 정리하는 것이 좋다.

정리는 무언가를 시작하기 전 출발 자세이다. 무언가를 시작하기 전 주위를 정리하고 물건을 정리하며 깨끗이 해보자. 마음도 밝아지고 삶을 통제할 힘이 생길 것이다. 정리는 현재의 변화를 미래의 변화로 이끄는 가장 첫 번째 단계가 될 수 있다.

정리할 때 입꼬리를 올리거나 웃으면서 정리해 보는 것은 어떨까. 웃으며 정리와 청소를 하면 기분이 한결 좋아질 것이다.

 2 깨진 유리창의 법칙, 정리의 힘

깨진 유리창 이론(Broken Windows Theory)은 미국의 제임스 윌슨과 조지 켈링의 1982년 3월에 공동 발표한 '깨진 유리창'이라는 글에 처음으로 소개된 사회 무질서에 관한 이론이다. 1969년 스탠퍼드대학의 심리학자 필립 짐바르도 교수에 의해 실행된 매우 흥미 있는 실험이 이루어졌다. 필립 짐바르도 교수는 치안이 좋지 않은 동네를 골라 상태가 동일한 두 대의 자동차를 보닛을 열어놓은 채 1주일간 방치해두는 단순한 실험이었다. 다만 그중 한 대는 창문을 조금 깬 상태로 놓았다. 이런 사소한 차이가 있었을 뿐인데, 1주일 후 두 자동차는 완전히 다른 모습으로 변했다. 보닛만 열어둔 자동차는 거의 그대로 있었다. 하지만 유리창을 조금 깬 자동차는 방치된 지 겨우 10분 만에 배터리와 타이어가 사라지고 낙서나 투기, 파괴가 있었으며 1주일 후에는 완전히 고철 상태가 될 정도로 파손되었다.

이 법칙이 유명하게 된 것은 1994년 뉴욕 시장이 된 줄리아니가 극에 달했던 치안 부재 상황을 개선하기 위해 뉴욕시에 '깨진 유리창의 법칙'을 적용하면서부터였다. 1994년 뉴욕 시장으로 선출된 루돌프 줄리아니는 뉴욕을 가족적인 도시로 바꾸기 위해 지하철의 낙서와 타임스퀘어의 성매매를 근절하겠다고 선언했다. 당시 언론은 그가 강력범과 싸울 용기가 없어 경범죄를 선택했다고 비웃었다.

그러나 국장은 흔들림 없이 낙서를 지우는 것에 초점을 두었다. 엄청난 수의 교통국 직원이 투입되어 무려 6,000대에 달하는 차량의 낙서를 지우는 작업이 수행되었다. 이 작업은 5년이나 걸렸는데, 의외로 놀라운 효과를 가져다주었다. 범죄율을 75%나 낮춘 것이다. 깔끔하게 꾸며진 장소에서는 큰 소리로 떠들거나 함부로 침을 뱉는 사람을 찾아보기 힘들다. 하지만 번잡하고 더러운 곳에서는 쓰레기를 버리고 침을 뱉고 크게 떠들거나 심지어 싸움하는 모습까지 볼 수 있다.

깨진 유리창 법칙은 나비효과와 유사하다. 나비효과는 브라질에 있는 나비의 날갯짓이 미국 텍사스에 토네이도를 발생시킬 수도 있다는 것으로, 일반적으로는 작고 사소한 사건 하나가 나중에 커다란 효과를 가져 온다는 의미의 말이다. 작은 습관의 차이가 인생을 결정한다. 당신의 습관이 인격이 되고 당신의 운명을 결정한다. 끝 간데 없이 어디로 갈지 몰라 막막한 현대 사회에서, 나의 중심을 잡는 것은 너무나도 중요하다. 천재란 혼란을 지배한다는 아인슈타인의 말처럼 자신의 삶을 지배할 수 있는 힘, 작은 시작 정리로부터 해보자.

정리 정돈을 하면서도 즐겁게 미소 지어 보자. 정리를 하는 동안 생각이 정리되고 무언가 새롭게 시작할 힘이 생길 것이다. 그리고 정리를 하며 웃는 자기 자신이 사랑스러워질 것이다. 당신의 얼굴에 미소가 떠나지 않게 하라.

청소 웃음

정리가 중요하다는 사실은 위에서 언급하였다. 삶의 정리는 자신에 대한 사랑이자 함께 하는 다른 사람에 대한 배려이다. 늘 하게 되는 정리, 하루 15분이면 충분하다. 룰루랄라 웃으며 콧노래를 부르며 정리를 하면 어떨까? 음악을 틀어놓고 춤을 추면서 청소하던 영화 속 주인공처럼 기쁘게 웃으면서 정리해 보자. 청소 웃음은 일상생활에서 청소와 정리를 하면서 웃기가 몸에 배도록 하기 위한 웃음운동법이다. 웃음요가에서 청소와 관련된 웃음법을 소개하면 다음과 같다.

- 설거지 웃음법: 설거지하는 시늉을 하면서 하하하 웃는다. 가끔 그릇이 미끄러져 깨져도 하하하 웃고 넘겨버린다.
- 청소 웃음법: 청소기를 들고 청소를 하는 시늉을 하며 하하하 웃는다. 또는 먼지 터는 시늉을 하며 하하하 웃는다.

치유와 함께하는
웃음요가

웃어라 사랑하라

나를 향해 미소 지어준 사람들과

그 웃음소리

사랑한다 말 한마디는

영혼의 메아리로 남아

내 삶을 따뜻하게 하리니.

웃어라 사랑하라

더 깊이 자신을 사랑하는 길을 찾아 헤매이는

끝 모를 여정의 길에서

웃어라 사랑하라

온 세상의 문이 활짝 열리리라.

웃음은
행복 그 자체이다

　　'모두 병들었는데 아무도 아프지 않았다.'는 이성
복 시인의 시 구절처럼 상처 없는 사람들이 어디 있으랴. 몸과 마음은
깊이 연결되어 있어서 마음의 상처는 몸의 아픔으로 표현이 된다. 현대
생활에서 지나친 경쟁과 스트레스는 인간의 마음에 깊은 상처를 남긴
다. 우울증, 신경 쇠약, 불면증 등 마음과 관련된 질환이 증가하고 이를
치료하기 위해 많은 사회적 비용이 들고 있다.

　미국 심장학회의 보고에 따르면 병원을 찾는 환자들의 최고 90%,
최하 75%가 스트레스와 관련된 장애이고 심장마비의 50%가 스트레
스 때문이라고 밝혔다. 미국 가정의학회 역시 환자들의 70%가 질병
의 원인이 스트레스 때문이라고 밝혔다. 미국 보험협회는 산업 사고,
산재 사고의 최고 80%, 최하 60%가 스트레스가 주범이라고 말한다.

정신신경면역학(Psychoneuroimmunology)에서는 부정적 감정 상태에 있을 때 면역 조직이 약해지고 긍정적 마음을 가지고 있을 때 면역 기능이 강화된다는 것을 밝히고 있다. 긍정성을 대표하는 웃음은 우울증, 불안감, 심신장애를 극복하게 하며 삶을 행복하게 만든다. 뉴욕의 앨버트 아인슈타인 메디컬 센터의 조셉 리치맨 박사는 웃음은 자살과 우울증의 원인인 소외감을 없애준다고 했다. 영국의 히포크라테스로 불리는 토마스 시덴함은 즐거운 웃음은 다른 어떤 보약보다 훨씬 더 건강을 촉진시키고 질병을 막아준다고 말했다.

웃음은 우울증, 자살 성향이 있던 사람들이 희망을 품고 새로운 삶을 살게 하는 데 도움을 준다. 웃으면 쾌락 호르몬인 도파민과 감정을 조절하는 행복 호르몬 세로토닌을 분비시켜 우울감을 사라지게 하고 기분을 좋게 하며 행복감을 높인다. 불안하고 초조할 때는 교감신경을 자극해서 심장을 상하게 하지만, 웃을 때는 부교감 신경을 자극하여 심장을 진정시키고 몸을 안정시켜 주기 때문에 불안감을 해소시킬 수 있고, 숙면을 취하는 데 도움을 준다. 웃음요가에서는 또한 호흡을 통해서 심신의 긴장을 풀어줌으로써 불안감을 해소하고 편안함을 느끼는 데 도움을 준다.

웃음이 신체에 미치는 과학적 효과를 넘어서 웃음요가의 큰 장점 중 하나가 웃음을 통해 사회적인 관계를 형성한다는 점이다. 웃음은 관계에서 행복을 느낄 수 있도록 도와준다.

'우리의 행복은 90%가 인간관계에 달려 있다.'고 키에르 케고르는 말했다. 영국 런던정경대(LSE) 리 레이야드 경제학 교수가 미국과 독일 등 4개국 총 20만 명을 대상으로 연구한 '행복의 원천들'이라는 보고서에 따르면 행복은 돈보다 인간관계와 신체적·정신적 건강에 달려 있다는 결론에 도달했다. 하버드대학생 268명을 72년 동안 발달 연구한 하버드 정신과 전문의 조지 베일런트 교수는 『행복의 조건』에서 인생에서 가장 중요한 것은 다른 사람들과의 관계라고 밝혔다.

하버드대학 성인발달 연구팀은 1930년대 말에 입학한 2학년 268명의 삶을 72년 동안 추적하여 무엇이 삶에서 행복을 결정짓는지 '행복의 조건'을 연구했다. 42년 동안 이 연구에 매진한 총책임자인 베일런트 교수는 하버드대학생들의 삶을 연구한 결과 행복의 조건을 7가지 제시했다.

행복의 조건 첫 번째로 꼽은 것은 고통에 대응하는 성숙한 방어기제였다. 삶에서 역경을 겪었을 때 무엇으로 대처하느냐에 따라 삶의 행복이 결정된다는 것이었다. 여기서 성숙한 방어기제란 유머, 타인에 대한 배려, 밝은 면을 보려고 인내하는 것, 승화 등이었다. 여기서 주목해야 할 것이 유머, 웃음이다. 유머는 타인에 대한 '배려'와 관련 있으며, 삶에서 나쁜 면이 아닌 좋은 면을 찾으려는 '인내'와 관련 깊다. 다시 말해 성숙한 방어기제는 유머, 웃음의 긍정성으로 대표된다고 할 수 있다. 행복은 사람들이 겪는 고통이 얼마나 많고 적은가보다 인생의 고통에 어떻게 대응하는가에 달려 있음을 의미한다. 나머지 행복의 6가지 조건은 교육, 안정된 결혼 생활, 금연, 금주, 운동, 알맞은 체중이었다.

하버드대학생들뿐 아니라 다른 집단에서 이루어진 연구에서도 행복하고 건강한 노년을 약속하는 가장 강력한 요소는 바로 성숙한 방어기제로, 유머로 대표될 수 있는 긍정적인 삶의 자세였다. 이는 소소하게 불쾌한 상황에 부딪히더라도 심각한 상황으로 몰아가는 일 없이 긍정적으로 전환할 수 있는 능력을 일컫는다. 행복하고 건강한 삶을 살아가는 이들은 대부분 성숙한 방어기제를 지니고 있지만, 불행하고 병약한 삶을 살아가는 이들에게서는 성숙한 방어기제를 찾아보기 힘들었다.

2008년 3월에 한 인터뷰에서 "성인발달연구 대상자들에게 배운 점이 무엇인가?"라는 질문에 베일런트 교수는 "인생에서 가장 중요한 것은 바로 다른 사람들과의 관계라는 사실이다."라고 답했다. 삶의 질은 친구들과 가족을 비롯한 우리의 인간관계에 달려 있다. 관계의 단절에서 많은 사람들이 좌절한다. 이것은 다른 의미가 아닌 삶에서 사랑이 가장 중요한 가치를 지님을 의미하는 것이리라. 인간은 누군가와 연결되어 있다고 느낄 때 그 연결을 통해 삶의 의미와 행복을 얻는다. 관계는 그 자체로 삶의 의미를 제공한다. 다른 사람들과 연결되어 살아가는 것이 건강의 기초이다. 사회적 상호 작용 정도가 매우 낮은 사람은 높은 사람에 비해 모든 요인을 고려했을 때 10년간 사망률이 2~4배 높았다. 애완동물과의 관계라고 하더라도 그 관계는 건강과 행복에 도움을 줄 수 있다.

실제적으로 전 세계에서 이루어지는 웃음요가클럽은 웃음의 장을 마련하여 삶에 긍정성을 심어줄 뿐 아니라 웃음으로 하나 된 웃음가족으로 사회관계망을 형성한다. 그들이 소외감 없이 웃을 수 있고 관계를 맺을 수 있도록 도와준다. 눈 맞춤과 함께 어우러지는 웃음은 소속감과 행복감, 살아있음을 느끼게 해준다. 웃음은 사람을 훌륭하게 연결하며 많은 좋은 사람을 당신의 삶 속에 가져다준다.

웃음은 관계를 부드럽고 매끄럽게 도와주며 기쁨의 꽃을 피우게 한다. 더불어 명상은 관계 속에서 흔들리지 않는 강인함과 지혜, 자애의 마음을 갖도록 도와준다. 웃음요가클럽은 사회적인 관계를 형성하게 함으로써 고립감과 외로움에서 벗어날 수 있도록 돕기에 전 세계적으로 노년층의 참여율이 높다.

웃음요가에서는 악수 웃음, 하이파이브 웃음, 정전기 웃음 등에서 손을 잡는 스킨십이 일어난다. 타인과 신체적 접촉, 함께 있다는 것만으로 심장 생리 현상이나 심장 반응성에 진정효과를 일으킨다. 손을 잡으면 옥시토신 호르몬이 분비되는데, 옥시토신은 사랑 호르몬이라 불릴 만큼 안도감, 행복감, 신뢰감 등을 높이는 역할을 한다.

그런데 울음 역시 웃음과 같이 몸과 마음의 정화 작용을 돕는다. 웃음치료를 오랫동안 하는 분들의 공통적으로 하는 말들은 울음치료가 필요하다는 것이다. 마음의 상처가 있는 경우 눈물로 자신을 정화하는 작업이 필요하다. 단지 웃음만을 강요한다면 자신의 몸과 마음의 상태를 잘 모르는 경우일 것이다. 깊이 있게 눈물을 맘껏 흘리고 아픔을 어루만진 후에 비로소 웃어야 더 큰 효과를 볼 수 있다. 슬픈 날에는 충분히 울어라. 행복해야 한다는 생각을 내려놓고 부정적인 감정도 수용해라. 모든 것은 다 괜찮다. 그 감정을 있는 그대로 수용하고 인정하고 자기를 품어라.

미국 미네소타대학 윌리엄 프레이어 박사의 연구에 따르면 울음은 육신의 정화 작용이며 눈물을 통해 스트레스 배설물이 나온다. 박사는 1977년 '알츠하이머를 유발하는 스트레스에 관한 연구' 논문에서 '눈물은 수분과 나트륨, 라이소자임, 글로블린, 스트레스 호르몬, 망간 등의 여러 가지 효소와 항체로 구성되어 있는데, 감정에 의해서 흘리는 눈물에는 자극을 받아 생성된 눈물보다 카테콜라이민 스트레스 호르몬이 훨씬 더 많이 포함되어 있다.'를 발표하고 울음의 놀라운 치유 능력을 강조했다.

다만 울음의 지나간 자리를 웃음으로 다시 채워라. 울음만으로 갔을 때는 위험할 수가 있다. 오랜 기간의 울음은 자칫 습관으로 빠질 수 있기 때문에 눈물을 닦고 밝음 쪽으로 가려는 노력이 필요하다. 습관적으로 하는 생각의 70~80%가 부정적인 사고이며, 하루에 대략 5만 번 정도의 부정적인 생각을 한다. 뇌 과학자 에이먼은 이를 '자동 재생식 부정 사고(Autonomous Negative Thought)'라고 불렀다. 부정적인 생각을 할 땐 뇌 속의 우울, 불안을 일으키는 부분을 자극한다. 뇌과학자들도 의식적으로 긍정적인 상상을 하도록 노력하라고 말한다. 눈물을 닦고 환히 웃어라. 자신의 빛나고 아름다운 삶을 살고 꽃피워야 한다.

웃음요가에서는 마지막에 내 안의 평화와 행복, 건강 더 나아가 세계의 평화와 행복을 위해 기원하며 웃는다. 단순히 웃음으로서 엔도르핀, 세로토닌 등의 호르몬 작용으로 우울감, 불안감 등 부정적인 감정을 해소하는 것뿐 아니라 자신과 이웃, 세상에 사랑과 평화가 가득하길 기원하면서 삶에 사랑을 부여한다.

우리는 다른 사람과 하나로 연결되어 있기에 누군가의 아픔이 내 아픔이 되어 우울한 감정과 슬픔을 느낀다. 다른 사람의 평화를 기원하고 사랑을 기원하는 마음은 곧 내 삶의 사랑과 평화가 가득하길 기원하는 마음과 같다. 함께 웃는 웃음은 혼자라는 외로움과 고립감에서 벗어나 사회적인 관계를 형성하기에 우울감, 불안감, 심신 장애를 극복하는 데 도움을 준다. 웃음은 세로토닌, 도파민 등의 행복 호르몬을 분비시킨다. 한마디로 웃음은 행복 그 자체이다.

웃음은 치유,
나를 사랑하는 길

흰 눈이 내리는 매서운 겨울이 지나면 따뜻한 봄이 찾아와 꽃을 피운다. 꽃이 피면 지고 씨앗을 뿌리면 열매를 맺는다. 언제 먹는 밥이 가장 맛있었을까? 아마 너무나도 배고팠을 때 먹었던 밥이 가장 맛있었을 것이다. 자연에 법칙이 있고 인간의 삶에 법, 진리가 있듯 웃음에도 법칙이 있지 않나 한다. 그럼 웃음의 법칙은 무엇일까.

삶에서 힘듦을 겪어본 후에 웃음을 맞이했을 때 그 웃음의 가치를 잘 알게 된다. 이것이 바로 웃음의 법칙이다. 노먼 커즌스는 병을 이기기 위해서 웃음을 선택했으며, 찰리 채플린 역시 죽음의 고통에서 벗어나기 위해 웃음을 선택한 사람이다. 그들은 웃음의 법칙과 웃음의 가치를 누구보다 잘 알고 있었다. 웃음은 기적처럼 그들에게 치유이자 삶을 사랑하는 방법으로 작용했다. 어둠의 긴 터널을 빠져나온 사람들에게 있어 이 웃음은 한 줄기 빛이자 사랑이다.

웃음은 마음의 해독제요 영혼의 음악이다. 웃음은 신체를 건강하게 할 뿐 아니라 마음을 치유하는 역할을 한다. 웃고 나면 마음의 근심, 걱정이 사라지고 환해진다. 그 자리가 사랑으로 차오르는 느낌이다. 웃고 나면 상처에 새살이 돋듯 아픔이 사라지고 힘이 생긴다. 엔도르핀과 모르핀 등의 행복 호르몬의 작용으로 시작하여 웃음이 주는 그 밝음으로 마음을 휩싸고 돌던 부정적 에너지가 정화된다. 웃음은 마음을 전환시켜 기쁨을 느끼게 해주는 가장 효과적인 방법이다.

부처가 열반하고 약 500년간 불상이 만들어지지 않은 무불상 시대였다. 기원후 1세기에 헬레니즘 문화 아래 마투라 지역과 간다라 지역에서부터 부처님에 대한 존경과 신앙심으로 불상이 만들어지면서 전 세계에 퍼지게 되었다. 초기 인도의 불상과 그림을 살펴보면, 부처는 보일 듯 말 듯한 미소를 짓고 있다. 그 미소는 자기통제와 깨달음을 상징한다.

불교국인 태국, 미얀마의 부처도, 캄보디아 앙코르 와트의 바이온 사원의 부처의 얼굴에도 자비로운 미소를 담고 있다. 중국에서의 붓다는 그 웃음이 환하여 '웃는 붓다'라고 불리기도 한다. 백제의 미소라고 알려진 서산마애삼존불, 경주 토암산의 석가모니 부처와 불국사 석굴암, 금동미륵보살반가유상의 미소에는 부처님의 온화한 미소와 자비가 서려 있다. 백제의 영향을 받은 일본의 불상들도 온화한 표정과 은은한 미소를 짓고 있다. 부처의 이 아름다운 미소는 한없이 따뜻한 자비를 의미한다. 틱낫한 스님은 『붓다의 미소』라는 글에서 부처의 미소를 다음과 같이 설명했다.

행자 시절 나는 붓다를 이해할 수 없었다.
아니 붓다의 미소를 이해할 수 없었다.

세상은 이렇게 고통으로 가득 차 있는데
어떻게 그런 아름다운 미소를 지을 수 있단 말인가?
붓다는 세상의 고통이 조금도 괴롭지 않은 걸까?

시간이 흐른 후에 나는
붓다의 웃는 듯 마는 듯 입가에 맴도는 미소의 의미를 깨닫게 되었다.

세상을 향한 깊은 이해와 고요의 힘을 가진 자는
세상의 고통에 압도되지 않는다는 것을 그제야 깨달은 것이다.

붓다가 세상의 고통 앞에서도 미소 지을 수 있는 이유는
그에겐 고통을 돌보고 변화시킬 힘이 있었기 때문이다.

통한의 눈물이 바다를 이룬다 해도
붓다의 미소만 잃지 않는다면
우리는 익사하지 않을 수 있다.

자신이 무기력하고
바보같이 느껴지는 그 순간
바보 같은 자신에게 웃음을 선물하라.

가슴속에 슬픔이 차 있는가?
그렇다면 그 슬픔에 미소를 보내라.

석가의 미소에 깨달음뿐만 아니라 한없는 사랑(Metta)이 담겨 있듯 웃음은 사랑 그 자체이다. 힘들어하는 자신에게 줄 수 있는 사랑의 선물이기도 하다.

세상에서 가장 강력한 힘을 지니고 파동을 지닌 것이 사랑의 에너지인 것처럼, 사랑이 넘쳐 나면 저절로 웃음이 열린다. 남녀 간의 사랑만이 아니라 가족, 만물에 대한 사랑까지 포함한다. 반대로 서로를 배려하면서 마음껏 시원하게 웃다 보면 삶이 밝아지고 사랑이 충만해짐을 느끼게 된다. 세상의 많은 소리가 있지만 사랑하는 사람의 웃음소리는 참으로 아름답다.

사랑의 시작은 자신을 사랑하는 데서부터 시작된다. 미국의 극작가 조 쿠더트는 다음과 같이 말했다. "당신은 남의 사랑을 꼭 받아야 할 필요도 없고, 또 그것을 위해 자신을 희생시켜서도 안 됩니다. 정말로 삶의 중심이 되며 가장 중요한 일은 자신을 사랑하는 것입니다. 당신이 평생 알게 될 모든 사람 중에서 당신이 결코 떠나지도 잃어버리지도 않을 유일한 사람은 당신뿐입니다."

치유의 기본도 자신을 사랑하는 데서부터 시작된다. 우리는 있는 그대로 아름답고 사랑스럽다. 단 한 송이 피어있는 유일한 꽃이다. 신의 음성을 기록한 『기적 수업』의 저자 헬렌 슈크만의 삶을 다룬 케네쓰 왑닉의 『지복에서 벗어나 Absence from felicity』에서는 다음과 같이 말한다.

너는 완전하게 사랑스럽다.
너는 순수하고 완벽한 한 줄기 빛이다.
너의 사랑스러움 앞에서 온 우주의 별들도 멈추고

네 뜻의 권능 앞에 고개 숙여 경배한다.
창조주가 말해준 것 말고 다른 어디에서 창조물들이 자신이 어떻게
창조되었는지를 알아낼 수 있는가?
네가 맡은 역할은 창조하고 너의 창조주를 보호하는 것이기에, 너는
천사들보다 더 위대한 존재로 창조되었다.

웃음요가에서는 자기 자신을 위해 웃는다. 그러나 그 웃음은 개인
의 건강, 행복, 평화를 위해 웃지만 다른 사람의 행복, 평화에도 기여
한다. 웃음요가 프로그램을 진행하다 보면 웃음은 삶을 향한 사랑
의 표현임을 느끼게 된다. 웃음 그 너머에 있는 것은 사랑이다.

프로그램을 진행할 때 어떻게 하면 자신을 더 사랑하게 도울 수
있을까 고민한다. 자신에 대한 사랑으로 웃음과 건강을 되찾고 그
사랑의 빛이 방사되어 다른 사람에게 사랑과 평화를 줄 수 있을까
생각한다. 그러기 위해서는 내가 먼저 정화를 하고 그들을 도와야
함을 느낀다.

수업 자체는 나를 정화하는 시간이자, 그들에게도 스스로 정화하
고 치유하는 방법을 안내하는 시간이다. 자신과 삶을 사랑하고 다
른 사람을 배려하고 존중하며 하하하 웃는 것이 중요함을 자연스럽
게 숙지하게 된다. 호흡관계 명상을 통해 소중한 사람의 건강과 평
화를 위해 기도하며, 나에게 상처를 준 사람에게 용서를 다짐한다.
요가 니드라, 춤 명상, 모음 소리 명상(만트라 명상) 등 다양한 웃음요
가 프로그램을 통해 치유의 길로 안내한다. 많은 사람이 이 아름다
운 운동을 통해서 자신을 사랑하고 삶의 아름다움을 체험하며 마음
이 밝아지는 치유를 경험하기를 바라본다.

웃음요가는
긍정적인 삶을 만든다

기쁠 때 웃는 것은 쉬울 것이다. 그러나 역경 속에서 웃음을 잃지 않는 것은 인간의 정신이 위대하고 강함을 뜻한다. 꾸준한 웃음요가는 삶에서 웃음을 습관화하도록 도움을 줄 수 있다.

마음이 힘든 날 오늘은 과연 웃을 수 있을까 하고 의문이 들어도 웃음요가클럽으로 향했다. 좀 늦은 나는 멀리서 사람들의 웃음소리에 벌써 입이 귀에 가 있다. 발걸음이 가볍고 빨리 함께 가서 웃어야지 한다. 정말 언제 그랬냐 싶게 웃음에 마음을 집중한다. 그 순간만큼은 웃음에 집중하여 사람들과 함께 이유 없이 웃고 춤을 춘다. 어느덧 마음이 밝아지고 힘을 얻는다.

어느 날은 지인분이 전화가 왔다. 학교로 웃음요가를 하러 오시겠다고 해서 방학 기간 빈 교실에서 단둘이 웃음요가를 한 적이 있었다. 그분이 하시는 말씀이 오늘은 너무나 슬프고 외롭고 힘이 들었는데 이렇게 웃으니 너무 좋다며, 행복해진다고 하셨다.

웃음은 삶에서 힘듦 속에서도 긍정적인 삶을 만드는 데 도움을 준다. 웃음요가클럽은 웃음 습관을 만들어준다. 습관화된 웃음은 삶을 긍정적으로 만들며 밝음을 유지하는 데 도움을 준다. 웃음이 건강만이 아니라 정신적, 정서적으로 큰 영향을 끼친다고 볼 수 있다. 한 사람이 '긍정적이다.'라는 것의 지표는 그 사람의 평소 얼굴 표정에서 잘 드러난다. 긍정적인 삶을 산 사람의 경우 웃음을 더 많이 띠고 부정적이고 비판적인 삶을 산 경우 얼굴표정이 시무룩하고 웃음기가 없다. 긍정심리학의 창시자 미국 펜실베이니아대학 마틴 셀리그만 교수는 『학습된 낙천가』라는 자신의 저서를 통해 다음과 같은 연구 결과를 발표했다.

심장마비를 일으켰던 사람들 96명의 성격과 심장마비를 일으킨 이후의 삶을 조사해본 결과 비관적인 성격의 소유자로 분류된 16명 가운데서는 15명이 그대로 죽음을 맞이했지만, 낙천가로 분류된 16명 중에서는 11명이 소생하여 목숨을 이어 나갔다. 위기에 처했을 때 평소 비관적인 성격을 가진 사람들은 위기를 극복할 힘(내적 에너지, 정신력)이 미약하여 쉽게 포기하고 말지만, 평소 낙천적인 성격을 지닌 사람들은 극복할 수 있는 에너지가 강해 위기를 딛고 거뜬히 일어났다. 또한 마틴 셀리즈맨 교수의 연구 결과에 따르면 낙천주의자들은 비관주의자들보다 여러 방면에서 우수한 능력을 나타냈다.

웃음요가에서 배우는 다양한 운동들-감사 웃음법 웃음법, 용서 웃음법, 성공 웃음법, 왕과 왕비 웃음법을 비롯하여 다양한 동물 웃음법 등은 정말 어린아이가 되어 그 천진난만함을 가지고 웃었을 때 가능하다. '좋아요, 좋아요, 예! Very good, very good, yeh!'의 웃음구호는 긍정의 언어를 무의식에 각인시킴으로써 행복한 삶을 살아가도록 도움을 준다. 어린아이의 천진난만함을 되살리며 웃고, 매 프로그램이 긍정성을 강화하는 운동들이기에 저절로 삶에서 중요한 긍정의 가치들을 습득하게 된다.

웃음을 꾸준히 배우고 웃음강의를 뛰는 사람들은 몸에서 이미 습관화가 되어 웃지 않으면 더 이상하다. 나 또한 바쁜 삶에 의식하지도 못한 채 스트레스로 다운되었다가도, 웃음요가의 웃음을 통해 다시 평행선을 긋고 다시 밝은 삶으로 돌아온다. 꾸준한 웃음요가는 긍정적인 삶으로 만드는 데 도움을 준다. 웃으면 당신의 유전자가 활짝 꽃을 피운다.

최고의 관상은
웃는 상? 덕상?

송나라 마의 선인이라는 관상가가 있었다. 마의 선인은 세상에서 가장 나쁜 상은 수심이 가득한 상 우거지상이라고 말했고, 세상에서 가장 좋은 상은 웃는 상이라고 했다. 그럼 최고의 관상인 웃는 상, 이보다 더 좋은 상이 있을까.

중국 송나라의 마의 선인이 쓴 『마의상법 麻衣相法』에 나오는 내용이다. 마의 선인이 하루는 시골길을 걷고 있는데 나무를 하러 가는 머슴의 관상을 보니 죽음의 그림자가 드리워져 있었다. 그래서 마의 선인은 머슴에게 "얼마 안 가서 죽을 것 같으니 너무 무리하게 일하지 말라."고 당부했다. 그 머슴은 그 말을 듣고 낙심하여 하늘을 바라보며 탄식을 할 때 산 계곡 물에 떠내려 오는 나무껍질 속에서 수많은 개미 떼가 물에 빠지지 않으려고 발버둥 치는 것을 보았다.

그 머슴은 자신의 신세와 같은 개미들에게 연민을 느끼고 나무껍질을 물에서 건져 개미떼들을 모두 살려주었다.

며칠 후 마의 선인은 그 머슴을 마주하게 되었는데 이게 웬일인가? 그의 얼굴에 어려 있던 죽음의 그림자는 사라지고 부귀영화를 누릴 관상으로 변해 있었던 것이다. 마의 선인은 그 젊은 머슴이 개미를 구해준 이야기를 듣고 크게 깨달아 『마의상법』 마지막 장에 다음과 같은 말을 남겼다.

얼굴 좋은 것이 몸 건강한 것만 못하고
- 상호불여신호(相好不如身好)
몸 건강한 것이 마음 착한 것만 못하고
- 신호불여심호(身好不如心好)
마음이 착한 것이 덕성이 훌륭한 것만 못하다.
- 심호불여덕호(心好不如德好)

마의는 '관상은 심상만 못하고 심상은 덕상만 못하다.'는 것을 깨닫는다. 심성이 착하고 남에게 베풀어 덕성을 쌓으면 사람의 관상, 운명까지 바꾸는 힘을 발휘한다.

위의 구절과 관련해서 백범 김구 선생님의 일화가 재미있다. 『마의상법』을 석 달 동안 열심히 독학했던 김구 선생님은 관상학에 근거하여 자신의 얼굴을 살피기 시작했는데, 어느 한 군데도 부귀한 상은 없고, 오로지 천하고 가난한 상밖에 없음을 알고 비관에 빠졌다고 한다. 하지만 『마의상법』의 위의 마지막 구절을 읽고는 그는 마음을 고쳐먹고 운명을 바꾸게 되었다.

"이것을 보고 나는 상 좋은 사람보다 마음 좋은 사람이 되어야겠다고 결심했다. 이제부터 밖을 가꾸는 외적 수양에는 무관심하고 마음을 닦는 내적 수양에 힘써 사람 구실을 하겠다고 마음먹었다(『백범일지』 중에서)."고 밝히고 있다. 최고의 관상인 웃는 상보다 더 중요한 것은 심상, 덕상임을 깨닫고 평생을 독립운동에 바쳤던 위대한 스승 백범 김구 선생님이시다.

웃음요가는 겉으로 최고의 관상인 웃는 상을 만들 뿐 아니라 웃음요가의 정신인 나눔과 배려를 통해서 관상을 뛰어넘는 심상, 덕상까지 기르고자 한다. 웃음요가는 개인의 건강, 행복, 더 나아가 전 세계의 평화를 기원하는 운동이기 때문이다. 그럼에도 먼저 최고의 관상인 웃는 상부터 만들며 활짝 미소 지어볼까.

돈이 없어도 베풀 수 있는
아름다운 것

앨버트 메리비언 교수의 『앨버트 메리비언의 법칙』에 의하면 커뮤니케이션에서 가장 중요한 것은 바디랭귀지(Body language)다. 바디랭귀지는 신체 언어 즉 동작, 표정, 행동, 시선에 관계된 것이며, 그중에서도 표정이 가장 중요하다. 바디랭귀지가 소통에서 차지하는 비율은 55%, 말하는 방식은 38%, 말의 내용은 7%가 차지하는데, 이를 앨버트 메리비언의 법칙이라고 한다. 바디랭귀지는 무의식에서 나온다. 상대방에 대한 감정, 나의 지금 이 순간에 대한 감정이 무의식적으로 바디랭귀지 안에 숨겨져 있다. 내가 상대방을 향해 대화할 때 상대방은 나에게 어떤 호의를 가지고 이야기하는지 단번에 우리는 알 수가 있다. 사람과 사람이 만날 때 인상이 중요하게 작용한다. 기업의 면접 시험관이 사람을 판단할 때도 인상을 무엇보다 중시한다고 한다.

나의 얼굴은 나만이 보는 것이 아니라 모두에게 보여지기 위한 것이다. 사회심리학자 크레이그 스미스와 헤더 스콧은 '우리 얼굴은 나를 움직이기 위한 것이 아니라 다른 사람을 움직이기 위해 사용하는 우리 몸의 유일한 골격근육이다.'라고 말했다. 나의 미소와 웃음은 나 자신을 위한 것이기도 하지만 또한 다른 사람을 위해 줄 수 있는 선물이다. 당신의 웃는 얼굴은 삶을 사랑하고 행복하고자 하는 의지의 표현이다. 상대방에 관한 호의의 표현이며 때로는 위안을 주고 평화와 사랑을 남긴다.

웃는 얼굴은 많은 종교에서 공통적으로 가르치고 있는 삶의 태도이다. 성경에서는 '항상 기뻐하라, 쉬지 말고 기도하라, 범사에 감사하라(살전 5:16-18).', '마음의 즐거움은 양약이라도 심령의 근심은 뼈를 마르게 하느니라(잠 17:22).', '마음의 즐거움은 얼굴을 빛나게 하여도 마음의 근심은 심령을 상하게 하느니라(잠 15:13).', '하나님이 나를 웃게 하시니 듣는 자가 다 나와 함께 웃으리로다(창 21:6).' 등으로 웃음이 명약임을 여러 번 이야기한다. 유대교에서는 사람을 대접할 때는 우유를 내지 말고 미소를 내라는 가르침이 있다.

불교 경전 중 하나인 『잡보장경』에서는 부처님의 가르침으로 무재칠시(無財七施), 돈이 없어도 베풀 수 있는 일곱 가지를 방법을 제시한다. 어떤 이가 부처를 찾아가 제대로 되는 일이 하나도 없음을 하소연하니 부처께서 그 이유는 그가 아무것도 베풀지 않았기 때문이라고 답하셨다. 그리고 재물이 없어도 모든 사람에게는 누구나 아낌없이 줄 수 있는 것 일곱 가지가 있다고 이야기하셨다.

그 일곱 가지 무재칠시 중 안시, 화안시, 심시가 웃음과 관련이 깊다. 안시(眼施)는 눈으로 베푸는 보시이다. 언제나 자비의 눈빛으로 사람들을 대하고 나쁜 눈으로 대하지 않는 것을 의미한다. 화안시(和顔施)는 온화한 얼굴과 즐거운 낯빛의 보시이다. 부모님, 스승, 소중한 사람들에게 찌푸린 얼굴로 대하지 않는 것이다. 심시(心施)는 마음의 보시이다. 착하고 온화한 마음으로 사람들을 대하는 것이다. 누군가 슬퍼하거나 기뻐하거든 마치 자신의 일처럼 함께 기뻐하고 슬퍼하는 것이다.

나의 얼굴은 나의 표현이다. 긴장되고 걱정되는 상황 속에서 따뜻함이 묻어나는 상대방의 미소에 얼마나 온화해지고 편안해지던가. 웃음은 대가를 지불하지 않고 상대방에게 행복과 사랑의 마음을 전할 수 있는 정신적 가치를 지녔다. 웃어주는 멋진 사람이 되자. 부처님의 말씀처럼 자비로운 눈빛과 밝은 표정은 상대방에게 재물을 들이지 않고도 줄 수 있는 아름다운 선물이다.

웃음은
사람의 마음을 열게 한다

데일 카네기는 인간관계에서 사람의 호감을 얻으려면 '웃어라.'라고 조언한다. "행동이 말보다 더 많은 것을 전한다. 그중에서도 미소는 다음과 같은 뜻을 전달한다. 당신을 좋아한다. 당신은 나를 행복하게 만든다. 당신을 만나게 되어 기쁘다." 웃음은 사람의 마음을 열게 해주며 상대방에 대한 환영, 관심, 기쁨, 사랑의 표현이다. 웃음은 사람의 마음을 열게 하여 때로는 위기를 극복하는 큰 힘으로 작용한다.

노벨문학상을 받은 펄 벅은 어머니의 생을 다룬『어머니의 초상』에서 온화한 미소와 침착한 대응으로 목숨을 구한 일을 회상하고 있다.

펄 벅은 어린 시절 기독교 선교사인 아버지를 따라 중국에서 생활했다. 당시는 천재지변이 일어나도 이것은 서양인의 침입에 대한 신들의 분노라고 해서 즉시 외국인들에 대한 배척과 박해가 일어나기 일쑤였던 시절이었다. 어느 해 여름 펄 벅 씨의 가족이 사는 지방에 큰 한발이 엄습하게 되자, 농작물은 타죽고 민심은 흉흉하여 날마다 무서운 공포의 분위기가 조성되었다.

"오늘밤 12시에 문을 부수고 들어가 이 집 식구들을 죽여서 그 시체를 신령님께 바치는 거야. 그러면 틀림없이 비가 올 거야."

성난 농부들은 손에 낫과 도끼, 횃불을 들고 선교사의 집으로 달려왔는데, 다행히도 친절한 이웃의 귀띔으로 펄 벅의 어머니는 이를 알게 되었다. 펄 벅의 어머니는 하나님께 기도를 올렸다. 그리고는 귀한 손님을 맞이하는 집처럼 대문을 활짝 열어놓았고, 타원형 테이블에다 찻잔과 접시 같은 것을 가지런히 놓고 케이크를 담아 놓았다. 폭도들이 도착하자 어린 펄 벅은 상냥한 태도로 마당으로 달려 내려가서 "여러분, 들어오시지 않겠어요?" 하면서 미소로써 그들을 영접했다. 어머니 펄 벅 여사는 중국식 차 예절에 따라 정중히 "모두 이웃들이군요. 자, 드세요. 차가 준비돼 있어요." 하고 차를 권하였는데 사나이들은 당황했으나 찻잔을 받아들었다. 그 배려 있는 미소와 친절한 대접에 당황한 그 폭도들은 마음을 가라앉히고 그 길로 돌아가게 되었다. 결국 온화한 미소와 침착한 대응이 펄 벅 모녀의 목숨을 구한 것이다.

비슷한 사례로 미국의 교도소에 가면 슈퍼마켓을 털다가 잡힌 강도들이 전국적으로 10만 명 정도가 수감되어 있다고 한다. 그런데 한 연구기관에서 이들 슈퍼마켓 강도들을 대상으로 설문조사를 했는데 흥미로운 부분이 많다. 먼저 "슈퍼마켓을 털 각오를 했지만 털

수 없었던 경우가 있었느냐?"는 질문에 약 95%의 강도가 종업원이 눈을 맞추며 인사할 때 도저히 양심상 나쁜 짓을 할 수가 없었다고 한다. 한마디로 웃는 얼굴을 보고 강도질을 할 의도가 사라진 것이다.

웃음이 사람의 마음을 열게 하고 호감을 얻게 하는 데 도움이 된다는 재미있는 연구 결과가 있다. 오하이오의 한 대학에서 남자 학부생들에게 짝을 지어 게임을 하도록 했다. 모든 게임 상대는 처음 보는 사람이었으며, 게임에서 질 때마다 상대방에게 전기충격을 주도록 했다. 전기충격의 강도는 개인이 선택할 수 있었다. 게임이 끝난 뒤 실험을 분석한 결과, 사람들은 웃음을 덜 보인 사람에게 더 강한 전기충격을 준 것으로 나타났다.

미국 프린스턴대학 판매연구소의 제이슨 박사는 연기자 150명을 동원하여 판매와 웃음의 상관관계에 대하여 실험을 했다. 50명은 시종일관 웃음을 띠고, 50명은 무표정한 얼굴로, 나머지 50명은 험상궂게 인상을 쓰며 상품을 판매하도록 했다. 판매 결과는 어떻게 달라졌을까. 당신이 예측한 그대로이다. 웃음 팀은 목표량의 300~1,000%를 팔고, 무표정 팀은 목표량의 10~30%를 팔았으며, 인상을 찌푸린 팀은 전혀 팔지를 못했다. 러시아 여행 중 쇼핑센터 안 커피숍에서 점원이 미소 짓지 않고 무표정하게 응대하기에 무안해서 커피를 사지 않고 나왔던 경험이 있다. 반대로 가게에서 친절하게 웃으며 응대하는 점원 때문에 필요 없는 물건을 샀던 경험은 누구에게나 있을 것이다. 웃음은 단순하게 웃음이 아니라 상대방의 마음을 열게 하고 더 나아가 지갑을 열게 한다.

웃음요가 수업에 참여했던 한 스님께서 오랜 시간 수행해왔지만 웃음이 주는 친화력에 다시금 놀란다고 말씀하셨다. 보통 스님이기에 신도들이 자신을 어렵게 대하는데, 웃음요가클럽 회원들은 자신을 격의 없이 대할 뿐 아니라 회원들끼리 서로 쉽게 친해지고 가까워진다는 것이다. 웃음요가 수업이 끝난 후에 함께 웃었던 회원들이 종교를 떠나 법당에서 하하하 웃으며 웃음요가클럽을 이어나가는 모습을 보면서 열려있으신 스님께 감탄함은 물론 웃음의 가치를 다시금 느꼈다. 그리고 시간이 지남에 따라 클럽의 리더가 되어 웃음요가를 안내해주신 스님의 자애로움에 고개가 절로 숙여진다.

웃음봉사단에 한 선생님은 미국 여행길에서 생긴 일이라며 에피소드를 털어놓는다. 미국 공항에 도착해서 출입국 심사를 하는데, 다른 사람들은 모두 꼼꼼하게 검사를 하고 무표정하게 대하는데 유독 출입국 심사 직원들이 자신을 보면서 친절하게 미소를 지어주며 웃어줬다고 한다. 그 아이 같은 천진난만한 미소에 처음 보는 직원들까지 저절로 웃음이 나왔나 보다. 웃으면서 좋은 일이 많이 생겼다는 그녀와 함께 있으면 웃음 바이러스가 전파되어 같이 까르르 웃게 된다.

미소는 알게 모르게 내가 다른 사람들에게 주는 선물과도 같다. 웃는 얼굴에 침 못 뱉는다는 속담이 있듯 선조들은 웃음의 가치를 잘 알고 있었다. 최고의 관상은 웃는 얼굴이라는 송나라 관상가 마의의 말처럼 웃으면 복이 들어오는데, 특히 인간관계에서 웃음은 사람을 끌어드리는 마력과도 같다. 함께 웃고 나면 친밀감이 형성되어 그 사람을 신뢰하게 되고 마음의 문을 열게 한다. 웃음은 서로를 하나로 묶게 하는 힘을 지녔으며 긴장을 허물고 상대방에게 마음을 열게 하는 마법의 열쇠이다.

지혜로운
웃음부모 이야기

미국 남서부에 사는 한 아메리칸 인디언 부족에는 새로 태어나는 아기에게 '웃음부모'를 정해주는 풍습이 있다. 굳이 피가 통하는 부모가 아니더라도 아이의 몸을 건드리지 않고 제일 먼저 아이를 웃게 하는 사람이 아이의 웃음부모가 된다. 그렇게 정해진 웃음부모와 아이의 관계는 평생 지속된다. 처음으로 웃음을 안내해준 사람을 '부모'라 칭한 것에서 인디언들은 웃음과 긍정성을 삶의 중요한 지혜로 봤으며, 새로 태어난 아기가 삶을 웃으면서 행복하게 살아가기를 바라는 부모의 간절한 마음이 담겨 있음을 알 수 있다.

아기는 자궁 속에서부터 웃는다. 8개월째에 접어든 뱃속 태아도 웃는 사실이 알려졌다. 아이가 태어나면 웃기 시작한다. 태어난 아이의 미소를 엔젤 스마일, 천사 미소라 부른다. 아이는 부모를 통해 학습하기에 부모가 먼저 웃어야 자녀가 잘 웃게 된다.

그런데 어린 시절 부모에게서 감정의 피드백을 제대로 받지 못하고 자랐을 때, 아기의 정서적인 삶과 표현적인 범위는 상당히 곤란을 겪게 되어 아이의 삶에 영향을 미친다. 트라우마를 경험하거나 보육시설에서 자란 아기는 책임감을 가지고 자신을 돌봐주며 얼굴을 맞대고 피드백을 해줄 어른을 만날 기회가 거의 없기 때문에 감정적 반응을 거의 하지 않고 결과적으로 잘 웃지 않는다.

부모의 웃음이 아이에게 중요한 것은 그 자체가 사랑의 또 다른 이름이기 때문이다. 부모가 아이에게 웃음을 줬다는 것은 눈 맞춤과 함께 평화와 사랑의 마음을 전달함을 의미한다. 인생에서의 중요한 어린 시절에 사람들로부터 사랑받은 일이 없는 아이들은 자기 자신을 사랑하는 법을 배우는 기회를 이 시간에 잃고 만다.

부모가 잘 웃으면 아이 또한 잘 웃는다. 웃음은 전염성이 강하여 부모님의 자연스러운 웃는 습관은 아이에게도 영향을 미친다. 학생 중에 시도 때도 없이 웃는 남학생이 있었다. 웃으면서 생글생글 말을 하는데 너무 잘 웃어서 보는 사람을 행복하게 만드는 아이였다. 어느 날 어머니께서 학교로 오셨는데, 놀랍게도 어머니께서 매 순간 소녀처럼 까르르 웃으며 말씀하셨다. 아이의 웃는 모습과 너무 닮아 있어서 그때 학생이 잘 웃는 이유가 부모로부터 자연스럽게 배웠음을 알게 되었다.

일곱 살 난 조카가 이사하는 나에게 다가와 "이모 고마워." 하며 포옹을 한다. 나는 너무나도 놀라서 "뭐가 고마워?"라고 묻는데 그 대답에 깜짝 놀랐다. "웃는 것도 가르쳐주고, 나를 사랑해주니까."

어린 시절부터 함께 웃고 누가 오랫동안 웃는지 웃기 게임을 하고 웃음소리를 녹음하곤 했는데, 이 어린아이가 그것을 기억하고 있었나 보다. 나보다 자신이 더 잘 웃는다고 말을 하는 조카에게 나는 이미 웃음부모가 되어 있었다.

웃음소리는 행복의 소리이며 사람을 행복하게 만든다. 내 아이가 내 가족이 웃는 모습을 보는 것만큼 행복한 일이 있을까. 웃음으로 행복하게 유년 시절을 지낸 아이들은 웃음과 기쁨으로 자신들의 시간을 채우리라. 자라서 사회를 밝게 하고 사랑과 나눔을 실천하며 살만한 세상으로 만들어 가리라. 웃음부모를 정해준 인디언들의 지혜처럼 삶을 기쁨으로 지내라 라는 정신적 가치를 물려주는 것은 어떨까.

세계의 행복한
공통어 웃음

웃음은 시간과 공간을 초월하여 인류에게 동일한 의미와 가치를 지닌다. 그 사람이 한국에 태어났든 페루에 태어났든 흑인이든 백인이든 수천 년 전의 사람이든 백 년 전의 사람이든 시공간을 떠나서 웃음은 같은 의미를 지녀왔다. 사랑하는 사람들에게 미소 지어 줬으며 함께 웃고 기뻐했으며 감사함을 미소로 응답했다. 웃음의 의미에는 변함이 없고 누구나 어디서나 웃음을 지어왔고 웃으며 삶을 살아왔다. 웃음의 의미는 같기에 세계 어디를 가나 함께 웃으면 친해지고 편안해진다. 웃음은 세계 만국 공통어이다.

그런데 일부 나라에서는 역사와 문화에 따라 낯선 이들에게 보이는 웃음이 다른 경우가 존재했다. 이슬람국가에서는 고객을 향해 웃는 것은 성적으로 관심이 있음을 암시하기 때문에 상당히 눈살 찌푸릴 만한 일이다. 전통적으로 이슬람국가에서는 고객을 향해 웃는 것이 성적으로 관심이 있음을 암시했기 때문이다. 그래서인지 터키의 전통 쇼핑지역 그랜드바자르 안에는 여자 상인을 한 명도 볼 수 없었다.

북유럽에서는 낯선 사람을 보고 웃지 않았었다. 러시아인과 폴란드인은 잘 모르는 사람에게 미소 짓지 않으며, 낯선 사람이 그들을 향해 미소 지으면 수상쩍다고 생각한다. 스칸디나비아 사람들은 낯선 사람을 향해 웃는 행동은 그 사람의 사적 영역을 침범하는 것이라고 생각하기 때문에 아예 낯선 이에게 미소 지을 생각조차 하지 않는다. 그 결과 이 지역에서는 예의 바르다고 여겨지는 행동을, 웃음이 많은 지역에서 온 사람들은 냉담하다고 여긴다. 노르웨이 겨울 올림픽이 열리기 전, 월스트리트 저널은 낯선 사람을 보고 웃지 않는 노르웨이 사람들을 보고 '서리가 내린 컵'이라고 부르기도 했다.

유대인 아이들도 낯선 사람들에게 미소 짓지 않는다. 예수님께서 십자가를 지신 이스라엘 비아돌라로사 거리에서 미소 짓거나 웃지 않는 아이들의 모습이 참으로 이해가 안 되었었는데, 나중에 부모에게서 교육을 받는 오랜 전통임을 알게 되었다. 이스라엘처럼 분쟁을 겪고 있는 사회에서는 외부인이 경계와 공포의 대상이기에 웃음으로 환대하지 않는다.

그럼에도 세계화 시대 낯선 이방인에 대한 웃음도 급속도로 달라지지 있다. 인도에서 웃음요가 교육에 참여했을 때 여성에게 보수적인 국가인 아랍에미리트에서 웃음요가 교육을 받으러 온 라브를 만났다. 히잡을 쓰고 하하하 웃는 그녀는 참으로 지혜롭고 앞서가는 여성이다. 이란에서도 웃음요가클럽은 우리나라보다 활성화되어 있다.

세계 웃음요가클럽에서는 영어를 모르는 사람들도 모두 웃음으로 하나가 된다. 함께 웃다가 그들의 눈을 바라보고 있노라면 나의 국적을 잊게 된다. 우리는 하나이다. 웃음으로 인종과 언어를 떠나서 한마음으로 웃을 수 있다는 것은 웃음만이 지닌 특권이다. 언어가 같음에도 서로 소통이 안 된다고 느낄 때가 때로는 있지 않은가.

역사와 문화에 따라 이방인에게 웃음을 보이는지 여부는 약간 차이가 있었을 뿐 어느 곳을 가도 웃음은 하나로 통한다. 기쁨과 행복을 웃음으로 표현하고, 소중한 사람에게 미소 지어주는 것, 감사함에 미소를 지니는 것 등은 시간과 공간을 초월해서 인간이기에 지닌 동질적인 모습이다. 말이 통하지 않지만 신기하게도 그 사람이 나에게 호의를 가지고 있는지 아닌지를 알 수 있다. 최고의 언어는 웃음이며 웃음으로 사랑, 기쁨, 평화를 누군가에게 줄 수 있다는 것은 놀라운 일이다.

웃음은 사랑과 배려와 호의의 표현이다. 사랑하고 소중한 사람들에게 보이는 웃음은 경이롭기까지 하다. 다름속에서 하나로 지향되고 있는 이 시대, 세상을 향해 활짝 웃어주자. 웃음은 신이 인간에게 주신 아름다운 보물이며 '그저 행복하라.'는 신의 뜻이 담겨 있다.

YOGA

제5장

웃음요가의
정신

아름다운 그대여

실망한 이에게는 따뜻한 미소를

방황하는 이에게는 자비의 미소를

고개 숙인 이에게는 격려의 미소를 지어주라.

어둠 속에서

헤매는 사람에게 그 미소가 사랑이 되어

그의 가슴을 별처럼 환히 비추리라.

기도의
힘

　　세계 다양한 나라를 여행할 때 그 나라의 힌두교 사원, 모스크 사원, 성당, 절 등을 방문해보면 기도하는 모습, 서로 축복해주는 모습에 경건해지고 그 아름다움에 눈물이 날 거 같다. 이스라엘 비아돌라로사 성당에서도 말레이시아, 인도의 힌두교 사원에서 터키의 모스크 사원에서도 어느 절이든 사원이든 무릎을 꿇고 기도하는 모습에서 인간에 대한 사랑과 염원을 느낄 수 있어 아름답다. 그곳에 앉아 기도하는 사람들의 모습을 바라보고 있노라면 인간의 아름다움과 신을 향한 경건한 자세, 사랑하는 사람들을 위하는 마음은 경이롭고 신성하다.

　　기도의 힘이 과학적으로 밝혀지기 시작했다. 미국 캘리포니아대학 의학부의 심장 전문의가 행했던 연구가 있다. 샌프란시스코 종합

병원에서 심장병 400명의 환자들을 두 개 군으로 나누어 A그룹에는 의학적 치료와 더불어 미국 각지에 사는 사람들에게 그들을 위해서 하루에 3번씩 기도를 해주도록 했다. 기도하는 사람들은 신이 환자의 병을 고쳐주는 상상을 하면서 기도를 했다. A그룹을 위해 누군가 기도를 하고 있다는 사실은 환자와 담당 의사에게는 비밀로 하였다. 이는 플라시보 효과에 의해 기도를 받고 있기 때문에 빨리 나을 거라고 환자 자신이 생각하거나 혹은 의사들의 특별한 심리가 환자들에게 작용하여 치료하면 실험 결과의 정당성이 없어지기 때문이다. B그룹은 의학적 치료만을 하였다. 그런데 결과는 기도를 받은 A그룹의 사망률이 매우 낮았고 심장 정지 빈도가 낮았으며 폐에 물이 고이는 폐수종 발생 빈도도 지극히 낮았다. 기도하지 않은 B그룹의 항생제 투여량은 A그룹보다 5배나 높게 차이가 나타났다.

한국과 미국의 불임 치료 공동연구진이 불임 환자가 전혀 모르는 상태에서 다른 사람들이 불임 환자를 위해 기도한 결과 치료 효과가 크게 높아졌다는 연구논문을 발표했다. 연구진은 미국, 캐나다, 호주에 있는 사람들에게 한국에서 불임 치료를 받은 환자들(199명)의 사진을 주고 이들이 임신에 성공하도록 기도해달라는 부탁을 했으며, 그 결과 기도 받은 불임 치료 여성들의 임신 성공률(50%)이 기도를 받지 못한 여성들의 성공률 26%보다 두 배나 높았던 것으로 보고되었다.

일본 과학자 에모토 마사로는 『물은 답을 알고 있다』에서 기도의 힘을 알기 위해서 기도하기 전과 기도한 후의 물 결정체를 비교해 보았다. 사람이 죽어서 썩어버린 우물에 많은 사람들이 기도를 했다. 잠시 후 물의 결정을 사진으로 찍어봤더니 기도의 힘으로 놀랍게도 기도 전과는 달리 아름다운 결정체를 맺었다. 정화수를 떠놓고 간절히 자식의 건강과 행복을 빌던 어머니, 시험장 앞에서 합격을 기원하며 기도하고 있는 사람들, 사랑하는 사람들의 건강과 행복을 기원하는 기도의 힘은 눈에 보이지는 않지만 큰 힘을 발휘하는 놀라운 무의식의 세계이다.

삼십여 년 동안 기도의 치유 능력을 연구한 하버드대 그레그 제이컵스 교수 등은 뇌파검사를 토대로 기도할 때 뇌에서 일어나는 변화를 소개했다. 일반적으로 기도 후에는 몸의 긴장이 풀어지고 감정상태가 편안해지는 효과가 나타났는데, 이는 뇌의 전두엽과 두정엽의 활동이 극도로 억제되기 때문이었다. 그 외에도 스트레스 호르몬 코르티솔의 감소, 불안감과 우울감의 감소, 에이즈나 암 등 만성 통증의 완화, 혈압, 맥박, 콜레스테롤 수치의 감소, 약물중독의 완화 등과 같은 효과가 입증되었다.[1]

명상이라는 것이 무엇인지도 알지 못했던 시절, 특별한 경험이 내게는 있다. 새벽녘까지 혼자 공부에 몰입하고 있을 때, 갑자기 그 고요 속에서 광활한 우주의 모습이 눈앞에 펼쳐졌다. 섬광처럼 우주의 빛이 여러 빛나는 운성과 별들 사이를 순식간에 지나쳐 지구안으로, 내안으로 휙 하고 관통해 들어왔다. 우주의 광활한 빛나는 별들 사이로 빛이 빠르게 내 안으로 들어오는 그 순간, 나는 말하지 않아도 내가 우주의 일부이며 우리 모두가 하나로 연결되어 있고 너와 내가 하나라는 것을 순간적으로 깨달았다. 그리고 그 감동과 환희, 신에 대한 감사로 한참을 울었던 기억이 난다.

자아초월 심리학자인 켄 윌버는 인간이 사물을 인지하는 데 세 가지 통로가 있다고 했다. 첫 번째는 육체의 눈(Eye of flesh)으로서 사물의 형체와 감각의 세계를 인지하는 눈이고, 두 번째는 마음의 눈(Eye of mind)으로서 상징과 개념과 언어의 세계를 인지하는 눈이며, 세 번째는 정관의 눈(Eye of contemplation)으로서 영적·초월적 세계를 인지하는 눈이다.

무의식의 세계를 알게 된 후에 나는 내 생각을 조절하게 되었고, 사람들에게 감사와 행복, 용서의 메시지를 보내기 시작했다.

웃음요가에서는 요가의 호흡과 웃음, 명상이 결합되어 있다. 기도만으로 만나지 않는 상대에게 영향을 미칠 수 있는 것처럼 조용히 눈을 감고 그 사람을 생각하며 기도를 한다. 나에게 상처를 준 사람을 용서할 수 있고, 나에게 사랑을 준 사람을 떠올리며 감사를 전할 수 있다. 미소를 지으면서 나에게 사랑을 보내는 것, 기도하는 것은 웃음의 또 다른 모습이다.

감사가 부르는
풍요

때로 우리는 너무 많은 것을 가졌지만 잊고 지낼 때가 많다. 환경운동가 도넬라 메도즈는 『세계가 만일 100명의 마을이라면』에서 다음과 같이 말한다.

"100명이 사는 지구, 불행하게도 이 마을에는 굶는 사람들이 너무 많습니다. 이 중에서 25명은 영양 상태가 아주 나쁘고, 1명은 굶어 죽기 직전입니다. 16명은 저녁밥을 못 먹어 배가 고픈 채로 잠을 잘 수밖에 없습니다. 17명은 아예 읽고 쓸 줄을 모릅니다. 대학을 졸업한 사람은 단 2명입니다. 이 마을에는 4대의 컴퓨터가 있을 뿐입니다. 24명은 아직도 전깃불의 혜택을 받지 못하고 있습니다. 40명은 청결하지 않은 위생 환경 때문에 질병에 걸릴 위험에 빠졌습니다. 20명 정도는 하루에 겨우 1,300원밖에 벌 수 없는 아주 가난한 사람들입니다."

자신이 현재 살아있음에, 자신이 받은 모든 사랑과 축복에 감사하는 것이 필요하다. 자신의 몸에 감사하는 것이 필요하다. 음식을 먹을 때도 음식을 만들어준 사람들과 농부들, 가공한 사람들, 운송한 사람들, 수저를 들고 있는 나 자신, 대지와 비, 새벽의 찬 이슬, 어둠, 햇살, 우주 모든 존재들의 사랑 등 많은 것을 떠올리며 감사할 수 있다. 작은 것에 감사하는 마음을 지니는 것은 많은 것을 가져 넉넉하구나 하는 풍요로움을 느끼게 하고 지금 이 순간 삶에 기쁨과 행복을 알아차리게 한다. 감사를 늘 실천하는 사람들을 지켜보면 삶의 풍요로움을 느낄 수 있다.

가난한 미혼모에게 태어나 할머니의 손에서 자랐고 삼촌에게 성폭행을 당해 14세에 출산과 동시에 미혼모가 되었으며, 아이는 태어난 지 2주만에 죽는 고통을 겪은 여성이 있었다. 그녀는 그 충격으로 가출과 마약 복용으로 하루하루를 지옥같이 살았다. 살고자 하는 의욕이 전혀 없어 107kg의 거구가 되었다. 그러나 그녀는 절망에서 삶을 포기하지 않았다.

그녀는 세계에서 눈부신 존재로 우뚝 섰으며 전 세계의 1억 4,000만 명의 시청자를 웃고 울리는 토크쇼의 여왕이자 성공한 CEO가 되었다. 자산 6억 달러의 부자이며 미국인이 가장 존경하는 여성 중 한 명이다. 당신이 알고 있듯 그녀가 바로 오프라 윈프리이다. 그 고통에도 불구하고 오프라 윈프리가 성공할 수 있었던 이유는 무엇이었을까. 그녀가 아픔을 딛고 일어서게 한 힘은 어디에서 나왔을까. 다름 아니라 감사 일기였다. 그녀는 바쁜 일과 중에서도 하루에 빠짐없이 감사 일기를 적었다고 고백했다. 하루 동안 일어났던 일 중 다섯 가지를 골라 감사 일기를 매일 적은 것이다. 이제 그녀는 감사하기의 위력에서 빼놓을 수 없는 사람이 되었다.

캘리포니아주립대의 로버트 에먼스 교수에 따르면, 감사하기는 생리학적으로 스트레스 완화제로 분노와 화, 후회 등 불편한 감정들을 덜 느끼게 한다. 그는 감사의 중요성을 알아보기 위해 사람들에게 자신의 삶을 돌아보며 일주일마다 다섯 가지 감사했던 점을 찾아 간단한 일기를 두 달 동안 쓰게 했다. 이 실험 결과, 감사 일기를 쓰고 난 뒤 행복도가 25% 상승함과 동시에 마음은 긍정적이 되었고 건강 이상도 덜 찾아왔으며 평소에 잘 하지 않던 운동도 하게 되었다.

많은 종교와 성현들의 기본적인 가르침이 '감사하라.'이다. 예수께서는 '항상 기뻐하라. 쉬지 말고 기도하라. 범사에 감사하라. 이는 그리스도 안에서 너희를 향하신 하나님의 뜻이니라(살전 5:16-18).'라고 감사의 중요성을 강조했다. 부처께서도 '일어나면 항상 감사히 여겨라. 비록 오늘 많은 것을 배우지 못했을지라도 조금이라도 무언가를 배웠지 않은가. 항상 모든 것에 대해 감사해야 한다.'고 말씀하셨다. 용서가 우리의 상처 입은 가슴을 치유한다면 감사는 지금 이 순간에 우리 가슴을 열어주고 행복감을 느끼게 해준다. 감사는 삶의 풍요를 부른다.

처음으로 삶에서 감사한 목록을 100가지를 썼을 때 흘렸던 눈물이 기억에 남는다. '내가 받은 축복이 이렇게 많구나.' 하면서 감사의 눈물을 흘렸던 그 날, 나는 참 행복했다. 감사하기의 기적을 알게 된 후 아이들에게 수업 시간에 감사 일기를 작성하게 해보았다. '학교까지 나를 태워다준 자동차에 감사하다, 아프지 않게 걸을 수 있게 해준 운동화에 감사하다.' 등 참 다양하게 나온다. 물론 가장 감사하는 목록 1위는 부모님에 대한 감사이다.

감사송 노래를 만들며 고심하던 찰라, 중학교 2학년인 준혁 학생에게 물었다.

"준혁아, 너는 삶에서 무엇이 감사하니?"

"선생님, 저는 지금 이 순간순간 너무나 감사해요."

나는 놀라기도 하고 순간 기특해져서 짓궂게 물어보았다.

"누군가 너에게 이유 없이 화를 내고, 욕을 해도 감사해?"

아이는 진지한 얼굴로 대답한다.

"네. 부정적인 순간이든 긍정적인 순간이든, 이 순간은 다시는 오지 않을 시간이기 때문에 그 모든 것에 감사해요. 선생님."

"......"

나는 순간 그 아이 대답에 놀라 아무 말도 하지 못했다. 중학생이 어떻게 그것을 알았을까. 음악을 좋아하고 뭐든 긍정적으로 생각하는 준혁이, 그 선한 마음이 오래도록 기억에 남는다.

웃음요가에서는 음식을 먹기 전에 음식 위에 손을 가져다 대고 '호호하하' 행동을 취하고 웃으며 먹는다. 이것은 음식에 대한 감사, 대지와 자연에 대한 감사, 음식을 가공하고 만들어지기까지 수고한 사람들에 대한 감사의 마음이 담겨 있다. 의무적으로 해야 하는 것은 아니지만, 그 잠깐의 행동에 잊었던 고마움을 떠올리게 한다. 또한 감사 웃음법을 통해 맘껏 웃으며 감사를 생활화하도록 돕고 호흡 관계 명상을 통해 소중한 사람들에게 감사의 마음, 사랑의 마음을 전하게 한다. 감사하기는 삶에 행복과 풍요를 부르는 열쇠이기에 웃음요가에서 중요한 부분을 차지한다.

　다시 오지 않을 지금 이 순간 감사하자. '고맙습니다.'라고 말해보자. 에크하르트 톨레의 말처럼 현재 이 순간에 감사하면 삶의 영적인 차원이 당신 앞에 활짝 열리리라.

내가 받은 축복의 수를 헤아려 봅니다.

하나 하나 적어봅니다.

그 풍요로움을 느끼며 잠시 미소 지어 봅니다.

사랑의
위대함

 1 자기 자신을 사랑하라

　세상에서 가장 높은 주파수의 에너지는 사랑이다. 사랑의 주파수
는 신의 주파수와 동일하기 때문에 사랑의 마음을 내면 신의 마음
과 공명한다. 사랑은 무한의 에너지를 가지고 있고 불가능을 가능하
게 만드는 힘이 있다. 사랑은 기적을 낳으며, 꿈을 이루게 하고, 고통
을 이겨내게 하는 무한한 에너지를 담고 있다. 따라서 일을 사랑하
든 남을 사랑하든 사랑은 나쁜 마음을 사라지게 할 뿐 아니라 혈액
속의 독소도 제거해 병을 치유할 수 있는 힘을 제공한다. 사랑의 감
정에 집중한 다음 배양 중인 암세포를 향해 '암세포야, 정상으로 돌
아가라!'라고 하면서 암세포에 마음을 보내면 실제로 암세포가 정상
세포가 될 정도로 사랑의 마음의 힘은 기적을 낳는다.

아름다운 음악과 높은 빌딩, 음식, 전자 기기 등 세상의 모든 것들이 사랑으로 말미암아 창조되었다. 아름다운 건축물과 예술품들, 도시의 아름다운 모습들을 보면 그것을 창조한 사람들과 신의 사랑으로 이루어냈구나, 감탄하게 된다. 사랑으로 이 세상의 모든 것은 이루어졌으며 우리도 사랑받기 위해 이 세상에 태어났고 사랑을 줄 수 있어 행복한 존재들이다. 세계 많은 곳에서 다양한 모습으로 인간은 살아가지만, 누구나 사랑하는 사람들과 웃으며 행복하기를 바라며, 누군가를 사랑하며 살고 있다.

삶을 사랑하기 위해서는 먼저 자기 자신을 사랑하는 것이 중요하다. 자신에 대한 사랑은 사랑의 시작이며 나를 사랑해야 진정한 행복이 찾아오기 때문이다. 부처님께서는 자기 자신을 사랑해야 함을 이야기하셨다.

부처님 시절 코살라국의 파세나디 왕의 아내 말리카 왕비는 꽃다발을 만들어 파는 가난한 집의 딸이었다. 16세 때 부처님께 자신이 먹을 점심을 보시한 공덕으로 왕비의 자리에 올랐다. 파세나디가 전쟁에서 패하여 도망 다니다가 그녀를 우연히 만나 사랑에 빠지고 왕비가 되었는데 그녀는 지위가 낮은 노예 출신이었고 얼굴이 빼어나게 아름다운 것도 아니었지만 겸손함과 지혜로움으로 파세나디 왕의 마음을 사로잡았다.

어느 날 밤, 파세나디 왕은 말리카 왕비와 함께 왕궁에서 오붓한 시간을 보내고 있었다. 왕은 분위기에 취해 말리카 왕비를 그윽하게 바라보며 물었다.

"말라카여! 그대에게 그대 자신보다 더 소중한 사람이 있는가? 있다면 누구인가?"

이 질문을 던졌을 때 파세나디 왕의 속마음은 자신이 가난한 소녀를 왕비로 만들어준 것으로 생각하고 있었기 때문에 '왕이시여, 세상에서 가장 소중한 사람은 바로 당신입니다.'라고 말해줄 것이라고 기대했다. 하지만 그녀의 대답은 그의 예상과 전혀 달랐다.

"왕이시여! 제가 세상에서 가장 사랑하는 사람은 제 자신입니다."

전혀 예상하지 못한 대답으로 왕은 화가 났다. 화가 난 왕에게 말리카는 물었다.

"그런데, 왕이시여! 대왕께는 자신보다 더 소중한 사람이 있으십니까?"

"오, 말리카여, 나 역시 나 자신보다 더 소중한 사람은 없다."

왕은 그렇게 대답은 했지만, 서운함에 가슴 속의 답답함은 오히려 더 커졌다. 다음 날 파세나디 왕은 기원정사에 계신 부처님을 찾아가 지난밤 왕비와 나누었던 이야기를 들려드렸다. 부처님께서는 그 말을 듣고

"사람은 어디라도 갈 수가 있다. 하지만 어디를 향하더라도 자기 자신보다 소중한 사람은 어디에서도 찾을 수 없다. 그와 마찬가지로 모든 사람들은 자신을 가장 소중하다고 여긴다. 자신을 사랑하는 사람은 다른 사람을 해치지 않는다."

스스로를 소중히 여길 줄 아는 사람만이 남을 사랑할 수 있다는 부처님의 말씀을 들은 파세나디 왕은 그제야 말리카 왕비의 마음을 이해할 수 있었다.

자신을 진심으로 사랑할 줄 아는 사람이 참 지혜로운 사람임을 알게 하는 일화이다. 웃음요가 시간은 자기 자신을 사랑함에 더 집중하는 시간이다. 꽃이 다른 꽃과 비교하지 않아도 각기 아름답고 향기로운 것처럼 자신을 사랑하는 시간이다. 각자가 주인공이 되어서 꽃이 되고 빛이 되고 사랑이 된다. 눈을 감고 자기 자신에게 감사와 사랑의 마음을 전해본다. 잠시 눈을 감고 미소 지으면서 몸에게 말을 건네 보자.

"몸아, 고마워. 네가 있어 참 고마워. 나는 있는 그대로의 나를 사랑해. 나와 함께 해줘서 진심으로 고마워. 눈아, 고마워. 볼 수 있어서 참 행복해. 심장아, 늘 그 자리에서 열심히 뛰어줘서 고마워."

자신의 몸에 손을 가져다 대고 진심으로 고마운 마음을 전하며 미소 지어 보자.

눈을 감습니다.

호흡을 바라보며 지금 이 순간 살아있음을 느껴봅니다.

나에게 사랑한다고 말해봅니다.

내 몸의 소중함 감사함을 생각해봅니다.

내 눈을 향해 미소 지어줍니다.

코를 향해 미소 지어줍니다.

······

내 심장을 향해 미소 지어줍니다.

고맙다고 사랑한다고 말해줍니다.

내 손을 향해 미소 지어줍니다.

내 다리를 향해 미소 지어줍니다.

내 몸에 고마움을 전해봅니다.

사랑한다고 말해봅니다.

아픈 곳에 더 주의를 기울이고

미안하다고 사랑한다고 말해봅니다.

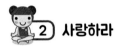

2 사랑하라

죽음을 앞둔 말기 암 환자들을 이 세상이 떠날 때까지 오랫동안 일대일로 돌본 간호사 브로니 웨어는 그들이 죽을 때 삶에서 가장 많이 후회하는 일들을 그들에게 물었고 그 이야기를 담은 책 『내가 원하는 삶을 살았더라면』을 세상에 내놓았다. 그들이 가장 많이 후회하는 일은 다음과 같았다.

첫째가 내가 원하는 삶이 아닌 다른 사람이 기대하는 삶을 산 것이었다. 용기가 없어 관습과 타인의 시선에 얽매어 자신이 진정 하고 싶었던 것을 하지 못했다. 자기 자신에게 솔직한 인생을 살지 않았던 것에 대해 후회했다.

두 번째로 너무 열심히 일해 사랑하는 사람과 함께한 시간이 부족한 것이었다. 일을 너무 열심히 한 결과 아이가 성장하는 모습을 보지 못했고 사랑하는 배우자와 더 많은 시간을 함께하지 못했다.

세 번째는 내 감정을 표현할 용기가 없었던 것이다. 우리는 사랑하는 사람이 평생 곁에 있을 거라고 생각한다. 그러나 더 늦기 전에 감사하다고 사랑한다는 말을 해야 했다.

네 번째는 옛 친구들과 연락이 끊긴 것이었다. 세상에 자신을 있는 그대로 이해해주고 자신의 역사에 대해 아는 친구들과 연락이 끊겨 외로워했다.

다섯 번째는 나 자신에게 더 많은 행복을 허락하지 못한 것이었다. 행복은 결국 자신의 선택이었다. 즐겁게 살지 못한 것, 목적을 향해 달려가다 지금 이 순간의 행복을 놓친 것에 대해 후회했다.

삶은 꿈과 사랑과 행복의 여정임을 알 수 있다. 죽을 때 후회하는 첫 번째 자신이 진정 원하는 삶을 살지 못한 것에 대한 후회를 제외하고, 나머지 네 가지는 모두 소중한 사람들과 행복한 시간, 즐거운 시간을 보내지 못함에서 오는 후회로 볼 수 있다. 사랑하는 사람들과 보내는 시간만큼 중요한 것이 있을까. 가족들과 더 많은 시간을 보냈어야 하지 않을까. 사랑하는 엄마의 이야기를 더 귀담아들어야 하지 않았을까. 사랑하는 사람에게 더 잘해주고 사랑한다 말을 더 남겨야 하지 않았을까.

이 이야기를 쓰는 동안 엄마에게 물었다. 시간을 다시 돌린다면 뭘 하고 싶냐는 내 말에, "엄마의 이야기를 더 들어줄 걸, 후회가 된다. 바쁘다는 이유로 네 할머니의 이야기를 많이 못 들어줬어. 늘 내 곁에만 계실 줄 알았지. 엄마 살아계실 때가 너무너무 행복했다는 것을 할머니가 돌아가신 후에야 알았지." 하고 먹먹히 말씀하신다. 모든 사람이 공통적으로 후회하는 것은 사랑하는 사람들과 함께 보내는 즐겁고 기쁜 순간들이 더 많았으면 하는 것인가 보다.

우리는 누구나 사랑의 경험을 깊이 있게 하고 이를 통해 성장과 행복을 꿈꾼다. 삶의 기적을 낳는 사랑은, 우리의 영혼을 다한 사랑은 삶을 뒤흔들며 위대한 창조력과 에너지를 발휘하며 사람을 성장시킨다. 살아있는 존재에 대한 깊은 존경과 만물에 대한 감사의 마음을 가지게 된다. 만해 한용운은 "님만 님이 아니라 기룬 것은 다 님이다. 중생이 석가의 님이라면 철학은 칸트의 님이다. 장미화의 님이 봄비라면 마치니의 님은 이태리다. 님은 내가 사랑할 뿐만 아니라 나를 사랑하나니라."라고 말했다. 이 사랑은 가족, 친구, 동료 등과 나누게 되고 존재하는 것, 만물에 대한 사랑까지 그 대상이 확장된다.

살면서 아주 작은 것에 감동을 받는다. '선생님, 먹고 힘 나는 약', '이 세상 가장 좋은 국어 선생님이에요.'라는 말은 아직도 소중히 간직한 글귀이다. '사랑해요. 감사해요.' 아이들의 작은 쪽지 하나가 그날의 피로를 날아가게 하고 큰 기쁨을 주는 것을 보면 삶에서 긍정적인 피드백, 작은 감사의 표현이 얼마나 사람을 행복하게 해주는지 알 수 있다. 우리가 일상에서 원하는 것은 이러한 작은 감동이 아닐까. 땅 위에 피어난 한 송이 꽃과 살갗을 스치는 시원한 바람, 거리에 가득한 햇살과 멀리서 보이는 푸른 산등성이에 마음이 환해지고 기쁨을 느끼는 것처럼 우리는 작은 감동에서 문득 삶의 행복을 발견한다.

잔잔한 일상에서 누군가에게 행복과 감사의 말을 전하는 것은 웃음의 또 다른 얼굴이자 사랑이다. 자애의 마음을 가지고 살짝 미소지어 보자. 감사하다고 사랑한다고 말해보자. 조지훈님의 시 구절처럼 '사랑한다는 말 이 한마디는 내 이 세상 온전히 떠난 뒤에 남을 것'이기에.

세상에서 가장 고귀한 것
꿈을 이루게 하는 것
삶을 지탱하게 하는 것이 사랑임을
사랑이 삶에 기적을 만들어냄을
지금 곁에 사랑하는 사람이 있는 당신은 행운아임을
사랑하는 사람에게 함빡 웃어주자.
고맙다고
사랑한다고 말해주자.

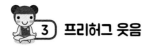 **3** **프리허그 웃음**

프리허그는 '후안 만'이라는 이름의 호주 청년이 처음 시작해 화제를 모았다. 후안 만이 이 운동을 처음 시작한 계기는 삶에 지치고 힘든 이들에게 때로는 100가지 말보다 조용히 안아주는 것이 더 위로가 된다는 사실을 체험하면서부터였다.

이 캠페인의 시발점은 세계적인 UCC 사이트인 유튜브에 올려진 3분 39초짜리 동영상이었다. 길거리에서 'Free Hugs'란 피켓을 든 한 청년이 지나가는 사람들에게 포옹을 청한다. 처음엔 사람들이 경계의 눈초리를 보이며 피하지만, 하나둘 그와 포옹하는 사람들이 늘어가고 점점 재미와 감동을 주는 포옹 장면들이 등장한다.

그리고 나중에는 그 청년으로부터 피켓을 받아들고 또 다른 사람에게 포옹을 청하는 사람까지 나타난다. 동영상에 등장하는 사람들의 표정은 물론이고, 이를 컴퓨터 화면으로 지켜보는 사람의 얼굴에도 행복한 미소를 짓게 하는 아름다운 장면들이 이어진다.

후안 만은 이미 2년 반 전부터 시드니 거리에서 홀로 프리허그 캠페인을 계속해오고 있었다. 시드니 시민들 사이에서는 이미 널리 알려져 있었고, 한때 경찰과 시 당국이 그의 행동을 금지시키자 1만 명이 넘는 시민들이 서명으로 탄원한 적도 있었다고 한다.

하지만 이 캠페인이 시드니를 넘어 전 세계적으로 화제를 불러일으키게 된 계기는 결국 인터넷이었다. 후안 만의 친구이자 클럽 밴드의 리드 보컬인 사이먼 무어가 포옹 장면들을 찍어 자신의 음악과 함께 동영상으로 편집해서 인터넷에 올리면서 프리허그는 이제 지구

촌의 수많은 사람들과 함께하는 세계적인 캠페인으로 확산되기 시작하였다. 프리허그 운동으로 자살을 생각했던 사람이 마음을 돌리기도 하는 등 기적 같은 일들이 벌어졌다.

1995년 10월 매사추세츠의 한 병원에서 카이리와 브리엘이라는 쌍둥이 자매가 태어났다. 자매는 조산으로 태어났기 때문에 몸무게가 1kg밖에 나가지 않았다. 카이리는 건강했으나 브리엘은 심각한 심장결함을 안고 태어나 건강 상태가 급격히 악화되어 갔다. 의료진은 브리엘을 살리기 위해 노력했으나 브리엘의 건강은 회복되지 않고 비관적인 징후를 보였다. 브리엘의 마지막 순간이 가까워졌다고 생각한 한 간호사는 마지막 순간이라도 엄마의 뱃속에서처럼 언니와 함께하라고 두 아이를 한 인큐베이터에 넣어 주었다. 그러자 놀라운 일이 일어났다. 언니인 카이리가 팔을 뻗어 아픈 동생의 브리엘을 감싸 안았는데 의료진도 속수무책이었던 브리엘의 몸 상태가 서서히 안정을 찾기 시작한 것이다. 놀랍게도 왼쪽 아이의 심장박동도, 체온도 모두 정상으로 돌아오고 건강을 되찾게 되었다.

프리허그 운동과 위의 쌍둥이 사례처럼 포옹은 사랑이며 인간의 본능이다. 우리는 사랑받기 위해 태어났으며 사랑받고 있다고 느끼길 원한다. 엄마 품에 안겨있을 때처럼 생명의 온기를 느끼게 해주는 포옹, 포옹은 정신적·신체적 치유의 힘을 지녔다. 실제로 포옹, 악수 등의 스킨십을 했을 때 옥시토신 호르몬이 분비되는데 옥시토신은 사랑 호르몬이라고 불릴 만큼 안도감, 행복감, 신뢰감 등을 높이는 역할을 한다.

프리허그 웃음은 포옹 웃음이기도 하다. 허그의 기적을 알고 있지만 웃음요가 시간에 매번 하지는 않는다. 그러나 특별한 날에 이루어지는 허그 웃음은 감동을 주고 사랑을 느끼게 한다. 한 사람의 마음이 온전히 전해지고 감동을 주는 허그 웃음은 헤어질 때, 감사함을 표현할 때 특히 아름다운 웃음법이다.

웃어라 사랑해라

나를 향해 미소지어주는 당신의 미소

말하지 않아도 그 안에 묻어나는 사랑과

인간에 대한 경외심

신에 대한 사랑

삶이 아름답다는 것을 느끼게 하지.

나는 그 웃음에 편안해지고 안도감을 느꼈다.

때로는 백 마디 말보다

그 미소가

웃음소리가

사랑임을

웃어라

사랑하라

온 세상이 나와 함께 웃는다.

용서의
기적

치유와 행복에 이르는 가장 중요한 요소 중 하나가 용서이다. 웃음요가에서 용서 웃음법 및 호흡관계 명상에서 용서의 시간을 갖는다. 용서하지 못한 마음이 있을 때는 그 자체가 고통이자 스트레스가 되며, 자신의 평화와 행복에 방해가 되기에 사랑하는 자신을 위해서 용서하라고 이야기한다. 나를 아프게 한 사람을 마음속으로 천천히 떠올리되 용서할 때에는 과감하게 '당신을 용서합니다.'라고 말한다. 용서의 대상이 자기 자신이 되기도 한다. 티베트불교에서는 나를 고통스럽게 한 그 사람이 전생에 내 어머니였다고 생각하고 용서하고 자애의 마음을 보낸다.

삶을 살아갈수록, 당신이 더 행복해질수록, 더 성공해질수록 당신을 방해하거나 아프게 하는 사람은 늘 나타난다. 그런 사람들을 미위하지 말고 아예 사랑해 버려라. 나의 에고가 상처받은 것이지 본연의 우리의 영혼은 상처받지 않았음을 기억하라.

웃음요가 프로그램 중, 모든 존재가 행복하고 평화롭기를 바라는 마음으로 사랑과 감사, 용서의 마음을 보내는 '호흡관계 명상'은 삶에서 사랑의 마음을 키워주는 데 도움을 준다. '용서 웃음법'과 '마음 모아 숨쉬기'는 삶에서 용서가 중요하기에 누군가를 싫어하는 마음을 빨리 털어내고 자신을 정화하는 데 도움을 준다. '웃음'의 밝음과 활기는 마음을 넉넉하게 만들고 마음이 넉넉해지면 용서의 공간이 생기게 된다.

누군가를 용서하지 못한 마음은 자신을 병들게 한다. 마음에 독약을 품고 있는 것과 같다. 용서는 자신의 선택이지만 용서의 선물은 자신에게 돌아온다. 마음은 부메랑처럼 자신에게 돌아오는 특성이 있다. 용서는 먼저 자신을 치유하고 평화와 안식을 준다. 기적처럼 치유와 행복으로 자신을 안내한다.

사랑의 반대가 무관심이듯 상처와 상처를 준 사람에게 더 이상 마음을 두지 말아라. 충분히 아파했으니 이제 용서하고 자유를 얻어라. 원망과 아픔, 죄의식에서 벗어나 자유를 얻어라. 과거는 가고 없으니 용서하고 놓아버려라. 죽음은 삶의 또 다른 모습으로 우리에게 많은 교훈을 남긴다. 용서를 선택해야 하며 더 즐겁고 사랑해야 함을 되새기게 한다. 때로는 의도하지 않게 다른 사람에게 주었던 상처들을 생각해보면 누군가에게 내가 받은 상처도 용서하고 흘려보내야 함을 알게 된다.

용서만큼 삶에서 실천하면서 살아야 하는 것이 또 있을까. 모든 것이 나의 몸과 마음을 차지하고 있는 에고의 작용이라는 것을 알게 되었을 때, 나는 세상을 다르게 보기 시작했다. 그리고 진정한 용서는 신에 내맡기지 않고는 어쩌면 힘들다는 생각을 하게 되었다. 큰 고통을 겪고 있는 사람에게 용서하라고 말하기에는 너무나 가혹하게 들리리라. 그들에게는 신의 도움이 절실히 필요하다. 용서를 카르마와 관련지어서 해결해야 할 경우 한계를 지닌다. '만약 이번 생에서 누군가 내게 큰 상처를 주었다면, 그를 용서해라. 왜냐하면 전생에는 내가 그 사람에게 씻을 수 없는 상처를 주었기 때문이다.'라는 것은 한계를 지닌다. 왜냐하면 또 다른 생애에서 그 사람은 이번 생애서와 마찬가지로 나에게 큰 상처를 주었던, 좋지 못한 인연의 관계가 반복되었기 때문이다.

신의 음성을 기록한 『기적 수업』의 입문서에 해당하는 개리 레너드의 『그대는 불멸의 존재다』에서는 용서에 대해 다음과 같이 말한다. "네가 보는 세상은 세상이라는 환영이다. 신은 세상을 창조하지 않았다. 세상이 존재하지 않는다면, 용서해야 할 게 아무것도 없지요. 자신이 마주치는 사건과 상황과 사람들 속에서 이 사실을 인식하는 것이 진보된 형태의 용서입니다. 왜냐하면 이때 당신은 다른 이들이 실제로 행한 어떤 일을 놓고 그들을 용서하는 게 아닌, 그들이 실제로 아무 짓도 하지 않았음을 인식하고 있기 때문입니다. 그래서 이때 당신은 자기 자신이 그것을 꿈꾼 것에 대해 스스로를 용서하는 것입니다."

내 본연의 영혼은 상처받지 않았다. 에고의 '나'가 아파하고 슬퍼한 것임을 알고 흘려보내라. 자신을 더 사랑하고 이 세상에서 행복을 누려라. 아파하고 있기에는 당신은 너무나 아름답고 소중하다. 신이 말했다. 당신은 지고지순한 빛이다, 당신은 너무나도 사랑스럽다, 당신은 완벽하다. 신은 이 세상 행복과 기쁨을 누려라 라고 이야기한다. 이 세상의 해가 뜨는 것도 당신 때문이며 이 세상의 별이 빛나는 것도 당신을 위해서이다. 이 모든 것은 당신을 위해 존재한다. 웃어라. 슬픔 속에서도 소중한 자신을 위해 웃고 용서로 도약해 버려라.

나눔의
행복

세계에서 가장 부유한 사람이 세계에서 제일 가는 자선 사업가로 나눔을 실천해 귀감이 되는 사람들이 있다. 2017년 세계 부자 1위인 빌 게이츠는 자신의 전 재산의 95%를 죽기 전까지 사회에 기부하기로 약속하였으며 현재까지도 나눔을 실천하고 있다. 2위인 버크셔 해서웨이의 최고 경영자인 워런 버핏 역시 2006년 자신의 재산 85%인 370억 달러, 우리 돈 42조에 달하는 금액을 사회에 기부하기로 약속했으며 현재까지 나눔을 지속적으로 실천하고 있다.

미국의 역사상 제일 가는 부자이면서 자선 사업가로 기록된 사람은 석유왕 존 데이비슨 록펠러(1839~1937)이다. 1863년 클리블랜드에 설립한 석유 회사는 짧은 시간 안에 폭발적으로 성공하여 록펠러는 큰돈을 벌었다. 회사 스탠더드 오일은 미국 전체 정유소의 95%를 차지할 정도로 록펠러는 세계 최고의 석유왕이 되었고, 미국의 역사상 제일 가는 부자로 기록되었다. 그럼에도 그는 끊임없이 사람들의 비난을 받았다. 당시 석유산업이 발전하는 데는 미국 철도의 힘이 컸다. 록펠러는 철도회사에 뇌물 증여 등을 통해 경쟁사의 석유 운송을 방해하였으며, 도산 위기에 빠진 업체를 헐값으로 인수하는 등 편법을 동원해 석유산업을 평정하였기에 대중과 언론의 지탄을 많이 받았다. 결국 50대에 록펠러는 당시에는 불치병인 암에 걸리고 만다. 의사들은 그에게 가망이 없다고 말을 했다. 록펠러는 돈이 많음에도 불구하고 인생이 결코 행복하지 않았다.

어느 날 우연히 록펠러는 병원에서 병원비가 없어서 치료를 거부당하고 있는 환자를 보게 되었다. 그 광경을 목격한 록펠러는 의사에게 자신이 주었다는 것은 비밀리에 하는 조건으로 그 사람의 수술비를 대신 내주었다. 그런데 이상하게도 그 일로 록펠러는 무한한 행복감을 느끼게 되었다. 그리고 삶에서 다른 사람을 위해 나눌 때 얻게 되는 행복과 기쁨을 깨닫게 되었다. 록펠러는 그 순간을 자서전에서 한 마디로 이렇게 표현했다.

"저는 살면서 이렇게 행복한 삶이 있는지 몰랐습니다."

그 일로 인해 그의 인생은 완전히 바뀌었다. 그는 건강을 회복하고 남은 인생 40여 년간은 존 록펠러재단, 록펠러 의학연구소, 록펠러대학(현 시카고대학), 록펠러 센터 등을 설립하여 기부와 자선 사업에 뛰어들어 훌륭한 일들을 해내 기부 천사가 되었다.

예일대학 부속 뉴헤이븐 병원의 외과 의사이자 예일대 교수인 버니 시겔은 『사랑은 의사』라는 책에 말기 난소암 여성 환자 루이스의 이야기를 소개하고 있다. 주치의는 그녀의 암이 폐와 복부로 전이되어 수명이 6개월에서 1년밖에 남지 않았다고 말하고 루이스의 치료를 거부했다. 그러나 루이스는 자신의 운명을 정할 수 있는 분은 오직 하느님뿐이라고 하고는 자기의 생명을 의사가 아니라 자기 자신에게 맡기기 시작했다. 그녀는 스트레스가 많은 주거환경을 피해서 집을 나와 아파트를 얻고는 남은 10달러로 그녀의 도움을 필요로 하는 암 환자를 찾는다는 광고를 냈다. '죽을 때까지 좋은 일이나 하고 죽자.'라는 결심을 하고는 봉사하며 정말로 조건 없는 사랑을 베풀었다. 그런데 그녀가 자기 살고 싶은 대로 산 지 6개월이 지나서 모든 종양이 깨끗이 소멸되었다. 그녀의 주치의는 아무 말도 못 하고 눈물만 글썽이면서 루이스에게 '당신의 암은 완전히 소멸되었다.'는 진단서를 건네주었다.

록펠러나 루이스의 선행은 병을 치유하는 데 큰 역할을 했다. 실제로 남을 도울 때는 신체에 어떤 변화가 나타날까. 1982년 하버드대학의 심리학자인 데이빗 맥클리랜드와 캐롤 커슈니트는 사랑을 주제로 하는 영화를 보기만 해도 감기나 다른 감염증에 타액 속의 면역 글로불린 A 수치가 올라간다는 것을 발견했다. 특히 테레사 수녀의 다큐멘터리 영화는 면역 글로불린의 생산을 급격하게 증가시켰다. 1998년 하버드 의료진의 실험 결과 대가를 받고 아르바이트를 하는 경우와 대가를 받지 않고 아르바이트를 하는 경우, 후자가 체내 면역 수치가 더 높아졌다. 남을 도울 때는 혈압과 콜레스테롤 수치가 낮아지고 엔도르핀, 모르핀이 정상인의 2배 이상 분비된다. 암세포를 죽이는 자연 살해 세포의 기능을 높이고 혈중의 면역글로불린을 증가시켜 면역 체계를 강화시켜 질병의 치유를 돕는다. 이처럼 봉사하는 사람들에게 일어나는 정신적·신체적·사회적 변화를 가리켜 '테레사 효과(슈바이처 효과)'라 명명했다.

실질적으로 남을 도우며 느끼는 기분을 '헬퍼스 하이(Helper's high)'라고 하는데 남을 돕는 봉사를 하고 난 후에는 거의 모든 심리적 포만감 상태가 며칠 몇 주 지속된다. 남을 돕는 일이 곧 자신을 돕는 일임을 뜻한다. 나이팅게일이나 슈바이처가 평생 다른 사람들을 위해 헌신하면서 일했음에도 90세까지 장수를 누릴 수 있었던 것도 항상 긍정적으로 생각하며 자기보다 타인을 먼저 생각하는 마음이 있었기에 가능했다.

캐나다 브리티시컬럼비아대학의 엘리자베스 던(Dunn) 교수 연구진은 미국인 632명의 지출 내용을 분석한 결과, 소득과 관계없이 선물을 사거나 자선단체에 기부하는 것처럼 자신보다 다른 사람을 위해 돈을 쓰는 사람이 자신을 위해 돈을 쓴 사람보다 훨씬 더 행복감을 느끼는 것으로 나타났다고 밝혔다. 인간은 자신이 사회에 공헌하는 정도를 측정하는 공헌도가 스스로 크다고 느꼈을 때 행복감이 상승한다. 이 이론을 알고 있었던 마더 테레사 수녀는 켈커타의 빈민들에게 내가 당신을 도와주겠다가 아니라 '나를 도와달라.'라고 말을 했다.

웃음치료에서 빠질 수 없는 인물인 패치 아담스 영화에서 주인공은 친구 마거릿 맥캐시에게 이런 조언을 했다. "나가서 봉사하세요. 그러면 우울증이 싹 달아날 걸요." 그녀는 그의 말처럼 봉사했고 정말 치유되었다. 웃음봉사단에서 봉사를 하고 나면 회원님들이 하는 말씀이 봉사를 하러 온 것이 아니라 자신이 오히려 치유, 힐링된다고 이야기한다. 나눈다는 것은 사랑을 베풂을 의미하고 사랑을 베풀수록 자신은 치유된다.

우주는 신비로워서, 내가 세상을 위해 좋은 일을 하면 몇 배로 자신과 내 가족에게 좋은 일이 생긴다. 모든 종교에서 무언가 대가를 바라지 않고 선함을 베푸는 행위는 더 큰 복이 되어 돌아온다고 말하고 있다.

세계에서 기부를 가장 많이 하는 나라 1위는 미얀마이다. 미얀마는 구도자의 삶을 살아가는 승려가 무려 5만 명이 되는 불교 국가이다. 부처님께서는 지금 당장 현생에서 볼 수 있는 보시의 이익을 다음과 같이 설명하셨다. '첫째, 세상의 많은 사람에게 사랑을 받는다. 사람뿐만 아니라 짐승조차도 이 사람을 사랑하고 소중히 여긴다. 둘째, 언제나 보시하는 사람의 집을 지혜 있는 분들이 가까이 한다. 셋째, 이 사람의 신심과 선의가 특별하다고 주변 사람들이 칭송한다. 그래서 평판이 좋아진다. 넷째, 보시를 많이 한 사람은 죽음이 다가와도 고통과 두려움이 심하지 않고 맑은 마음으로 죽을 수 있다. 다섯째는 지금 당장 볼 수 있는 결과는 아니지만 보시를 많이 한 사람은 죽은 다음에 천신계에 태어나는 일이 많다.'

전 세계에서 이루어지는 웃음요가는 비즈니스와 지역사회를 위한 봉사가 균형을 맞춘다. 개인의 건강과 행복을 기원할 뿐 아니라 더 나아가서 세계 평화를 기원하는 정신이 담겨 있다. '한낮 웃음요가가 세계 평화까지 기여할 수가 있는가?'라고 반문할 것이다. 그러나 어두운 방 안의 촛불 하나는 어둠을 몰아낸다. 우리는 하나로 연결되어 있고 나의 행복과 평화가 세상에 미치는 영향력은 보이지 않지만 크다.

캘리포니아대학의 제임스 파울러(James Fowler) 교수는 행복은 평균 세 사람 건너까지 영향을 미치며 내가 행복하면 내 친구가 25%, 내 친구의 친구가 15%, 내 친구의 친구의 친구가 6% 행복해진다고 밝혔다. 이 연구 결과처럼 나의 행복은 주위를 밝게 하고 행복을 주는 것처럼 내가 평화로울 수 있다면, 세상의 평화에 기여하는 일이리라.

한국에는 나눔을 실천하는 사람들이 많다. 내 주위에도 웃음으로 나눔을 실천하는 사람들이 많이 있다. 아이들과 웃음친구들과 웃음 봉사 활동을 다녀오는 날에는 뿌듯함이 밀려온다. 나눔이 가져다주는 그 기쁨, 사랑의 에너지……, 누군가 함께 나눌 수 있다는 것은 정말 행복한 일이다.

YOGA

제6장

웃음의
이야기꽃을
피우다

꽃

어떤 꽃이 가장 아름다웠던가.

제비꽃 복숭아꽃 수국 매화 장미

세상에 어떤 꽃보다

더 아름다운 꽃은

주름 가득한 얼굴로 환하게 박꽃 피듯 웃음을 터트리는

내 어머니의 얼굴이었다.

신화에서의
웃음

1 제주 이공본풀이

제주도 무속에서는 서천 서역 땅에 인간 생명의 근원이 되는 환생 꽃, 재난과 멸망의 근원이 되는 수레멜망악심 꽃, 웃음이 터지게 하는 웃음웃을 꽃, 살오를 꽃, 뼈오를 꽃 등 주화(呪花)를 가꾸는 서천 꽃밭이 있다. 이 꽃밭을 꽃감관이 관장한다고 하는데, 여기서 꽃감관을 '이공'이라 한다. 할락궁이는 이 서천 꽃밭 꽃 바지기인 사라 도령의 아들인데, 서천 꽃밭의 꽃을 가져다 한스럽게 죽은 어머니 '원강암이'를 살려내는 무공을 세운 후 아버지 뒤를 이어 꽃감관 자리에 오른다.

그리스신화만이 아니라 한국의 신화에서 웃음이 어떤 소재로 쓰였을까 고민하다 반갑게도 제주의 서사무가에서 웃음의 모티브를 찾을 수 있었다. 할락궁이가 한스럽게 죽은 자신의 어머니를 구하는 과정에서 웃음을 터지게 하는 웃음웃을 꽃을 사용하는데, 웃음이 원수를 죽이는 도구이자, 어머니를 살리는 방편으로 사용되었다는 것에서 웃음의 가치를 중시한 선인들의 지혜를 엿볼 수 있겠다. 다음은 신화의 일부분이다.

난생처음 만나는 부자간이지만 정담을 나눌 겨를도 없었다. 아버지는 곧 할락궁이를 데리고 꽃밭으로 들어갔다. 널찍한 꽃밭엔 이름 모를 꽃들이 난만해 있었다.

"우선 네 눈을 원래대로 만들어줘야겠다."

사라 도령이 꽃 하나를 따 할락궁이의 눈가를 스치자, 뿌옇던 사물들이 선명하게 보이기 시작했다. 그러고는 사람을 죽여 멸망시키는 수레멜망악심 꽃, 죽은 사람을 다시 살려내는 환생 꽃, 앙천(仰天) 웃음이 터지게 하는 웃음웃을 꽃, 뼈오를 꽃, 살오를 꽃, 오장육부만들 꽃 등을 하나하나 설명하며 그 꽃들을 따주었다. 때죽나무 회초리도 하나 만들어서 건넨 사라 도령은 할락궁이한테 어서 바삐 이승으로 내려가서 어머니의 원수를 갚으라고 말했다.

"어떻게 원수를 갚으면 되겠습니까?"

"이제 내려가면 만년장자는 죽이자고 달려들 게 뻔하니, 그때 일가친족들 앞에다 웃음웃을 꽃을 먼저 뿌려라. 한참 웃음이 터지거든 다음에 싸움싸울 꽃을 뿌려 친족 간에 패싸움을 일으키고, 그다음에 수레멜망악심 꽃을 뿌려 원수를 갚는 것이다. 그리고 만년장자의 셋째 딸만은 죽이지 말고 어머니 묻힌 곳을 알아낸 다음, 환생 꽃을 뿌려 어머니를 살려내거라."

할락궁이는 아버지와 이별하고 다시 세상으로 내려왔다. 할락궁이가 나타나자, 예상했던 대로 만년장자와 그 가족 친족들이 모두 모여들어 때려죽일 판이었다.

"앞마당에 형틀 걸고 장검을 꽂아라!"

"죽기 전에 보여드릴 것이 있습니다."

"무엇이냐?"

"바로 이것입니다."

할락궁이는 품속에서 노란 웃음웃을 꽃을 꺼내 마당에 뿌렸다. 해삭해삭 웃기 시작한 일가친족들이 나중에는 마당판을 온통 뒹굴어대면서 웃음을 웃느라 야단이 났다. 그때 푸른 싸움싸울 꽃을 뿌리니, 서로 할퀴고 물어뜯으며 패싸움이 벌어졌다. 마지막으로 붉디붉은 수레멜망악심 꽃을 뿌려 놓으니 일가친족이 모두 죽어갔다. 겁이 나 숨은 셋째 딸을 찾아내자,

"날랑 살려줍서!"

애달프게 빈다.

"너는 살려줄 터이니, 어서 우리 어머니 죽여 던져버린 곳을 가리키라."

셋째 딸이 가리키는 대로 가보니 어머니는 없어지고 뼈들만 살그랑하니 남아 있는 것이었다. 할락궁이는 어머니의 뼈를 차례차례 모아놓고 절을 했다. 그러고는 환생 꽃·뼈오를 꽃·살오를 꽃·오장육부생길 꽃을 꺼내 가지런히 모아놓고 때죽나무 회초리를 세 번 쳤다. 잠시 후 어머니가 부스스 일어났다.

"아이고, 봄잠이라 오래도 잤구나."

그간의 고초도 잊은 듯 어머니는 얼굴에 발그레한 홍조를 띠고 있었다.

2 데메테르 그리스신화

곡물의 여신 데메테르는 하데스가 자신의 딸 페르세포네에게 첫 눈에 반해 지하세계로 데려가 버리자 슬픔에 식음을 전폐한다. 세 상은 순식간에 흉년과 곤궁으로 가득 차게 된다. 데메테르는 아흐레 낮과 아흐레 밤을 먹지 않고 마시지 않고 씻지도 않은 채 세상을 헤 맸고 밤이면 양손에 햇불을 들고 딸을 찾아다녔다. 그때 여신의 마 음을 위로하려고 한 하녀 이암베가 음담패설에 가까운 짙은 농담을 해대자 데메테르는 자신도 모르게 웃음보가 터져 음식을 먹게 된다. 일설에는 이암베가 치마를 들어 알궁둥이를 드러내자 여신은 웃고 말았다고 한다.

이 신화에서 웃음은 딸을 잃은 슬픔에 고통에 몸부림치며 오랫동 안 먹지도 마시지도 않았던 데메테르가 기운을 북돋워 마침내 음식 을 들게 하는 역할을 한다. 웃음이 사람의 아픈 마음을 위로하고 삶 의 생기와 힘을 불어넣어 주며, 사람을 살리는 역할을 함을 엿볼 수 있다.

곡물의 여신인 데메테르는 자신과 신들의 왕 제우스 사이에서 태어난 딸 코레(페르세포네)와 행복하게 살고 있었다. 어느 날 코레가 수선화 한 송이를 따려고 몸을 굽히는 순간 갑자기 땅이 열리고 용이 끄는 이륜 전차를 탄 지하세계의 왕 하데스가 나타나 순식간에 그녀를 데리고 사라져 버렸다. 코레를 바라보다 사랑에 빠진 하데스가 제우스와 공모해 그녀를 납치한 것이다. 코레는 지하세계로 끌려 사라지면서 외마디 소리를 질렀다. 딸의 외침을 듣고 불안해진 데메테르는 곧 딸을 찾아 나섰다. 아흐레 낮과 아흐레 밤을 먹지 않고 마시지 않고 씻지도 않은 채 세상을 헤맸고 밤이면 양손에 횃불을 들고 딸을 찾아다녔다. 데메테르는 모든 것을 바라보는 태양 헬리오스를 찾아가 하소연했다. 헬리오스는 모든 사실을 이야기해 주었다. 납치자는 하데스이고 제우스가 도왔다고 알려주었다. 분노한 데메테르는 올림포스의 거처로 올라가지 않기로 마음먹고 딸을 돌려받을 때까지 자신의 역할을 수행하지 않기로 작정했다.

여신은 평범한 노파의 모습을 하고 엘레우시스에 나타났다. 그때 켈레오스 왕의 궁전 앞에는 그곳의 모든 노파들이 모여 있었는데 데메테르를 보고 같이 어울려 식사하자고 말했다. 하지만 딸을 잃은 슬픔에 젖어 있던 데메테르는 응하지 않았다. 그때 여신의 기분을 풀어주려고 하녀 이암베(Iambe)가 음담패설에 가까운 짙은 농담을 해대자 여신은 자신도 모르게 웃고 말았다. 일설에는 이암베가 치마를 들어 알궁둥이를 드러내자 여신이 웃고 말았다고 한다. 데메테르는 겨우 음식을 먹을 수 있었다.

그런데 때마침 궁전에서는 왕비 메타네이라가 아들을 낳아 유모를 구하던 중이었다. 결국 데메테르가 왕비의 아이를 돌보게 되었다. 아들의 이름은 데모폰 혹은 트리프톨레모스라고 했다. 데메테르는 이 아이를 불사의 몸으로 만들어주려고 매일 밤 아이를 불에 담갔다. 그런데 어느 날 밤 우연히 그 광경을 보게 된 왕비는 놀란 나머지 소리를 질렀다. 왕비의 소리에 놀란 데메테르는 그만 아이를 놓쳐 아이를 불사의 몸으로 만들려던 계획은 수포로 돌아갔다. 이제 데메테르는 신분을 밝히지 않을 수 없었다. 그리고 데메테르는 왕비의 집에 기거하며 아이를 키운 기념으로 트리프톨레모스에게 세계를 돌아다니며 밀을 경작하는 법을 가르치는 영광스러운 사명을 안겨주었다. 날개 달린 용이 끄는 전차를 타고 트리프톨레모스는 곳곳에 밀의 씨를 뿌리기 위해 출발했다.

대지의 여신 데메테르가 손을 놓고 밀 경작을 소홀히 하자 대지는 불모의 땅으로 변해 버리고 세계의 질서는 엉망이 되었다. 사태가 이 지경이 되자 제우스는 하데스에게 코레를 지상으로 돌려보내라고 명한다. 그러나 코레는 지하세계에서 결혼의 열매인 석류를 먹어서 지하세계 사람이 되어버렸다. 제우스가 타협안을 제시해서 코레는 1년의 3분의 1은 지하세계에서, 나머지 3분의 2는 어머니 데메테르와 같이 살게 되었다.

데메테르는 딸이 지상으로 돌아오자 여신으로서 자기 일에 매진한다. 지상에서는 다시 꽃이 피고 초록이 무성해지며 곡물이 여물었다. 그러나 딸이 지하세계로 돌아가면 곧 슬픔에 잠겨 땅 위의 꽃은 다시 시들고 초목도 말라버렸다. 그리고 지상에는 겨울이 찾아왔다.

웃음수업
이야기

웃음수업을 하자고 조르는 효준이, 사랑해.

"선생님 오늘은 웃음수업 꼭 해요!"

열네 살 웃기를 잘하는 효준이가 교무실로 나를 찾았다. 하루에 한 번 쯤은 교무실에 와서 나에게 말을 건네고 가는 녀석이다.

"오늘은 웃음수업해요! 알았죠?"

웃음수업이 뜸하다 싶으면 이 친구가 오늘은 웃음수업을 하자고 한다. 기특하다. 이 아이에게 이것이 도움이 되고 있는 것일까. 6반 교실에 들어가서 웃음수업을 안 하고 오는 날에는

"선생님 하기로 했는데, 왜 안 하셨어? 다음에는 꼭 해요."

라고 당차게 내게 말을 건넨다. 고맙다. 웃음수업을 하는 날에는 교실 맨 뒷 좌석에서 웃음의 깊이를 가장 끌어올리는 웃음 명상에서

나올 법한 웃음으로 아주 크게 웃는다. 이 아이에게 평화가……. 잠시나마 이 아이가 웃음수업을 통해 자신의 소중함을 되새기고 꿈을 생각해보고 아픔 없이 하하하 웃어보길 바라본다.

처음 인도 여행에서 돌아왔을 때 나는 한동안 인도를 향한 그리움을 앓았다. 인도에서 돌아오면 모두들 향수병에 걸린 것처럼 그곳에서 보낸 시간들을 그리워하고 슬픔에 빠지게 된다는 여행자들의 말에 위안이 되었지만, 여행지에서의 하루는 그토록 크게 웃고 설레며 행복한데 일상의 하루는 왜 그러지 못한 것일까. 일상의 하루도 여행지에서의 하루처럼 마냥 설레고 시간이 금 같다면 얼마나 좋을까. 그 방법은 과연 없을까 하고 고민했다.

아마 그 한정된 시간 동안 순간순간 내가 살아있음을 느꼈으며, 내가 정말 소중한 존재임을 가슴 깊이 느꼈기 때문이리라. 나는 사랑받기 위해 태어났으며 존재 자체로 너무나 아름답고 소중하다는 것을 느낄 수 있었다. 아름다운 대지와 뚝뚝 떨어지는 별똥별에 감동했으며, 시간이 멈춘 듯 끝없이 펼쳐진 초원과 거리에서 쓰러져 자는 사람들, 신의 형상이 가득한 사원과 눈 덮인 히말라야, 부다가야 보리수나무에 함뿍 떨어지던 빗줄기…… 화장된 후 갠지스 강으로 다시 보내지던 장례풍습을 바라보았다. 내가 받은 축복을 헤아리며 울게 된 곳. 사랑하며 감사하며 살아야 함을, 가슴속 따스한 빛을 품고 걸었던 그 시간, 나 자신을 사랑으로 채운 그 시간이 나는 참으로 행복했다. 매 순간 그렇게 삶과 나 자신과 사랑에 빠질 수 있다면…….

그런데 웃음을 배우면서 나는 알게 되었고 그 신기함에 빠져들었다. 삶에 기적이 있다면 아마 웃음에 있는 것이 아닐까 하고 생각했다. 웃음이 삶에 가져다주는 그 밝음과 기쁨에 감탄하게 된 것이다. 나는 한동안 웃음 공부에 정말 빠져 있었다. 사람들을 판단할 때 웃는 사람과 웃지 않는 사람으로 구분 짓고, 가장 아름답고 사랑스러운 얼굴이 웃는 얼굴임을 깨닫게 되었다. 한동안 나는 웃어야 한다는 생각에 사로잡혀 있었다. 그런데 다행히도 명상을 접한 이후에는 웃음을 가르치기에 사람들 앞에서 웃어야 한다는 의무 아닌 의무감에서 벗어나게 되었다. 명상을 통해 다른 사람의 시선에서 벗어나 나 자신에게 더 집중하기 시작한 것이다.

하버드대학생들을 대상으로 한 베일런트 교수의 발달연구에 따르면 행복한 삶은 내게 주어진 삶을 어떤 자세로 살아갈 것인가에 달려 있다. 행복해서 웃는 것이 아니라 웃어서 행복하다는 말처럼, 삶의 긍정성과 웃음은 행복을 가름하는 중요한 요소이다. 자신의 그 아픈 상처를 독으로 여길 것인가, 약으로 여길 것인가는 오로지 자신의 선택에 달려 있다.

아이들에게 짧게나마 웃음의 중요성을 알리게 되어 즐겁다. 때로는 아이들의 선한 마음과 맑은 눈동자, 훌륭한 모습에 감탄하게 된다. 그럴 때면 조심스레 말해본다. "나는 참 훌륭한 교사이다. 왜냐하면 너희들이 훌륭하기 때문이다. 너희들은 행복해야 한다. 왜냐하면 그것이 곧 나의 성공이자 행복이기 때문이다." 아이들의 성공이 곧 나의 성공이며 아이들의 행복이 곧 나의 행복이다.

그 소중하고 찬란하도록 눈부신 아름다움을 지닌 시절에, 아이들이 자신의 모습을 있는 그대로 사랑하고 하하하 웃으면서 건강하게 보냈으면 하는 바람이다. 그 청소년기를 웃음으로 보낸다면 후회가 덜 하지 않을까. 자신의 소중함을 잊지 않고 자신이 무엇이든 할 수 있다는 가능성을 믿으며 그 소중한 시기를 힘들지만 웃으면서 보냈으면 한다.

웃음운동을 처음으로 아이들에게 했을 때, 복도에서 웃어주는 아이들이 있어서 행복했다. 중학교 1학년의 경우는 학생들에게 미치는 영향이 더욱 큰 듯싶다. 순수한 아이답게 복도에서 나를 만나면 크게 웃는다. 그게 기뻤다. 만약 내가 초등학교 선생님이었다면 더욱 재미있지 않을까도 싶다. 순수한 아이들의 웃는 얼굴을 맘껏 볼 수 있으니까. 처음에는 매우 낯설어하지만 시간이 지남에 따라 함께 하하하 웃는 아이들의 모습에 교육의 힘이 놀랍구나 싶다.

이 아이들은 지금은 이 웃음교육이 무엇을 의미하는지 잘 모르리라. 선생님이 하라니까 그냥 하지 않을까 싶지만, 이 아이들이 크고 어른이 되어서 문득 웃음을 잃을 시기가 왔을 때, 불현듯 생각나지 않을까. 교사인 내 마음을 이해하지 않을까 싶다. 자신을 있는 그대로 사랑하며 힘든 시간 담대하게 웃으면서 보내야 한다는 것을, 아름다운 이 세상 웃으면서 보내야 한다는 것을. 그리고 그리 눈부시게 아름다운 빛나는 청춘의 시절, 그래도 나는 맘껏 웃으며 보냈다고 조금은 위안을 얻었으면 싶다. 그리고 그 삶의 자세는 습관으로 남으리라.

웃음요가에서는 힘든 상황일지라도 그럼에도 불구하고 삶에서 언제나 웃음을 선택하라고 이야기한다. 행복할 때 좋은 시절에 누구나 웃을 수 있지만 삶에서 힘들 때조차도 웃는다는 것은 힘든 일이다. 그럼에도 불구하고 조건 없이 웃게 함으로써 환경에 상관없이 삶에 긍정적인 자세로 대처하도록 돕고 역경 속에서 사람을 강인하게 만든다.

『상처받지 않은 영혼』의 저자 마이클 A. 싱어가 "당신은 행복하기를 원하는가, 원하지 않는가. 조건 없이 대답하라."라고 물었다. "조건 없이 지금부터 평생을 행복하게 살기로 마음먹는다면 당신은 행복하기만 할 뿐 아니라 깨달음을 얻을 것이다."라고 이야기했다. 조건 없이 삶에서 행복하기로 선택하라. 신은 이미 우리가 완벽하다고, 이 세상에서 평화와 기쁨을 누리라고 말한다. 어린아이처럼 웃어라. 행복해서 웃는 것이 아니라 웃어서 행복한 것이다.

아이들 웃음요가 소감

- 나의 꿈을 상상하며 내 모습을 그리니 웃음이 났고 즐거운 시간이었다. 또 내 꿈이 이루어질 것 같았다. (이수연)

- 국어 시간 중 가장 재미있는 시간이었다. 크게 웃는 게 부끄럽기도 했지만 그래도 속이 시원해지는 시간이었다. 이런 활동을 만들어주신 국어 선생님께 감사하다. (최○○)

- 처음 웃음요가를 접했을 때는 많이 신기하고 이게 뭐지? 하는 생각이 많이 들었다. 점점 웃으면서 노래에 맞춰 춤도 추고 억지로라도 웃어보니까 행복해지는 듯한 느낌이 들었다. 웃음요가를 통해 리더십이 더욱 키워진 것 같고 웃음요가 봉사를 자주 가면서 어르신들을 잠시나마 행복하게 해드린 것 같아 행복하기도 했다. 웃음요가와 명상을 통해서 진짜 나 자신을 수련하는 것 같았다. 나날이 발전하는 내 모습을 보고 자신감도 생기기 시작했다. 나도 훗날에 커서 웃음요가를 전도할 수 있는 사람이 되기 위해 힘쓸 것이다. (변예은)

- 선생님께서 가르쳐주서 처음으로 접하게 된 웃음요가는 저에게 새로운 생각과 큰 깨달음을 주었던 것 같습니다. 선생님과 친구들과 웃음요가 봉사를 함께 다니며 요양원에서 어르신들께 웃음전도를 직접 실천하는 과정에서 저 역시 진심으로 행복했습니다. 어르신들도 아이들의 진심을 잘 알아주시고, 함께 웃음을 나눌 수 있어서 매우 뜻깊은 시간이었다고 생각됩니다. 또한 선생님께서 알려주신 이 웃음요가를 계기로 제가 다른 여러 봉사활동을 하는데 봉사를 하는 저도, 함께하는 분들도 모두가 행복한 봉사를 할 수 있도록 도모할 수 있게 해주서서 감사합니다. 이러한 뜻깊은 웃음요가를 다른 사람들에게 소개해주고 나누고 싶어서, 요즘은 주변 친구들과 자주 요양원에서 어르신들과 말씀 나누고, 부족하지만 말동무 해드리는 봉사를 다니고 있습니다. 저는 앞으로도 어르신들,

아이들과 웃음 이야기를 함께 나누며 봉사활동을 다니고 싶습니다. 선생님, 저의 중학교 1학년, 어쩌면 앞으로 저의 삶에서 소중한 봉사 정신을 갖게 해주셔서 감사합니다!♡ (부가현)

- 웃음요가 통해서 먼저 나서게 되는 용기를 얻게 된 것 같아요! 웃음 선도자, 전달자가 된 것 같아요. 항상 감사하게 생각하고 있어요. 지금 같은 반 친구들에게 자꾸 웃음요가가 너무 좋았다고 얘기하게 되네요. 너무나도 소중한 추억이었어요! (송채린)

- 웃음요가를 요양원에서 할 때 내 할머니라고 생각하면서 하니까 되게 재미있게 할 수 있었던 것 같았고 웃음요가하면서 나도 웃고 상대방도 같이 웃어서 기분도 좋아졌던 것 같아요! 내가 다른 사람을 웃게 할 수 있다는 것도 뿌듯했어요! (고나영)

- 웃음요가를 하면서 새로운 걸 많이 알았고 정말 10반 친구들이 웃음요가를 하면서 웃는 모습도 보기 좋았어요! 봉사도 같이 가고 맛있는 것도 먹고 정말 좋았어요! 웃음요가를 처음에는 꺼려했고 별로라고 생각했는데, 정말 은근 재밌고 좋았습니다. 웃음요가를 하면 기분이 좋아지고, 슬프거나 우울해 할 때하면 좋은 활동이라고 생각합니다. 추천합니다! (방은진)

- 웃음요가를 새롭게 같은 반이 된 친구들에게 소개시켜주면서 친구도 웃고 저도 웃으면서 서로 친해질 수 있는 계기가 되었어요. 감사합니다. (오예진)

- 할머니와 할아버지들과 함께 웃을 수 있어 좋았다. 앞에서 율동을 하며 할아버지 할머니와 같이 춤을 추고 봉사할 수 있어 좋았다. 할머니 할아버지와 같이 좀 더 가까워져서 뜻깊은 것 같다. (김○○)

- 웃음코칭은 재미있었고 요양원을 갔는데 처음엔 잘할 수 있을까? 라는 생각이 들었지만 할머니들이 호응이 좋아서 좋았다. (이○○)

웃음요가
친구에게서 온 편지

쉐런(Sharon, 말레이시아)

웃음요가 티처가 된 후에 사람들에게 웃음요가를 안내해보았다. 처음에는 심각하고 부정적이며 사람들 앞에서 떠는 성격 때문에 자신감이 부족했지만, 운 좋게도 말레이시아에서 훌륭한 웃음요가 친구를 만날 수 있었다. 그녀는 내 두려움을 극복하고 편안한 안전지대로 나갈 수 있도록 나를 지지하고 격려해 주었다. 나는 웃음요가 친구들과 병원에서 꾸준히 웃음요가 봉사활동에 참여했으며 웃음요가 클럽에 참여하며 즐거운 시간을 보냈다. 그 과정 동안 작은 비즈니스와 기업을 상대로 어떻게 웃음요가를 안내해야 하는지 배워 나갔다. 한 달에 한두 번 정도 웃음요가클럽에서 웃음요가 리더를 함께 함으로써 천천히 자신감을 얻어나가기 시작했다.

매시간 내가 다른 사람들과 웃음요가를 함께 나눌 때면 내가 너무나 축복받았음을 알 수 있었고 행복과 기쁨을 느낄 수 있었다. 우리는 이 소중한 느낌을 돈을 주고는 살 수가 없다. 세상에 공헌할 수 있는 능력을 가지고 있다는 것은 멋진 일이다. 웃음요가는 자신감을 향상시켜 주었고 긍정적이 되게 했으며, 무엇보다 진정 나다운 내가 되도록 나를 성장시키는 데 도움을 주었다.

용기와 친절함으로 가득한 수연은 영리하며 감성적이고 재능이 많은 친구이다. 창의적이며 긍정적인 친구이기도 하다. 나는 수연이 내 멘토라고 말할 수 있는 것이 자랑스럽다.

에필로그

문득 많은 시간이 흘렀을 때 더 사랑하며 살지 못했음을
더 웃으며 그 시간을 채우지 못했음을 후회하지 않도록
소중하고 아름다운 그대여
지금 이 순간 웃어라.
온 세상이 당신과 함께 웃을 것이다.

영성 공부를 할 수 있어 행복하고 웃음요가를 통해서 사람들에게 조금이나마 밝음과 기쁨을 선사할 수 있어 참 다행이다 생각합니다. 세상에 많은 치유 프로그램과 영성 프로그램이 있지만 웃음요가는 슬픔이 문득 찾아왔을 때 스스로 웃음을 찾을 수 있는 방법을 학습하게 합니다. 웃음은 호르몬의 작용으로 신체의 부정적인 에너지를 정화할 뿐 아니라 의식과 무의식까지 영향을 미쳐 삶을 바꾸는 힘을 발휘합니다. 웃음은 행복하겠다는 인간의 위대한 의지의 선택이기에 무의식에 영향을 미쳐 그 선택이 행복을 가져다줄 것입니다. 저는 신께 웃음을 배운 것에 대해 감사할 때가 많습니다.

웃음요가는 누군가에게 의지하지 않고 스스로 웃는 방법을 학습

하게 하며, 명상을 통해 삶을 지혜와 사랑으로 살아가는 방법을 터득하도록 돕습니다. 언제든 스스로 웃음을 선택하고 행복을 선택할 수 있는 방법을 안내합니다.

카르마에 대해서 알게 되면서 점점 사람들에게 상처를 주지 않으려 애쓰고 사람들에게 사랑을 전해야 함을 알게 됩니다. 다른 사람들에게 사랑을 깊이 많이 받으려던 욕심에서 벗어나 내가 사랑으로 가득 차서 누군가에게 사랑을 주어야 함을, 선한 마음으로 삶을 살아야 함을 배우게 됩니다. 그리고 모든 것은 환영이라는 불교의 가르침과 기적수업을 접하고 나서 카르마를 생각하는 마음에서 벗어나게 되었습니다. 조건 없이 행복을 선택하는 과정속에서 감사하며 사랑하는 길을 걸을 것입니다.

4년간의 글쓰기 작업이 마무리되어 기쁩니다. 이 책은 웃음요가를 알리는 글이지만, 실제로 웃음요가를 제 나름대로 창의적으로 해석하고 여러 가지 프로그램을 접목했다고 볼 수 있습니다. 한 예로 마음의 위대한 힘은 제가 삶에서 오래도록 관심이 있었던 부분으로 웃음요가에는 없는 부분이었으나 웃음요가와의 연결점을 찾았습니다. 웃음요가의 정신 역시 마찬가지입니다. 기존의 웃음요가 프로그램에서 더 나아가 웃음치료, 5리듬, 구르지예프 무브먼트, 바디마인드센터링 등의 다양한 춤 명상, 글쓰기 프로그램, 마음의 힘, 뇌 과학, 위빠사나, 기적수업의 이론 등을 접목시켰습니다. 명상을 더 깊이 공부하고 있는 저로서는 새로운 것을 접목시키는 노력은 앞으로도 계속될 것입니다. 웃음과 요가의 호흡, 명상이라는 큰 테두리 안에 다양한 것을 결합시킬 수 있는 것은 웃음요가의 장점이기도 합니다.

웃음은 삶의 방편이며 그 저변에 사랑이 깔려있음을, 웃음이 곧 사랑임을 체험할 수 있어 행복하고 신께 감사드립니다. 저에게 가르침을 주신 스승님들께 진심으로 존경과 사랑의 마음을 전합니다. 글을 쓰는 동안 조언해주시고 등불이 되어주신 고현숙 은사님께 존경과 사랑의 마음을 전합니다. 함께 웃어준 나의 천사 아이들과 사랑하는 가족, 웃음요가 프로그램 수업을 받아주신 회원님들, 홍현스님께 감사함을 전합니다. 함께 웃어준 여러 나라의 웃음요가 친구들과 웃음요가 마스터가 되도록 가르침을 준 마단 카타리아 박사와 마들린에게 감사의 마음을 전합니다. 나의 글을 밤새 읽어주신 첫 독자 어머니 그리고 아버지께 사랑의 마음을 전합니다.

이 책을 읽으시는 분들께 감사와 사랑의 마음을 전하며, 당신도 웃음과 명상을 통해 삶이 더 풍요로워지길 행복해지길 소원해봅니다. 감사합니다. 사랑합니다.

당신은 빛입니다.
당신은 사랑입니다.
당신은 꽃입니다.
당신은 아름답습니다.
당신은 세상 그 누구보다 소중합니다.
세상 유일하게 피어있는 단 한 송이의 꽃입니다.

| 참고문헌

- 가와시마 류터, 황소연, 『5분 활뇌법』, 21세기북스, 2008
- 강길전·홍달수, 『양자의학 새로운 의학의 탄생』, 돋을새김, 2013
- 개리 레너드, 강형규, 『그대는 불멸의 존재다』, 정신세계사, 2011
- 곽미자, 『요가 니드라 워크북』, 한국요가출판사, 2010
- 김병완, 『당신의 뇌를 경영하라!』, 북로그컴퍼니, 2004
- 나가오 가즈히로, 이선정, 『병의 90%는 걷기만 해도 낫는다』, 북라이프, 2016
- 나폴레온 힐, 김정수, 『성공의 법칙』, 중앙경제평론사, 2007
- 노먼 커즌스, 양억관·이선아, 『웃음의 치유력』, 스마트비지니스, 2007
- 데이비드 해밀턴, 장현갑·현미옥, 『마음이 몸을 치료한다』, 불광출판사, 2012
- 도넬라 메도즈, 이경찬 그림, 『세계가 만일 100명의 마을이라면』, 에디슨북, 2002
- 라마 차라카, 김재민, 『초보자를 위한 요가 호흡의 과학』, 여래, 2008
- 류종훈, 『웃음치료학의 이론과 실제』, 21세기사, 2005
- 류현민, 『요가, 존재의 휴식』, 요가코리아, 2006
- 마리안 라프랑스, 윤영삼, 『웃음의 심리학』, 중앙북스, 2007
- 마이클 A.싱어, 이균형, 『상처받지 않는 영혼』, 라이팅하우스, 2014
- 미하이 칙센트미하이, 심현식, 『몰입의 경영』, ㈜황금가지, 2006
- 미하이 칙센트미하이, 최인수, 『몰입』, 한울림, 2005
- 박선영·유경숙, 『춤테라피 이론과 실제』, 학지사, 2010
- 버니 시겔, 박희준, 『사랑은 의사』, 고려원, 1990
- 서울대학교 행복연구센터 『행복 교과서』, 월드김영사, 2011
- 셰퍼드 코미나스, 임옥희, 『치유의 글쓰기』, 홍익출판사, 2008
- 손혜진, 『행복하게 나이 드는 명상의 기술』, 마고북스, 2010

- 스와미 싸띠아난다 사라스와띠, 『Yoga Nidra』, 한국요가출판사, 2009
- 시바난다 요가센터, 박지명·이의영, 『요가』, 하남출판사, 2003
- 에모토 마사루, 홍성민, 『물은 답을 알고 있다』, 더난출판사, 2008
- 에스티 로더, 정성호, 『향기를 담은 여자』, 어문각, 1999
- 엘렌 랭어, 변용란, 『마음의 시계』, 사이언스북스, 2015
- 윤선현, 『하루 15분 정리의 힘』, 위즈덤하우스, 2012
- 이석범, 『제주 신화 1』, 살림, 2016.
- 이시형, 『세로토닌하라!』, 중앙북스, 2010
- 이영돈, 『마음』, 예담, 2006
- 이요셉, 『매출의 기적, 성공웃음』, 한국웃음연구소, 2012
- 이진성, 『그리스신화의 이해』, 아카넷, 2004
- 존 고다드, 임경현, 『존 아저씨의 꿈의 목록』, 글담어린이, 2008
- 존 메디나, 정재승·서영조, 『브레인 룰스』, 프런티어, 2009
- 존 아덴, 김관엽 외 4인, 『당신의 뇌를 리셋하라!』, 시그마북스, 2010
- 진수테리, 『편을 잡아라』, 김영사, 2007
- 찬매 사야도, 디라왐사, 『자애수행』, 보리수선원, 2013
- 펄벅, 설연심, 『어머니의 초상』, 삼성비엔씨(주), 2007
- 한광일·김선호, 『울음치료법』, 삼호미디어, 2010
- 황농문, 『인생을 바꾸는 자기 혁명, 몰입』, 랜덤하우스, 2007
- 후나세 슌스케, 이요셉, 『항암제로 살해당하다 2』, 중앙생활사, 2007
- B.K.S. 아헹가, 문진희·현천, 『요가 호흡 디피카』, 선요가, 2015
- Dawson Church, 『The Genie in Your Genes』, Elite Books, 2007

- Kenneth Wapnick, 『Absence from Felicity』, Foundation for a Course in Miracles, 1991
- Mandan Kataria, 『Laugh For No Geason』, INTERNATIONAL, 2011
- Madan Kataria, 『LAUGHTER YOGA』, Laughter Yoga University

| 미주

a) 존 카밧진, 김교헌 외『마음챙김 명상과 자기치유 上』, 학지사, 2017, p.347-345

b) 라마 차라카, 김재민,『초보자를 위한 요가 호흡의 과학』, 여래출판사, 2008, p.63

c) 윤종모,『치유명상』, 정신세계사, 2012, p.108

d) 아난다 미트라, 정현숙,『초의식의 세계를 넘어서』, 한국아난다마르가명상회, 1988, p.51

e) 라마 차라카, 김재민,『초보자를 위한 요가 호흡의 과학』, 여래출판사, 2008, p.147

f) 곽미자,『요가 니드라 워크북』, 한국요가출판사, 2010, p.155-156

g) 조 디스펜자,『당신이 플라시보다』, 샨티, 2016, p.228.

h) 이시형,『세로토닌하라!』, 중앙북스, 2010, p.41

i) 데이비드 해밀턴, 장현갑·김미옥,『마음이 몸을 치료한다』. 불광출판사, p.132-133

j) 노사카 레이코, 양영철,『웃음은 최고의 전략이다』, 북스넛, 2003, p.63

k) 후나세 슌스케,『항암제로 살해당하다』, 중앙생활사, 2007년, p.123

l) 라마 차라카, 김재민, 요가호흡의 과학, 여래출판사, 2008, p.144

m) 노먼 노이지, 김미선,『기적을 부르는 뇌』, 지호, 2008, p.266

n) 황농문,『인생을 바꾸는 자기 혁명, 몰입』, 랜덤하우스, 2007, p.152-154

o) 헨리에트 앤 클라우저, 안기순,『종이 위의 기적 쓰면 이루어진다』, 한언, 2005, p.10

p) 사토 도미오, 안소현,『당신의 꿈을 이루어주는 미래일기』, 청아출판사, 2004, p.18-19

q) 『생로병사의 비밀』, 최태엽 외 연출, KBS1, 서울. 2017.01.25.

r) 노먼 커즌스,『신비로운 마음과 몸의 치유력』, 학지사, 1995, p.54

s) 조 디스펜자, 추미란,『당신이 플라시보다』, 샨티, 2016, p.60

t) 존 카밧진, 김교헌 외『마음 챙김 명상과 자기치유 上』, 학지사, 2017, p.357-359

u) 정경렬, "〔단전호흡·명상〕마음의 화 다스리니 몸속의 병 사라지네", 〈조선일보〉 2005.06.07.